U0139206

文學叢刊之49

蕭蕭主編

詩痴的刻痕

·張默詩作評論集·

文史哲出版社印行

國立中央圖書館出版品預行編目資料

詩痴的刻痕 ： 張默詩作評論集 / 蕭蕭主編. --
初版. -- 臺北市： 文史哲， 民83
面 ； 公分. -- （文學叢刊 ； 49）
含索引
ISBN 957-547-886-X（平裝）

1. 張默 - 作品集 - 評論

851.486　　83007847

文學叢刊 ㊾

詩痴的刻痕·張默詩作評論集·

主編者：蕭　蕭
出版者：文史哲出版社
登記證字號：行政院新聞局局版臺業字五三三七號
發行人：彭　正　雄
發行所：文史哲出版社
印刷者：文史哲出版社
台北市羅斯福路一段七十二巷四號
郵撥〇五一二八八一二彭正雄帳戶
電話：三五一一〇二八
實價新台幣四四〇元

中華民國八十三年九月初版

ISBN 957-547-886-X

編者導言

蕭蕭

如果說洛夫是詩魔，在詩的國度裡呼風喚雨，撒豆成兵，運文遣字，赫赫有聲，那麼，張默必是一個詩痴，爲詩痴狂，爲詩廢寢忘食，爲詩典當衣褲、典當青春，四十年猶未已。

可以說「創世紀」如果沒有張默，「創」字第一撇就不會出現，臺灣現代詩的銳意改革也不可能提早在六十年代風馳電掣。

更確切的說，現代詩壇如果沒有張默這樣的詩痴，大業版年代詩選、爾雅版年度詩選，就不會成書；他不僅爲男性詩人編選《感月吟風多少事》，還爲女詩人纂就《剪成碧玉葉層層》；他不僅替臺灣詩人主選文學大系，還替大陸詩人提供完整資料完成許多新詩鑑賞詞典；即連枯燥無味的詩集目錄，他也可以逐本過眼、著錄，輯爲《臺灣現代詩編目》，爲現代詩傳燈，爲評論者引路。

爲詩痴狂的人，最重要的工作還是寫詩。張默的詩風有如夏日一陣驟雨，突然而來，戛然而止，任其餘韻迴轉不停。復如冬夜一盆爐火，熊熊烈烈，令人也隨著他的語字踊躍不已。

詩如其人，具有強大感染力的張默和他的詩，在日漸冷漠的臺灣社會，實在有他溫熱人生的作用。讀他的詩，見他的人，讓人從內心溫暖起來。

評論張默詩集的人，有從語字結構著手，有從聲韻配當著手，也有人試圖追踪他親情、友情的壯濶源流，掌握他快樂的歌謠調子如何形成，彷彿可以看見張默身上成長的刻印，歲月的痕迹，因此，我將這些作品集結成書，仿《詩魔的蛻變》一書之名，定爲《詩痴的刻痕——張默詩作評論集》，一方面表達我個人對張默戮力詩運貢獻詩壇的敬意，一方面也做爲「創世紀」創刊四十周年的賀禮。

張默有廣蒐詩集，編輯篇目書目的習慣，又有校讎勘誤的功夫，此書編校完成，張默之功至偉，特誌於此，不敢掠美。

一九九四年七月·臺北

詩痴的刻痕　目錄

❶蕭蕭・編者導言

上卷／綜合專論

中卷／詩集評介

下卷／詩作賞析

附錄

上卷　綜合專論

張默論

劉登翰

張默對於臺灣詩壇，更引人注目的是他幾十年始終不懈地推進詩歌運動的熱情。從一九五四年他與洛夫、瘂弦發起成立創世紀詩社，他就把自己最主要的精力，傾注於辦詩刊、編詩選、搞詩展、寫詩評、扶植年輕詩人，乃至於搜集整理臺灣現代詩運動的資料、文獻等等。這位被「創世紀」同仁稱爲「詩壇火車頭」的詩人，他的創作成就幾乎要被他所竭誠投入的有成效的詩歌活動所淹沒。以致瘂弦在爲這位摯友的四十年自選詩集《愛詩》作序時，不能不在一節「詩的張默」評介他的創作之後，又以一節「人的張默」評介他對於詩壇的竭誠奉獻。年輕一代的評論家李瑞騰也說：「由於長年活躍在詩社會的運動場上，張默的詩反而沒有受到應有的注意，關於這一點，張默自己不能不警惕，畢竟做爲一個詩人，詩才是他眞正的生命。」

然而張默首先是一個詩人，而後才以一個詩人身分活動在詩壇上。

張默一九三一年生於安徽省無爲縣，中學就讀於南京。一九四九年三月去臺投奔自己的大哥。一九五○年開始發表詩作。先後出版過詩集《紫的邊陲》（一九六四）、《上升的風景》（一九七〇）、《無調之歌》（一九七五）、《張默自選集》（一九七八）、《陋室賦》（一九八〇）、《愛詩》（一九八八）、《光陰·梯子》（一九九〇），詩論集《現代詩的投影》（一九六七）、《飛騰的象徵》（一九七六）、《無塵的鏡子》（一九八一）等。他所主編和參予主編的詩選更多不勝數，較有影響的如《六十年代詩選》、《七十年代詩選》、《八十年代詩選》、《中國現代詩選》、《當代十大詩人選集》、《創世紀詩選》、《剪成碧玉葉層層》（臺灣女詩人詩選）、《新銳的聲音》、《中國現代詩論選》等。

張默是屬於在中國政局大動蕩中由大陸到臺灣而後成長起來的那個時代的詩人，歷史的動蕩和流離其間的個人身世的坎坷，形成了這一時代詩人所共有的時勢的滄桑感和孤寂的漂泊感。他們從小接受的傳統教育和文化濡染，形成了他們精神底蘊中的傳統人文神往——這在張默，主要是一種故土親情的灸戀；而他們現實際遇中與傳統和故土的遠離，又使他們無奈地放逐自己的靈魂於西方的漫遊中。而當他們在異域文化的這種精神漫遊屢招非議時，他們又常流露出不被理解和無所適從的煩躁、不安、焦灼的心態。這情形如張默在自己一首題爲《豹》的詩裡所寫的：

它的內心的風景，就是望不盡的天涯
蔓草萋萋，遮斷它的瞳孔的去路
從空無的背後出發

這是他們人生和藝術最難協調的一個情結：

張默也經歷過這個過程，他最初的詩寫海，這是一個內地青年初臨大洋時對海充滿禮讚與想像的浪漫情懷。繼而他發起成立創世紀詩社。並推動了《創世紀》一九五九年的擴版，由主張「新民族詩型」轉而倡導詩的世界性、超現實性、獨創性和純粹性的「超現實主義」。和洛夫的《石室之死亡》、瘂弦的《深淵》幾乎同時，張默也留下《期嚮》、《貝多芬》等一批作品，標示出自己藝術風格的「超現實主義進程」。儘管這些作品仍不免有著「從空無的背後出發，世界還是空無一片」的那種茫然，但這一過程對張默卻是最重要的。他開始擺脫了早期創作中那種過於粘滯事實和泛濫激情的弱點，進入了對人生感遇的冷靜觀照和藝術淨化。

嚴格說來，張默創作的最佳時期，不在提倡「超現實主義」的六十年代，而是在對「超現實主義」進行審思的七十年代以後。早期主張的「新民族詩型」，經歷了一番西方漫遊，重新提出「現代詩歸宗」——即歸向中國傳統人文精神之宗的口號。瘂弦在評述張默這一轉變時說，除了詩觀的成熟，「也是因爲逐漸邁入中年，對生命自然，都有更深的領悟，人生的得失、順、逆，也都能得到哲學的紓解，而走向東方和中國，是必然的結果」。對現實予以超現實的觀照，而在超現實的表現中所映示的卻是現實。於是，我們從這一時期張默詩中讀到的，已不是「從空無的背後出發」所達致的世界也不完全「還是空無一片」。寫於一九七二年九月的那兩首短詩：《露水以及》和《無調之歌》，最能說明這一問題。「露水橫過天空／天空橫過棕櫚／棕櫚橫過咱們的眼睫／咱們的眼睫橫過水鳥的翅膀／水鳥的翅膀橫過，一頁正在發呆的大地」，這一系列恍若信手拈來卻有如古詩頂針格的連綿不絕的意象，形成了生物鏈一般的人類相互關連的生存關係。無論時勢怎樣動蕩（「熊熊的焰火究竟能燒掉什麼呢」），這一切都無法改變：「露水還是橫過／棕櫚也是／天空也是……」——

直到歷史一四一四地列隊長嘯而去

這最後一句在前面一系列極為相似而幾欲使你視聽感覺昏然欲睡的句型鋪墊之後，猶如平地驚雷般炸響，正是詩人所要喚起讀者驚醒的現實。人世的滄桑感，和歷史在浩闊恆久的大自然面前的無力感，經過詩人的藝術淨化，以一種超現實的觀照下，卻是人類無可奈何必須面對的現實。《無調之歌》在句法上或許更具有「超現實主義」反邏輯的色彩：「月在樹梢漏下點點煙火／點點煙火漏下細草的兩岸／細草的兩岸漏下浮雕的雲層／浮雕的雲層漏下未被蘇醒的大地……」但所有這些紛亂思緒的背後，出發點和歸宿點，都基於作者的一個解不開的情結：

於是所有「反邏輯」都歸指於一種邏輯：所有「無理性」都表達出一種理性；作者的「無調之歌」也由於這一聲絕唱變成「有調」。「陽關」這一浸淫著中國傳統民族感情的古典意象，出現在現代人的詩中，益發出其蘊含豐富的張力。

《無調之歌》透露出作者長久縈懷胸臆的心事，也透露出他風格轉變的訊息。《死亡·再會》、《我是一只沒有體積的杯子》等是這一轉折時期矛盾的產物。死亡的主題，是所有現代詩人都關注的主題。洛夫爲此寫了整整一本《石室之死亡》，宣揚他的生死同構的思想。《死亡·再會》表現的也是這樣一種面向死亡的生的無奈：「我們赤裸裸地／坐在死亡的列車上」的「生死同構」。但面對死亡的所有無奈和痛苦都來自現實：「從歷史的額上，煩憂一匹匹地糾結著，從釋加牟尼的樹上，虛無一縷縷地飄運著，從離騷的背上，鄉愁一朵朵地／攀升著」。這無法排解的苦惱，詩人只好把自己想像成「我是一只沒有體積的杯子」，可以不必承載「如此波濤洶湧」的歷史負擔。企望逃脫承載歷史負擔，正是歷史負擔在詩人身上的一種證明和排解方式。於是「沒有容積的杯子」正是一種巨大的歷史容積。正如詩人的「超現實」正是爲了表現無法迴避的現實一樣。是一種剪不斷、理還亂的藝術逆反現象。

《飲那絡蒼髮》以後，包括《長城，長城，我要用閃閃的金屬敲醒你》、《家信》、《尋》、《包穀上的眼睛》、《遠方》、《哭泣的肖像》等，以及訪韓時借助北國風物所寫的那些寄托鄉思的篇章如《蒼茫的影像》、《我歌我唱，那中國的雪》等，詩人似乎從人生的遠離中突然找到了靈魂的歸宿一樣，在故土親情的炙戀中，使自己的藝術潛能最大量也最貼切地釋放出來。其直接的背景可能是海峽兩岸嚴峻對峙的逐漸紓解和驟然獲悉故鄉親人的信息。於是詩人說：「我壓抑了三十多年的鄉愁，一下子全都爆發出來了。」這可能是張默寫得最多，最深摯也最澄明的一個時期。凝聚了三十多年的鄉思，歷史和個人的悲劇，既炙熱又冷肅地在所有靜觀的藝術表達中，由個人入世的傷懷進入了一種更爲普遍的悲抑境界。風格的轉變也由於近十年來歸宗傳統精神的現代探索，（包括他近年醉心中國書畫所濡染的人文心態），而走向成熟。感情劇烈撞擊的眞切，歷經人世滄桑而悟道的超拔，和傳統藝術的澄明，構成了他這時期作品的特色。這種風格也影響了詩人同一時期其他題材的創作，例如《晚安，水墨》、《沒有年輪的石頭》等。

一九八八年詩人終於如願回到闊別四十載的故土省親，寫下了一批總題爲「神州拾穗」和「故居雜抄」的作品。對於故土親情的摯愛、留戀、追憶和感傷，燦然紙上。但相較起來，過於直切的傾訴和浮光掠影的素描，似乎缺少一點感情沈澱後的冷凝和超拔個人感興的靜思、藝術力量反倒不如歸鄉前那批思鄉的作品。藝術創作往往並不以多和直取勝，有時候少和曲卻能獲取意外的效果。這實在是頗爲幽奧的詩藝之妙。對於張默，或許浮光掠影的素描和抒懷過後，靈魂獲得歸至的更深層的情感揭示，還有待於時間的沈澱。

——初刊福建「台港文學選刊」，一九九一年

——再刊「創世紀」第八十四期，一九九一年七月

——三刊「台灣文學史」下卷，海峽文藝出版社，一九九三年一月

——四刊「中國當代新詩史」，人民文學出版社，一九九三年五月

無調的歌者

——張默其人其詩

洛　夫

在中國現代詩人中，張默是屬於行動派的，這是我二十餘年來研讀他的詩，觀察他的人所獲得的結論。他的詩是他全生命的輻射，表現於詩的語言上，則如層層波濤，湧動不息。作爲一個詩運的推動者，張默更是傾其一生，作忘我的投入，同時他似乎有著他一動，整個詩壇也跟著動的魔力。

詩人中像張默那樣燃燒著生命，向四周投射著光與熱，與詩壇發生密切關係的人，實爲數不多，或許早年的紀弦屬之，但爲追求一個文學理想而擇善固執達數十年之久，則尤有過之。不論行動或說話，張默像一座輕機鎗，快速而密集，而且即說即做，劍及履及，工作效率極高。他有名士派的瀟洒，而無名士派的矜持，凡有關詩的事或詩壇的事，他甚麼都幹，辦詩刊，編詩選，舉辦詩朗誦會，座談會，無不悉心策劃，全力以赴，故有人戲以「詩壇總管」呼之而不名。時下某些人，那怕只寫過一兩首詩，便自命不凡，飛揚跋扈起來，張默則永遠平易近人，自然率眞。做事向前衝，做人往後退，這是他一貫的人生哲學，也是一種了不起的德行。譬如他主編「創世紀」詩刊達二十餘年，舉凡編輯，跑印刷廠，校對，發行，以及籌措經費，都由他一手包辦，卻從不利用編者職權作自我宣揚，他永遠站在幕後默默地奉獻自己。

詩人吳望堯在西貢辦工廠，積蓄頗豐，民國六十二年回國參加第二屆世界詩人大會時，投資設置「中國現代詩獎」，曾頒獎兩次，第一次由新月派老將葉公超先生主持，第二次由旅美學人施友忠先生主持，張默受聘擔任執行秘書，從收件，初審，到頒獎典禮，一切瑣碎事務性的工作都由他辦理。民國六十五年十一月，中國現代詩人訪問團一行十人應韓國筆會之邀訪問漢城，行前的一切連絡與準備工作，也都由張默一身肩負。他那種任勞任怨，認眞負責，不計個人名利的精神，已贏得詩壇普遍的讚許和感佩。

除了寫詩之外，張默平生最迷醉的一件事就是編刊物。他在一篇訪問記中說：「每個人對詩的經驗都不一樣，我的經驗是，當我一開始迷上它，我就準備無條件的付出……。其次是辨詩刊，編詩選，這樣一方面做詩的推廣工作，一方面也逼迫自己細讀每一位詩人的作品，間接培養自己鑑別詩的價値的能力……」張默編詩刊成癖，幾乎不能一日無詩刊可編。民國五十八年至六十一年，「創世紀」詩刊因經費困難而暫告休刊，這期間，我與羊令野，辛鬱，羅行等在北部創辦了「詩宗」詩刊，而張默則與管管在南部創辦了「水星」詩刊。「詩宗」仍以中年一代詩人爲骨幹，「水星」則以年輕詩人爲班底，像當年籍籍無名而現在知名度漸高的渡也，汪啓疆，陳寧貴，朱陵，季野，許丕昌等是。一時南北互唱，新老對峙，詩壇一片盎然生氣，及到民國六十一年九月「創世紀」復刊，我被推爲總編輯，由張默擔任實際編務，這兩個詩刊無形中也就相繼停刊了。

「創世紀」詩刊是由張默於民國四十三年創辦於左營，我與瘂弦先後加盟，迄今已維持了二十四年。一個詩刊能生存如此之久，在世界文學史上恐怕也是罕見的，而這漫長坎坷的歲月中，卻溶入了張默大半生的青春，血汗，和敬業的熱情。在詩壇上，編輯經驗之豐富，很少人能與張默相比。自主持「創世紀」編務以來，除自己的詩集外，他主編過的詩刊詩選叢書等，共十五種之多。計有「六十年代詩選」，「中國現代詩選」、「七十年代詩選」，「中國現代詩論選」，「大業現代文學叢書」一輯六冊，「現代詩人書簡集」，「水星詩刊」「普天文學叢書」一輯七冊，「心靈札記」，「世界文學家側影」，「中華文藝」月刊（現任主編），「新銳的聲音」，「中國當代十大詩人，小說家，散文家選集」，「八十年代詩選」，及「現代詩人散文選集」等。這些刊物或選集名義上雖由他與人合編，實際上大多由他一手策劃和執行。

一般人認爲辦詩刊，編詩選是傻子所做的事。張默卻當作類似革命的事業，注入了全部的熱情與信念，種下了麥子，卻讓別人去收穫。去年，張默四十六歲，他摹擬六十六歲的心情寫了一首「當我年老時」的詩，其中有一節說：

還有什麼可以重新塑造的呢？

曾經做過的傻事，猶之身上的瘡口
閒來無事時
如此一件件一樁樁地數過去
也會幌動一下平靜的心湖

這幾行極其酸楚，且具嘲弄意味的詩句，可印證於當年張默，瘂弦和我三人華路襤褸創辦「創世紀」詩刊的情形。那時我們在左營，正値青鋒出鞘般的年齡，意氣飛揚，豪情萬丈。張默一拍桌子：「辦詩刊！」我們同聲響應。可是辦一個定期性的刊物非比寫詩，不是一張紙一支筆就可解決，籌措經費乃成爲我們最尷尬的事。詩刊印好了，卻無錢從印刷廠取出來。在半屏山的夕照中，在啓明堂湖畔的燈光下，我們談的不是風和月，而是合計這次我們該拿什麼進當舖。張默的腳踏車，瘂弦的西裝，我的手錶，每三個月便要失蹤一次。第一次進當舖，我們的臉一個比一個紅，次數多了，卻一個比一個青，因爲我們已無物可當了。那時我們活得很艱苦，但也很充實，我們寫詩如賽百米，在衝刺中我們獲得了生存的力量，幾乎每天一兩首，從不認爲這是一種浪費。

詩刊出版後，發行卻成了問題，但任何困難阻礙不了張默的決心和衝動。烈日下，風雨中，他汗流夾背地把詩刊一包一包從印刷廠往郵局扛，然後分寄各書店。左營和高雄地區，則由我和張默親自一家一家地送往書店寄售，有的勉強接受，有的當面拒絕，經常弄得我們面紅耳赤，尷尬而返。民國四十八年，我從軍官外語學校畢業後奉調金門服務，一年後轉調臺北，繼而瘂弦於五十年十二月也調往臺北幹校，任晨光廣播電臺臺長，自此我們三人分道揚鑣，由張默獨力苦撐「創世紀」這條破船。民國六十一年，張默亦調至臺北海軍總部服務，次年八月退役，結束了他廿二年的軍人生涯。不久後即應聘至華欣文化事業中心，主編「中華文藝」月刊。這時他比在左營期間更爲活躍，不僅熱心推動臺灣的詩運，且大力培植青年詩人作家，提攜後進。然而他只是爲工作而工作，爲奉獻而奉獻，從來就不計較個人的私利，譬如他主編「中國當代十大詩人，小說家，散文家選集」時，他就自動放棄入選，這種忘我的謙遜美德，並不是一般人都具有的。

以上這些爲文學理想而苦鬥的舊事，眞如張默詩中所說，是「身上的瘡口」嗎？英國浪漫派詩人華茲華斯和柯勒雷奇也生過這種瘡，法國超現實派詩人布洛東和法賽不但生過這種瘡，而且後者以自殺殉詩，竟然以結束自己的生命來使他的哲學獲得一個合理的結論。不管歷史怎麼說，我們確已豐豐富富地活過，而活得更充實更閃亮的是張默。

最近余光中來信說：「我輩詩人仍能創作不輟而有進境者，只剩下不到半打了。」言下不勝感慨，感於當年「現代詩」，「藍星」，「創世紀」三分詩壇天下，群雄揮筆如揮劍的盛況，已難以復現於今日了。在這剩下的不到半打詩人中，我認爲張默是應有他一把椅子的。張默是一位風格獨具的詩人，幹練的編者，積極的詩運推廣者，他也寫詩評；除了出版詩集「紫的邊陲」，「上升的風景」，「無調之歌」三種外，還有兩個詩論集「現代詩的投影」

與「飛騰的象徵」問世。從最近由黎明公司出版的「張默自選集」中，我們對張默詩的思想和風格可以得到一個總的印象。

大致說來，他早期的詩有著豐富的想像，經常把物和我作認同的處理，如「陽光頌」，「蜂」等；對藝術有著宗教的虔誠，如「神秘之在」，「貝多芬」等；有些則傾向於哲學的玄思，有些表現出靈與慾的衝突，前者如「最後的」，後者如「曠漠的峰頂」。民國四十八年寫的「最後的」一詩，顯示出作者對生命和藝術有著極莊嚴的體認：「思想被投入陰森森的夜／聲音迴旋於無限的幽冥／即是憂戚，已不知憂戚／即是焦慮，已不知焦慮／啊，戀愛吧！而且應該忘卻最後的時辰。」詩人通常是「人生不滿百，常懷千歲憂」的，但二十八歲的張默卻在憂戚中而不知憂戚，在焦慮中而不知焦慮，他只知以熱愛生命來鼓舞自己，並且以忘卻老死之將至（最後的時辰），來建立對人生的信心，對藝術的信心，正如第五節所暗示：

那會完成的，也許永不完成的
不只是訴說
對其生命，當作是早現的曇花
我已不畏失去，藝術正是一切

這不正是千古以來詩人與哲人共同的感嘆？

民國六十年以前，張默的詩在生命與藝術，情感與理智，靈與慾的多重衝突下，表現了詩人對人生無奈與悲涼的正視。他處理矛盾的方法顯然與瘂弦的不同，瘂弦以甜美而鮮活的語言來調和他胸中的悲苦，以自嘲來化解生命的無奈。在張默的某些詩中，他卻將生之悲苦含蘊於繁複交疊的意象中。由於詩缺乏焦點，而且語言的比重有時遠超過一首詩所能負荷的能力，以至給讀者的感覺是靈光的閃爍，心象的流動，欲語還休。換言之，他的語言往往與他的詩思詩情失之平衡。

民國六十一年以後，張默詩中的這些缺失已大有改進，尤其近年來的作品，語言漸趨單純，意象中也加了定影液，較以往準確而明晰，失之於思想的深致，卻得之於詩境的淨化。我認爲，他這一期間的作品中，「露水以及」是一首很完美的詩，從簡單的意象中透露出強烈的暗示，現略加分析：

露水橫過天空
天空橫過棕櫚
棕櫚橫過咱們的眼睫
咱們的眼睫橫過水鳥的翅膀
水鳥的翅膀橫過

一頁正在發獃的大地
熊熊的焰火究竟能燒掉什麼呢？
露水還是橫過
棕梠也是
天空也是
水鳥與眼睫也是
直到歷史一疋一疋地列隊長嘯而去

這首詩，在結構上大致與林亨泰的「風景」相似，所不同的是兩者的語法和效果。林亨泰在「風景」中使用的是一種「有無句法」，以表現自然存在的原始型態，而張默在這首「露水以及」中使用的是「表態句法」，以表現詩人心中所欲傳達（或暗示）的一個意念，故前者是無我的客觀寫法，後者是有我的主觀寫法。

在中國詩詞裡，作者特別重視動詞的處理，所謂畫龍點睛，動詞往往構成「詩眼」，例如王安石的「春風又綠江南岸」，宋子京的「紅杏枝頭春意鬧」，杜甫的「織女機絲虛夜月，石鯨鱗甲動秋風」等名句，無不因動詞而達到化腐朽為神奇的功效。張默這首詩中主要的動詞是「橫過」，單純的作用於兩個名詞之間，或兩件事物之間。按照習俗的語意，「橫過」有著漫無目的或漫不經心地飄過，掃過，和從眼中瞟過的意味，由於連續使用，使得這一動作成爲一種機械無聊的暗示。這首詩另一特徵，是除了「發獃的」和「熊熊的」外，全部名詞都沒有形容詞，「露水」，「天空」，「咱們的眼睫」，「水鳥的翅膀」，這些都是亙古以來自然中的原始存在物，代表著一片茫茫的空間，「橫過」則象徵著短暫的時間。作者似乎有意以「咱們的眼睫」爲焦點，讓茫茫的空間與一閃而過的時間在此交會，而構成一個空曠寂寥的宇宙，因而詩人在此爲我們解說了一個哲學上的原始類型：宇宙無極，人生有涯，生命如朝露，不變的只是天空與發獃的大地。

張默在這首詩中安置了一個獨立句，驟看似乎與前後兩節缺乏結構上的關聯，顯得有點晦澀而唐突，但我認爲這個獨立句正是這首詩暗示性的關鍵，支持了整首詩的意義。「熊熊的焰火」有時可暗示生命的燃燒，有時也可暗示生命的焚燬——燬於天災，燬於兵燹。由於整句出之於一個疑問句法，故不論作何解釋，它都表現出作者對「生命過程」的質疑。第二節只是第一節意象的重現，雖在修辭上作了精簡的處理，卻予人一種更爲無奈的感覺。最後一句正是詩人心中所欲傳達的一個意念的結論：在廣漠悠長的時空中，人生無奈，但瞬間即過，一切都將成爲歷史，而歷史正悲壯地長嘯而去，永不回頭。

此外，「素描六題」也是張默晚期的精緻小品，常爲讀者所稱道，其中「鴕鳥」一詩表現得恰到好處，曾爲多人所評。作者採用的是一種白描手法，如將「一把張開的黑雨傘」此一明喻轉爲暗喻，而能衍生多層意義，也許更具意味。至於「蘆葦花」一詩，最後一行：「鏗然，把十一月的黃昏愈漂愈白」，本是神來之筆。但「鏗然」二字用在此處實無必要，反而破壞了整句的神韻。其次，去年發表的「旅韓詩鈔五首」中，也有不少佳作，在意象的經營上頗見功力，如「旅韓詩鈔之五——我歌我唱，那中國的雪」中第三節：

我讀那些枯枝的垂柳
每一段枝椏都燦然閃出
一些早熟酩酊的詩句
我用樹椿一般的腳趾，狠狠踩在你的胸脯上
一步一個烙印
一把雪究竟能寫出幾許蒼茫

這些詩句不但語言精練，意象鮮活，尤其第六句更能使人讀出無限的幽思，達到「言有盡而意無窮」的效果。這首詩的最後兩句，作者運用的矛盾語法非常成功：「哦，那一天可以眞正啃你親你舐你／那綿延萬里火焰一般中國的雪啊」，不僅在結構上產生了張力，而且由於火的熱與雪的冷所構成的矛盾，加強了詩的歧義，也豐富了詩的內含。

張默詩的語言具有他特殊的風格，富於「動」感，與其他詩人均有不同。我發現，詩的語言和節奏，與作者平時說話的表情和節奏大有關係。余光中的機敏明快，葉維廉的簡潔徐緩，瘂弦的甜美幽默，羊令野的輕聲細語，商禽的條理分明，管管的粗曠豪爽，菩提的宏亮激昂，以及周夢蝶的幽幽，羅門的喋喋，梅新的唧唧，無不詩如其語，而張默說起話來極快，其聲嘖嘖，有些口齒不清，但能透露出一股豐沛的生命力，這或許就是他喜歡在詩中使用疊句和句型重複的原因。這種技巧運用得宜，頗有助於節奏的進行，否則就會顯得拖沓累贅。張默運用這種技巧大致上是成功的，例如他贈管管的詩「菊花之癖」第一節：

青青的草原青青的簾子映著青青的四月
青青的羽翼青青的流水舉著青青的天空
青青的象徵青青的神話壓著青青的碑石
青青的愛情青青的古典踩著青青的枝椏

讀來令人產生一種渾成而連綿不絕的感覺。但從另外的例子中，我們又可以看到張默語言輕巧俏皮但並不虛浮的一面，如「三月，我們的默想是澄明的」中的第三節：

三月　而又
細數看。三月

孩提，而又
跳躍著。孩提

朗誦起來，其聲叮噹，猶如風中的環珮，鋼琴中黑白雙鍵的交互起落。

關於「張默自選集」我還有點意見，不吐不快。該選集共分四卷，卷一：「紫的邊陲」，收詩廿四首；卷二：「無調之歌」，收詩廿二首；卷三：「靈之雕刻」，收詩十五首；卷四：「五官體操」，收詩六首，共六十七首。如此分卷，看似各成體系，實際上編得很亂，其中除「靈之雕刻」是寫給十九位詩友的贈詩，風格、性質與發表時間均較爲統一外，其餘似乎並無如此分卷另加標題的必要。

這個選集另有兩大特色：一是卷三的「靈之雕刻」。這是由十五首分贈詩友的詩所輯成，贈詩的對象依序爲洛夫、瘂弦、管管、碧果、沈臨彬、季紅、葉維廉、大荒、辛鬱和商禽、沈甸、紀弦、周夢蝶、羅門和蓉子、林亨泰和葉泥、沉冬和錦淑等。我國古詩中酬贈之作頗多，主題無非是傾慕與懷念，我們最熟知的如杜甫的「天末懷李白」。時李白因事判將永王璘而遭放逐夜郎，杜甫惟恐李白忿而投江自盡，故詩中有「應共冤魂語，投詩贈汨羅」句，故這類詩中的事件和情景，應盡可能吻合或呼應被贈者的遭遇，作者不宜自說自話。張默這一卷詩正犯了這個毛病，除了贈瘂弦，管管、碧果等少數幾位的詩尚能把握他們人格或作品風格的特徵外，其餘只能算是張默一般性的抒情詩，贈給甲的似可適用於乙，贈給乙的亦可適用於丙，甚至贈給丙的，可適用於甲或乙，不論事件或情景，與被贈者多無關係。如作者能善用其判斷力和選擇力，針對每一被贈者的獨特性，或懷其舊情，或詠其風格，或寫其思想，或塑其精神，都會具有更爲明確的身份，富有藝術與紀念的雙重價值。

其次一項特色是卷四的「五官體操」。這是一輯作者自稱的「實驗詩劇」，但嚴格說來，除「板門板初記」尙具詩劇的規模外，其餘五篇只能稱之爲散文詩。詩劇是文學中一項特殊的體裁，其寫作雖不一定要嚴格地遵守戲劇的原理，但仍應具有戲劇的本質，並且須有詩的意味。其中的人物，情節，對話的處理，仍須在相當的理性控制下進行。不論是即興的，荒謬的，或超現實的，詩劇自有其獨特的結構。張默是一位極富感性的詩人，擅於經營抒情短詩，對生命與藝術的認知多出之於直感，他的詩具有無比的震撼心靈的力量，他自己卻不知來自何處，擊向何方，故一涉及需要知性處理的作品時，便不免捉襟見肘，難以施展，譬如他的「機槍與蜜蜂」，就因爲未能爲讀者提供一個思索或靈視的焦點，而在結構上流於散漫，在題旨上陷於晦澀。

但，無論如何，張默的詩有他的獨創性，而他對於現代詩運動的貢獻，中國文學史上必然有他應得的地位。

——初刊「新生副刊」，一九七八年六月廿四、廿五日
——再刊「幼獅文藝」第三〇四期，一九七九年四月

——三刊「孤寂中的迴響」，東大圖書公司，一九八一年七月

五湖烟景有誰爭

——試論張默的詩

劉 菲

在中國現代詩人中，張默作品顯示的世界是「憂患的世界」，在張默的詩中，我們找不到有形的喜樂，也看不到引起我們共鳴的哀慟。他像被海浪沖到岸上來的一枚貝殼，暴露在太陽的光熱下，也暴露在不定期的風雨中。他想回歸到屬於自己的世界，在回歸的過程中，顯示了他的毅力，他的疲憊，以及他對宇宙觀照下所發出的感嘆！

當他決心走進繆斯的庵裡時，他藉著繆斯的姊妹，藉著他心底裡崇敬的姬姬，對自己的存在作了自白：

我祇是我，別有情意的我
在藍色深淵裡浸慣了的
聞不出什麼是寂寞，什麼是短短十九響的微笑
什麼是空空的瓶，什麼是水鳥的悸動

——繆斯的峯頂

這種自白，充分顯示了張默對功利社會的冷漠態度，這種冷漠態度，並非一開始就來自詩人的思想，而是在人生途程中經過了一段艱苦的跋涉。

現在讓我們回顧一下張默的第一本詩集「紫的邊陲」，在這本詩集裡，雖然只收集了十三首詩，但我們很可以看出張默思想中潛在的仁愛意識。當這種仁愛意識面對戰爭時，會不期然地產生矛盾，在「紫」集中，很多詩句和詩語都是在矛盾的心情下寫出的，如：

遠遠的海瞪視著我們
洞簫起伏在天的中央
吹一曲八月之歌
她說這是冒險的季節
讓我們的眼角膜不再履及
那些破銅爛鐵，那些蒼白的魚腥味
與及沒有甲骨的波紋
而藻草是婚媾了的
而銹了的歲月對我們將不再是教育而是死亡

——哲人之海

對於曾經沐浴前線的讀者而言，這節詩是不難懂的，對於那些生活在安定中的人卻未必瞭解，這節詩的關鍵語在「洞簫」，作者將砲彈畫過長空的那種聲音隱喻為「洞簫」，這是非常敏銳的隱喻，這種敏銳促成了表現上的技巧。詩人接著寫出「吹一曲八月之歌」，揭開了隱喻的謎底。

張默的仁愛意識有時候是宗教性，像上面一節詩就是例子，但張默本身並不是宗教的狂熱者，如果我們站在心理學的傾向來研究張默的作品，我們會發現張默的作品「知覺的選擇性」特別突出，這種現象是將面對的題材納入自己心理的傾向來表現。如

去握有一個生命，去力逐一個願欲
我是我自己的
管它什麼遠古的西施，嗳嗳

以上三行是「期嚮」一詩的最後一節，「期嚮」一共八十六行，我們不管前面的八十三行寫了些什麼，當我們看了這三行之後，很可以臆斷「期嚮」是在「認知失調」的狀況下寫出的。

所謂「認知失調」，就是我們對外界的刺激並非無條件地全部予以接受，而是有所選擇性的，在一般情況下，我們總希望外界的刺激能與我們的態度和我們的信念取得一致，至少

能夠相容，當不能相容的時候，就會引起「認知失調」的現象，這種現象是緊張的、不安的、不愉快的心理狀態。當詩人或藝術家在這種心理狀態之下去創作時，必然會產生幻覺式的意象，將這種幻覺式的意象用語表現在詩上時，它呈現在讀者面前的是語言的概念化，作者心靈中幻覺式，意象是不能在讀者心目中產生共鳴的。如：

已不是髮，已不是柳樣的腰肢所能敵擋
床與世紀與風
紫堇三角蛇與花鼓
一切總是這樣，現代永無間阻
而我們流連在流連裡

——朔嚮

這節詩提供了我們足夠的「知」，如「柳樣的腰肢」「床」「世紀」「紫堇」「三角蛇」「花鼓」，當這些「知」集合在一起時，卻不能令我們產生感覺上的完美意象。爲什麼我們不能產生感覺上的完美意象呢？是因爲我們的心理狀態與作者創作這首詩時的心理狀態有一段距離。因此，當我們欣賞這些詩句時，我們會覺得那些語言是概念化的。

當然，詩人也常常企圖克服在「失調」狀態之下的朦朧意識，甚至扭曲自己去適應外在世界的刺激，在扭曲的過程中產生一種清醒的「志」，一種無限的精神力量。如：

古中國的博大，歷史的艱深
思想如巨人般屹立
所以寧寧靜靜，這一世界
如月光般的，以至哲人
是，或者將是
令我恆需追逐無限默想的未來

——默想與沉思

以上六行詩雖然沒有創造一句新語言，但在心理的反應上，心靈世界的投射與外在世界的光芒是一致的，這種「一致」，在讀者心目中比較容易被接受。顯然的，詩人在創作時，心靈世界與外在世界的相互關係是這樣的。

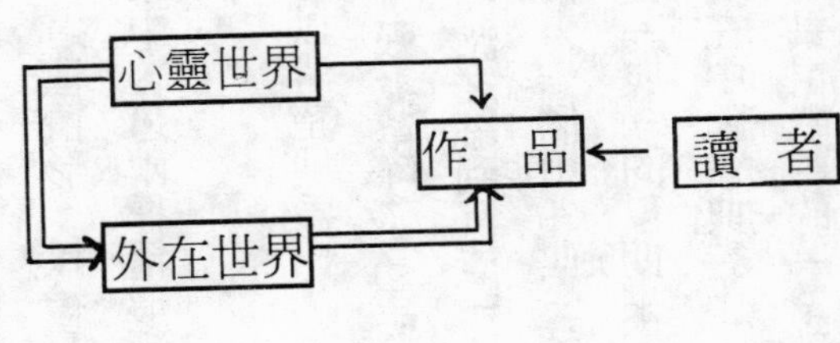

根據下圖，一種是從心靈世界↓外在世界↓作品，一種是從外在世界↓心靈世界↓作品。如果我們要眞正瞭解作品，必須從反方向去復原。即：

A作品↓心靈世界↓外在世界

B作品↓外在世界↓心靈世界

按照一般常理，對外在世界事物的觀察，作者與讀者是站在同等地位的，因此，由外在世界出發通過心靈世界所構成的作品，在欣賞上比較容易進入情況。相反的，由心靈世界出發通過外在世界所構成的作品，需要高度的審美智慧才能瞭解。這種情形，以繪畫作例子最明顯，一般的山水畫屬前者，一般的抽象畫屬後者。在「紫」集中，這兩種情形都有，所以我們閱讀「紫」詩時會感覺到有些詩句很明朗，有些詩句很晦澀。

當我們檢討了「紫的邊陲」再來看「上昇的風景」，我們可以清楚地看出，「紫」集是張默創作上的一個過程，「上」集又是一個過程。在「上」集中，張默革除了「語言概念化」的弊病，這可能是受了李英豪批評的影響（李英豪寫過一篇「從拜波之塔到沉層」，對「紫」集作了深度的批評，特別提到語言的概念化。）很遺憾的是，帶來一個用「典」的弊病。一個成功的詩人，他必須藉著語言的創造來完成表達任務，如果藉「典」的幫助來完成表達任務，他不是缺乏語言創造的智慧，就是表現對文學典籍的淵博。在中國古典詩中，用「典」的情形少之又少，有的話也與題材本身發生密切關係，如白居易長恨歌中的「驚破霓裳羽衣曲」，「霓裳羽衣曲」是典，但與題材本身發生密切關係。「典」並非不可用，而是要用的恰當，像「恆寂的峰頂」一詩，張默用了「趕緊握著薛栖佛斯」，薛栖佛斯這個典在整首詩中發揮了絕對性的作用。

「上昇的風景」收集短詩十四首，贈詩人之詩十三首（係贈管管、沈臨彬、彩羽、碧果、瘂弦、洛夫、季紅、葉維廉、大荒、辛牧、辛鬱和商禽、梅新、沈甸），屬於組曲形式的「峰頂」四首，英文譯詩四首。大致說來，這本詩集很雜；但在雜之中我們可以找到縮影，那就是：「上昇的風景」是張默多年來生活上「感」「知」最強烈的部份用詩所作的紀錄。

在十四首短詩中，最純粹的是「我站立在風裡」。這首詩沒有張默習用的「名詞」「人名」和「典」之外，最大的優點是，用淺鮮的文字表達一種具有擴張性的意象，音樂性很濃，在和聲上所用的語辭與詩的意象絕對相容，並沒有因聲而害意，下面摘出一段，讓我們共享張默唱出的和歌：

我站立在風裡
滿身的血液如流矢
一群一群連續急驟地飛出
讓它噴灑在一片未被鬆軟的荒土上
　　花跳躍
　　鳥彈奏
　　龍柏唱著發育之歌
我燃燒並且鼓舞

這個大風起兮的節令
自然的協奏曲
劈劈拍拍地繾綣於心靈的枝頭
噢，是什麼使它如此的
如此的深澈如此的冷，以及
如此的遼夐與迷離

像這樣有音樂味的詩唸起來很過癮，很遺憾的是，在「上」集中只有這麼一首奏鳴曲，不知是神來之筆還是嚐試之作？

在「上」集之中也有失敗的作品，像「門之探險」和「窗之嬉」，這兩首詩最大的缺點是意象語不統一，意象語不統一的結果，在結構上形成整首詩的不和諧，詩是列入藝術來欣賞的，和諧是藝術品的起碼要求。

屬於贈詩的十三首，是張默對被贈詩人從知感中的描繪，那是屬於張默主觀的認知，對於這種認知，我們沒有評論的必要。

在四首英文譯詩中，Hair and Mast音樂效果很好，但最後一行（We are but strolling, a particle of dust in the ocean）沒有用和聲上的升音，而用的是降半音，朗誦起來韻味不夠。當然，這是一首完成式（for my wife）的詩，既然是a particle of dust in the ocean 我們也就用不著在鳳上去添雞毛，在大洋中去找淡水。

屬於組曲式的四首「峰頂」，是「上」集中的重要作品，也是張默具有代表性的作品，我們就以這四首「峰頂」作為討論的對象。

第一首是「恆寂的峰頂」，這首詩以「寂」為標題，以「寂」為起點，以「寂」為終結，整個的意象都建立在「寂」上。自古以來，以「寂」為主題的詩不勝數計，不但每個詩人表現的「寂」不一樣，就是同一個詩人在不同的環境裡所表現的「寂」也不一樣。顯然，「寂」是悲劇的根源；自從有文學藝術以來，除了極少數歌頌英雄事蹟成為名作之外，大部份的文學藝術作品都與悲劇發生血緣關係，尤其是詩。

「恆寂的峰頂」分四大節，張默開始就寫道：

> 四壁閑蕩著瑟瑟的流水，尼采悲劇的鬍子自女
> 牆的裂縫中嫣然走出，……投在一百支燭光愛
> 撫之下的壁虎爬行的怪模怪樣的鬮姿……而把
> 剝光的文字的胴體輾成的細末給誰看。
> 嗨，天啦，我的蘇珊。

尼采寫過一本「悲劇的誕生」（The Birth of Tragedy），這本書以戴奧尼索斯為模特

兒來討論音樂藝術中的悲劇精神，同時也以悲劇精神為出發點討論到美學諸問題。尼采說；「悲劇的起源不能僅僅被解釋成為只是現實生活中所發生的悲劇事故。」尼采認為，悲劇一直是隸屬於藝術的。

我們讀了「悲劇的誕生」之後再來看張默的詩，張默筆下的尼采只是悲劇意象上的起源，與尼采本身並沒有什麼瓜葛。在這節詩中，張默呈現了悲劇中的模特兒「我的蘇珊」，並且洩氣地寫出：

嗨，天啦，我的蘇珊。

這行詩的感情是複雜的，張默為什麼不寫：「嗨，天啦，我的戴奧尼索斯」呢？關鍵就在這裡了。蘇珊是女性的塑造，張默為了把蘇珊朦朧起來，在背景上用了一系列的「寂」，在光源上用的是「燭」，使蘇珊在黯淡的沉寂中活著，張默企圖用抑壓來表現蘇珊，事實上張默仍然克服不了思想中揮之不去的「情懷」，使得他按耐不住呼出一聲想冰凍而冰凍不了的「我的蘇珊」，這種揮之不去冰凍不了的複雜情感，就像馮延巳在鵲踏枝中寫的：「開眼新愁無問處，珠簾錦帳相思否？」當然，張默與蘇珊沒有珠簾錦帳的相思，卻有「新愁無問處」的情懷。

這首詩的第二大節，張默所用的模特兒是沙特（Serter），張默要同沙特談陶醉，在談陶醉的十數行詩中，包括了水、火、土、星星、太陽、化石、冰山等賦予形容格的名辭，由於語辭太混亂，使我們找不到具體的意象。沙特本人我沒有見過，但沙特的重要著作以及討論沙特存在哲學的著作，我看了一部份，由著作去瞭解沙特其人，倒是有一個具體的認知，如果從張默的詩去瞭解沙特，對我來說是無處覓源頭，這可能是我的「悟性」不夠。

張默寫這首詩時，存在主義像風一樣吹到臺灣，有關存在主義的哲學論著和文學作品，在文壇上大行其道，不可否認的，中國文學思潮在當時受存在主義的影響甚鉅，受影響的情況，偏偏不是存在哲學思想的中心議題，而是存在哲學思想的末端。所謂「荒謬」「失落」，給小說家和詩人帶來不少題材，好在存在主義來得快消逝得也快，就像時裝的新款式，流行過了時髦過了之後被人遺忘。

張默同沙特談完「陶醉」之後，對存在作了詛咒與諷刺，他寫道：

要歌要舞
要把世界扛在頭上
要把存在與虛無一腳踢翻
要把整個人類都窒息
一切都隨便你
一道命令，一具陰符

一排排斷柱

這些都是實話

沙特，你瞧，這還不夠陶醉的麼

這種詛咒和諷刺，只是詩人內省過程中的爆裂，並不是沉思過後的回歸，「存在與虛無」踢翻了沒有呢？讓我們繼續看看這首詩第三大節和第四大節。

在這首詩的第三節裡，可明顯地看出張默的「失落」，他寫道：

有水源來自迦太基，

第一扇是滑溜溜的門

第二扇是冷清清的門

第三扇是搖晃晃的門

給我水仙吧

是歌，愛將不再存在

張默如果反沙特那個「上帝不存在」的論述，水源不應來自迦太基，而是來自伯利恆才對。此處的迦太基是一個隱喻，如果我們從迦太基的歷史去找源頭，我們無法獲得正確的答案。好在有一句「給我水仙吧」，水仙是供玩賞之花，「給我水仙吧」是來自心底的企盼，在企盼中帶有幾許怨艾，所以：「是歌，愛將不再存在」。事實上，詩人是希望「歌」與「愛」同時並存的，只是不能兩者都同時擁有。

顯然的，張默在失落之外，矛盾之外尋回自己，像沙特一樣重創自己，因而，他覺醒地要求自己：

忘卻哀掉，拾起靈魂白色的卵石

然而，詩人畢竟是詩人，對周圍的一切總是那麼多情，那麼仁慈，使得詩人在自己重創的過程中不期然地掉到沙特那個「重創」的模型裡——我們會發現我們自己原來的期望以及他人對我們的期望的大異其趣。

在「大異其趣」之餘，張默——

多雨的眼睫
驚不走憂鬱的巨症
而趕緊握著薛栖佛斯

很值得我們讚揚的是，張默並沒有在「憂鬱的巨症」裡陷入泥坑，相反的，他「趕緊握著薛栖佛斯」。握著薛栖佛斯是心理上的轉變，新意志的噴射。顯然，張默認定了命運──像神話故事薛栖佛斯那種命運。薛栖佛斯在地府喜樂地接受命運的安排，他所受到的懲罰，以及由懲罰中噴射出來的存在精神，正是張默意志中的投影，這個意志，使張默坦然地向詩中的模特兒「我的蘇珊」揮手：

要是熾烈的都冷卻
要是空曠的都豐滿
就把沉睡的毛孔豁然舒開吧
……………
讓伊去吧，只要能有千載不醒的小寐
讓伊去吧，在恆暗忖的風之峯裡

這首詩由「嗨，天啦，我的蘇珊」開始，至「讓伊去吧」結束，在心理過程中經過一番「自我的鬪爭」與「自我的認定」，這種自我鬪爭與自我認定，與沙特闡揚的「我如何決定我自己」那個論述很吻合。在思路上，這首詩很邏輯，從藝術處理上，從悲劇的發端到悲劇的遁跡，如果以戲劇效果衡評這首詩，是完美的作品。

第二首詩是「曠漠的峯頂」，這首詩相當「晦澀」，好在張默一開始就指點了迷津：

而生之慾，悲劇之慾，極度饑渴之慾以及薄薄

默默的慾中之慾，不經意地被投入

我的清風的雙袖

我們看到了「慾」，也看到了「兩袖清風」，詩人呈現給我們的，是要我們看到這兩者交迫之下存在中的「個人」。這首詩一共六十八行，在六十八行中，張默創造了六十行意象語，在六十行意象語中，一部份來自主觀意識的反應，一部份是受刺激的支配。顯然，張默在這首詩裡充分發揮了創造語言的潛力，但在美感經驗的判斷力上，沒有對自己創造的語言加以選擇，使某些意象語在題材的相關性上形成孤立絕緣。如：

當黃昏君臨

於一片荒無足跡的人性的寢土

嘶裂嗓音而猶不聞些微的聲響

展露密臂而猶不見樹般的人影

水豁開，水站起

時間的奔河是漩渦中的晨曦
不相識的黑夜與不相識的接吻的嘴
不相識的G大調與不相識的野玫瑰

像上面這節詩，我們實在看不出詩人到底刻畫些什麼？我所謂的看不出來，而是我們懂得每一個字每一句話的表面意義，當這些語言組合在一起時，我們不能獲得審美上的完整底「意境」。就拿「G大調」來說，它是一個泛音樂名詞，對於一個沒有音樂知識的讀者來說，根本不知道G大調與G小調所譜出的音樂是什麼韻味，對於有音樂知識的讀者，也找不到具體的意象，因爲G大調的音樂作品太多了！

我們知道「聯想」是美感的必需條件，聯想分自由聯想與控制聯想，自由聯想就是任憑你從某一件事想到其他任何一件事，例如由花想到美女，由明月想到故鄉；控制聯想是某種關係下的聯想，例如由好的想到壞的，由是的想到非的，由大的想到小的。控制聯想在心理上是辯證式的，自由聯想是依了情緒上的反映和奔騰。美感中的聯想是自由聯想，自由聯想在詩與繪畫中表現得非常突出。但是，自由聯想是「意」，將「意」創造爲詩的語言是一種技巧，當語言與語言組合之後產生一種「境」又是一種技巧，一首完美的詩，每一句語言都有它的相關性，這種相關性不是邏輯的相關性，而是審美的相關性，使讀者能夠從知覺、聯想、判斷中獲得美的快感。像「不相識的黑夜與不相識的接吻的嘴／不相識的G大調與不相識的野玫瑰」，這兩行詩是在自由聯想之下創造的語言，當詩人創造這兩句詩時，並沒有在知覺上給了我們肯定的意義，我們無法從知覺中去產生美感上的聯想，如果詩人寫出某G大調，我們或許可以從某G大調的音樂氣氛中聯想野玫瑰的意象，進而獲得美感上的滿足。

不可否認的，意象語是構成詩的主要因素，在審美上，意象語是「主位」，突出意象語的副詞是「客位」，因此，當詩人創造一句新的語言組合在詩中時，他必須考慮：那句語言所產生的意象是否與詩的意境諧和？那句語言本身的意義以及語言與語言組合之後所產生的擴張性意義是否能使讀者在判斷力上認定？如果這兩者是肯定的，有助於詩的完美性。否則縱然詩人創造了新的語言，也應該作適當的選擇與取捨。

關於語言的創造與選擇，我們以「曠」詩爲例再加以檢討。如：

我在複印你的寬闊的黎明
溫煦攀上睡了一夜的樹梢

這兩句意象語很優美，「複印」是「我」的動態，「攀上」是「黎明」的動態。在「意」上，這是屬於光明面的，如果張默根據這個動態的聯想去描寫面臨的事物，必然會產生一個完整的「境界」，但下面兩句卻是：

藍露凝爲油脂，靈魂正在遲遲細步
何其懵懂，費羅納旋走一片飄渺的鮮香

這兩行詩鑲在這裡是缺乏語言的選擇性底，因爲詩人將我們引導黎明情景的刹那，一下子又把我們拉出來，拉住「費羅納」（Flora），使我們在審美上形成的名理思考一下子被弄亂了，弄亂之後，詩人又把我們引導海上去：

此刻，大海擱在咱的肩頭上茫然不語
此刻，遠方日曬下的水夫不敢眷顧自己的面顏
此刻，蜷伏的霞奮起
擲給世界以煥發的容光

在這四行詩裡，在時間和空間上有很大的距離，「蜷伏的霞奮起／擲給世界以煥發的容光」是早晨，「遠方日曬下的水夫不敢眷顧自己的面顏」是正午，這種時空上的距離，在意象上是緊扣的，同時，因了時空的距離給了我們一個判斷上的索引，那就是，這首詩是描寫一個漂泊的水手。

現在我們回過頭來看語言的選擇問題，如果我們將這節詩中的「藍露……」「何其……」

兩行刪去，我們並不會覺得有損於這節詩的完美。當然，這兩行詩是當時張默在創作時能夠想到審美的第一關是名理思考，他必然會將這兩行刪去，而創造兩行在擴張性意義上能爲讀者所企及的。

我剛才說過，這首詩是描寫一個漂泊的水手。作爲一個水手，當他長期生活在海上時，那種孤寂無聊的心情我們是可以想像的，在孤寂無聊中，很容易使心理上失去平衡，因此，每當船一靠岸，水手們少不了需要酒與女人，在酒與女人中，詩人寫出了三重奏：

第一杯是香噴噴的
第二杯是苦艾艾的
第三杯是熱辣辣的

酒與女人只是「慾」的滿足，並不能填補心靈的空虛：當沉醉過後，春潮過後，憂鬱依舊繞著悶煩的心頭，並且顯得更難耐，於是詩人寫出：

憂鬱總是繞著幾個固定的圈子
總是一伸手可以抓住星球
踢踢銀河的背，敲敲月宮的門

這些總是我野心的過客
總是靜默如絲，喧囂如絲

在這種情形之下。好像什麼希望都沒有了，也不敢再奢望什麼了，帶來的是對生活厭倦：

我們不屬於永恆，永恆是暫短與暫短的密接
不再需要燈火，以及鉛色的河馬

這種「不再需要」的意識，並非內心中哲性的超脫，而是由於外在的刺激所引起，是一種被抑壓情緒的喧洩，在喧洩之後又回到內省，在內省的過程中，詩人沒有用哲學觀或歷史觀去喚醒主角，使主角在生命的奧義中燃起反叛自我，追尋自我的新契機，詩人給主角的最後安排是命運的認定：

提著輕逸的命運
在斑爛般絲絨的漠源裏
玩著火焰與競走的絕學
如此週而復始，必將會晤山山的倒影

會晤鮮花的盛蕊

這是認定命運的自我審判，這種審判是悲劇的。但我們沒有理由責怪詩人，在社會上，每一個階層的人類都有悲喜劇的兩面，詩人用悲劇結束這首詩，也是一種表現方法。的確，有多少人能掌握自己的命運呢？在不能掌握命運的情況之下去「會晤鮮花的盛蕊」，縱然是嘲弄式的安慰，除了這種安慰之外，也就什麼都沒有了！

第三首是「繆斯的峯頂」，這是一首經過洗禮的戀詩，在這首詩裡，張默生命中的熱力很沸騰，以往那些憂鬱的，被抑壓的情緒統統消失了。因此，在詩的結構和詩的語言上都顯得很圓潤。張默雖然沒有同詩中的戀人花好月圓，但這位戀人喚醒了張默思想中的哲性，使張默在堅強的意志之下去追求更大的理想。

這首詩計六十五行，分六大節，是直敘式的戲劇體裁，在結構上，很合乎顏元叔先生強調的「有頭、有尾、有中腰」。張默一開始就讓戀人出場：

你的莊嚴的步履踏入春風滿面的觀音之淨土
於是海湧進　夢湧進　七七之戀湧進

在我們苦苦攀爬的偉大童年的

黑枝上
感於你的神聖的覆壓
引激流中喘息的光
你的頭髮，也是
你的睫毛，也是
你的兒歌，也是

在平劇舞臺上，每一角色出場都有個象徵性的表演動作，而後通名報姓，而後是事出有因的道白，我們聽了道白之後就知道演什麼戲。在這節詩裡，張默寫了女主角的出場動作——莊嚴的步履。形容了舞臺——春風滿面的觀音之淨土。刻畫了女主角的頭髮睫毛——引激流中喘息的光。也寫了道白——海湧進、夢湧進、七七之戀湧進。

看平劇要注意聽道白，道白懂了之後知道劇情。看詩也同樣要注意道白，瞭解道白之後容易瞭解詩情。在現代詩裏，幾乎每首詩都有道白，高明的詩人將道白寫成詩的語言，次等的詩人將道白用散文寫，用括弧括起來。張默這首詩是將道白寫成詩的語言的，所以我們要研究，好在要用腦筋研究的只有一句——七七之戀湧進。

「七七之戀湧進」有三種可能

A、白居易的長恨歌——「七月七日長生殿，夜半無人私語時」。

B、牛郎織女，七七相會。

C、七七抗戰紀念

根據張默這首詩的詩情，「七七之戀湧進」應該是屬於B項的意象語，因爲張默這首詩的戀情是超俗的。

當我們瞭解「七七之戀」的意象是來自牛郎織女之後，我們不要看整首詩也知道這首詩的結果如何。同時，也知道這段戀情就像牛郎織女星那樣光明閃爍。當然，這首詩不是牛郎織女故事的新寫，但在意境上卻有那種脫俗的美感。

詩中的女主角或許並不喜歡文學，對張默熱衷於詩可能有過煩言，在張默的筆下出現了戀人思想上的衝突：

姬姬，別頂撞Cybele，以及她的額角的奇蹟

我不是熱鐵皮屋脊的貓

也懶於一觸莫迪意安尼長椅上的裸婦

（按：此處的莫迪意安尼，張默沒有注明原文，不知是否與畢加索和塞尚都有交往的

近代表現主義畫家Mobigliania）

「也懶於……」這行詩是張默表現內心的純潔，在純潔之外，並道出了自己決心奉獻給繆斯的意志：

為了要做繆斯眼裡的一騎士
我的歌艷得如炎炎夏午傾瀉的油彩

在這個意志之下，現實世界的名利是等而下之的。至於愛情，也在這個意志之下隱伏了衝突。

「衝突」雖然萌芽了，但張默並沒有讓衝突積極的發展下去，使衝突產生戲劇性的高潮。相反的，張默在題材的處理上作了一個迴旋，讓這段戀情慢慢的昇華，由「降B大調」到「中庸的行板」，所以第二、三、四節是詩人讚美主角的描寫，情人眼裡出西施，普天下的男女都一樣，只是讚美的方式不同而已。到了第五節的時候，「中庸的行板」譜不下去了，於是出現了：

在大屯山，我們不再跳進睡眠的走廊

也不再去抓一塊一塊的雪糕般的凌虛之月
我祇是一水流般的牧者
望著這邊的青青而想著
那邊比這邊更青

「那邊比這邊更青」是來自靈魂深處的轉變，這種轉變底定了要同戀人分手，並且以快樂的心情來掩飾內心的痛苦，所以第六節中寫出：

我是曠漠的弟子，你是繆斯的姊妹
我們同是置身巨大的深處
任心連心手牽手漂泊去吧
思想裏找不到鉛塊
眼眸裏逸失了暗流
最後的終極是會心的歌唱歌唱歌唱
我將去我將消隱我將不在
繆斯是盤坐在杏花村
不遠的庵裏

這節詩充分顯示了由愛情開始到友情結束。由友情發展爲愛情是理所當然之事，由愛情昇華爲友情卻需要意志和力量，更需要精神生活來填補昇華過程中的空虛，對詩人來說，繆斯庵是最好的超渡所，張默就這樣悄悄地走進繆斯庵。

當張默走進繆斯庵時，是不是完全擺脫了戀情的羈絆？是不是眞正地回歸到事我兩忘的境地？下面我們繼續看第四首「峯頂的峯頂」。

「峯頂的峯頂」共六十七行，是一首在結構上沒有故事而在內容上故事很繁雜的詩篇，像這類詩篇，對於習慣從結構中去體會內容的讀者是不容易被接受的。這首詩的主題是表現人的「失落」，本文一開始就提到，在人生的道途上，張默經過了一段艱苦的跋涉，當他步出中學的大門時已是狼煙四起，他面臨的不是大專聯考志願的選擇，也不是就業的選擇，而是命運的抉擇，在命運的抉擇裏，「國家有難，匹夫有責」成爲先決性的誘導，於是他投入軍營，軍營生活是嚴肅而單調的，在長久的軍營生活中，使他養成了堅毅的性格，他戀愛過，也失戀過，在生命的旅程中，他是憂患多於歡愉的，「峯頂的峯頂」就是在多種壓力之下產生的作品，這首詩在氣氛上的緊迫，使我們深深體會到當人們生活在逆境時，世界在他心目中一點也不美麗。這首詩一開始就寫道：

我們是懸吊著的慾望之蝶，我們是空谷中的回音
看河漢雙峯在細語在升高的疊唱

記憶是冷冷的灰燼，塗抹並不怎麼清明的臉譜

這三行詩充分寫出了在特定時空中詩人面對的世界，這裏的「我們」是抽樣的，部份的，而非全體的，在抽樣的「我們」中，張默接著寫出：

隔夜的紫陀蘿花
牽著青青的仙人掌，撲捉
玫瑰之逝，大雅與小雅之逝，空絕的春之逝
總是落滿疏疏的足印
把感性的磁針向南偏倚
怕撞倒匆匆的行人
陣陣的納悶如故，企求與惋惜如故
但負傷的山，自疆宇的極峯噴出
掀起多迷離的舞蹈
海馬那膠狀的柔美與秋的滿嘴蕭蕭的濕樹
以意象的眼敲擊
冬的荒園存在的眞切與夫戀愛的孤獨

「春之逝」「秋的滿嘴蕭蕭」「冬的荒園」，在意象上都是蕭條的，沒落的。（按：「大雅小雅之逝」的意象語用的不當，因大雅小雅中只有一部份作品與張默在本詩中的意義相吻合，另一部份卻是衝突的，如果張默能寫出大雅小雅某章之逝，那意象就落實了。）寫到這裏想起劉禹錫的「秋風引」：

何處秋風至　蕭蕭送雁群
朝來入庭樹　孤客最先聞

在「峯」詩裏，張默是孤客，孤客的內心是矛盾的：

在整個構成秩序的夾縫裏
空虛是圓鏡，花朵是龜甲
我以海岸般的霹靂般的手
緊緊地攫住生之領域浩瀚無比的迴廊
一切視而不見
一切死而復活
一切洞開而又暗怨

「死而復活」的是什麼呢？是：

在虛隙中汝吹薩克斯風
汝讀藍波，汝飲沙崗
那個遲遲獃獃的少女
爲何老是忖臆著感情的潮汐

（此處的「汝」在詩人的辭意上是「I」，而不是「YOU」）在感情的潮汐下：

倒掛一絲絲空濛明媚的清夢
似乎是放得下，又似乎是放不下
一片囂騷一份形象和一首歌
演奏給孤獨的誰看
兩岸的啼猿知悉否

兩岸的啼猿當然是不知悉的，如果知悉的話，就不會有「明媚的清夢」了。在不知悉的情形之下，必須讓意志抬頭：

去吧年齡，去吧過渡
去吧無聲秩序之行進
在千千岩石遠遠暴露的峯頂
以及峯頂之峯頂
風，將何去，寂寞將何去

「峯頂的峯頂」就是這樣結束的，這樣結束當然不很理想，因爲拖了一個「寂寞將何去」的尾巴，如果詩人寫到「在千千岩石遠遠暴露的峯頂」就擱筆，那種一刀兩斷的懇切就顯得更有力了！

讀完張默的「峯」詩，使我想起崔顥的「旅懷」，就用「旅懷」來作本文的結語：

水流花謝兩無情　送盡東風過楚城
蝴蝶夢中家萬里　杜鵑枝上月三更
故園書動經年絕　華髮春催兩鬢生
自是不歸歸便得　五湖煙景有誰爭

——初刊「創世紀」第三十九期，一九七五年一月
——再刊「詩心詩鏡」，傳燈出版社，一九八九年六月

爲永恆服役

——張默的詩與人

瘂弦

楔子

張默與我相交三十五年，我們「同營吃糧」，又同在一個詩社裡成長，長年累月窩在一起，太親、太近，反而不容易採取適當的距離爲對方做一張畫像；而爲他的新書說幾句話，竟也是幾十年來的第一遭。

詩的張默

張默的詩生活起步得很早，遠在五十年代初期，他就開始發表他的海洋詩。大陸來的青年忽然到了一個四面環海的島嶼上，對海洋產生一種禮讚和浪漫的想像，這是很自然的。這些海洋作品多半採取一種直接切入的方式，充滿年輕詩人擁有的浪漫情懷；當時寫海洋詩的人還有詩壇前輩覃子豪先生，民國四十三年（一九五四）「創世紀」創刊後，他的海洋文學又加入了東方風格與中國意境的思考，並且提倡「新民族詩型」，這個運動，雖然因爲他年事尙輕，理論上不夠週延縝密，但在那個西化的時代裡，二十出頭的年輕人如他，能有這種預見性的思考，也是相當難得的。而那些想法一直到七十年代中期鄉土文學運動之後，才蔚爲主流思想。因此，張默和洛夫的這個思考，並非全無意義的。

「創世紀」十一期以後，張默的詩觀產生重大的變化，最主要的是他受到了現代主義、超現實主義的感染。所謂「自動語言」和「切斷聯想系統」，主張知性、反對浪漫的抒情等等的觀念，也在他的詩作中鮮明的表現出來。不過跟洛夫和我一樣，並不承認自己是超現實主義「在中國的傳人」。我們介紹了法國超現實主義的詩，也熟讀布魯東的「超現實主義宣言」，但也很快的發現了超現實主義的歷史局限和美學上的缺失。洛夫因而提出了「中國的超現實主義」，我也以「制約的超現實主義」來修正法國式超現實主義的偏頗。張默則說：「『創世紀』同仁所強調的是『超現實』的精神，而非某種主義。」雖然如此，但創世紀「諸子」跟超現實主義關係的密切，確是事實。對超現實主義技巧的接受，張默認爲，他、洛夫和我的不同點是：洛夫偏重語言的密度，張默偏重氣氛的經營，我則偏重感覺的延伸。「石室之死亡」（洛夫）、「貝多芬」（張默）、「深淵」（瘂弦）便是那一時期的產物。然而張默的詩仍不同於超現實主義，他比較深沉、厚重、不炫才、不賣弄，常常以含蓄的手法探討生命，詮釋生命，以細膩的感受爲經，以眞誠的表現爲緯，逼進事物的內裡，寫出人生的尊貴和莊嚴，不戲謔，也不刻意諧趣，在這方面，他甚至是偏向古典的。

早在鄉土文學論戰之前，張默就提出了「現代詩歸宗」的口號。所謂「歸宗」，就是主張中國現代詩人要歸向中國傳統文學的列祖列宗，「詩宗」社（一九七〇）的創立，就是最具體的行動表現，張默是其中的主流人物之一。他之所以力主向傳統文化回歸，一方面說明他自己詩觀的成熟，另一方面，也是因爲逐漸邁入中年，對生命自然，都有更深的領悟，人生的得、失、順、逆，也都能夠得到哲學的紓解，而走向東方和中國，是必然的結果。

死亡的主題，也在他的作品中頻頻出現，「死亡，再會」（一九七三）一詩，是此一階段的代表。對死亡，他的態度是莊肅的，但卻常常出之以調侃的口吻，與其說是對死亡的抗拒，不如說是對死亡的無奈。

一九七九年，張默得知大陸七十六歲老母健在的音訊，這消息像霹靂一樣震撼了他的心靈，他的鄉愁突然擴大，愛恨的糾結，變得犀利而強烈，最後是帶來另外一次的創作高潮。對於母親的健在，張默說：「我壓抑了三十多年的鄉愁，一下子全都爆發出來了！」含著熱淚，振筆疾書的張默，好像是用詩在發難，用大量的創作來撲救他這場心靈的火災。一般人到了這個時侯，一定會出現憤怒而吶喊式的作品，可是張默在面對思母懷鄉的題材時，卻凄切而冷肅的面對自己的悲劇，不把它們當作抗議的呼號，而把它當作客觀的藝術來處理，多年來日積月累所鍾煉出來的詩藝，就此全部展現出來，寫出了一連串具有藝術高度的作品。本集中的「長城．長城．我要用閃閃的金屬敲醒你」（一九七九）、「家信」（一九八〇）、「尋」（一九八〇）、「白髮吟」（一九八一）、「包穀上的眼睛」（一九八一）、「風飄飄而吹衣」（一九八一）、「遠方」、（一九八二）、「哭泣吧！肖像」（一九八三）都是這個時期的作品。我甚至認爲，此一時期，是他創作的巔峰。

經過了人生的大悲痛，張默的詩風變得更爲冷凝而玄學，加上他近年醉心繪事和書藝，他的作品表面上看起來規模小了、色彩淡了、遣詞用句也簡化了，但是作品的內在卻更緊密，這與第一期（一九五〇—五六）的白描手法（比較浪漫），第二期（一九五七—六九）的意象時期（比較晦澀）和近期的澄明詩風（比較深沉），大不相同。如果說詩境有所謂「抒小我之情，抒大我之情，和抒無我之情」，那麼目前張默的創作可以說已經進入「抒無我之情」的境界。但是不管張默的詩如何變化，張默創作的入世態度，是不會改變的。「無所不容，永恆長青」，是他對詩所持的永恆理念。

張默的詩，無論在主題和技法上，都相當的多樣，本集中的五輯作品，可以說是詩人創作三十多年來的自選集，足以顯示出他的多種風貌。關於他創作的技巧、詩藝的成就，自然有文學批評家去詮釋、肯定，這裡我僅就張默詩的音樂性（這個角度，過去比較少人提到），提出我個人的看法，也許可以爲喜歡張默作品的讀者，作一點比較的參考。

張默詩中的語言操作，乍看好像飄忽游走，捉摸不定，但細細體察，你會發現他在嘗試一種流動的語言風格，一種類似音樂的形式。不同於音符的音樂，張默的音樂乃是用詞語構成的文字的音樂。創作音樂時，作曲家通常藉曲式的變化、發展完成的樂想，張默則是藉形式的建構、意象的聯串，來完成他的詩想。在一首詩整體組織的控制上，具有音樂作曲一樣的嚴謹和絕對性；有時，甚至是數學的。

通常，他的詩自點而線而面並作球狀的擴張，像音樂的賦格一樣採兩路進行，一路是接近散文的自由形式，另一路是屬於韻文的格律形式，前者俚俗，後者儒雅，一虛一實，一陰一陽，作者就以這兩種力量的相斥、相爭、交匯、融合，來控馭他的作品的張力，此種運作方式與圍棋中的黑白子，鋼琴上的黑白鍵，中國書藝的黑白結構，原理是相通的。

賦格的進行之外，複疊的句式也是張默喜用的手法。複疊，本是中外詩歌中一種古老的技巧，但經過他特殊的現代處理，變得生動而具有新意，成爲他獨特的語風。張默說：「讀一首詩，有時如聆聽一闋樂章，尤其是咱們的方塊字，本身的『形、音、義』的諸多特色，應是一個作者取之不盡、用之不竭的寶藏，我重視聲律之美，而重複和疊現，正是顯現節奏的手法之一。」

關於張默詩藝的音樂聯想，這裡舉出最富代表性的幾首詩爲例，來印證他「文字音樂化的觀點。如本集中的「夜」（一九六九），此詩以詩人內在的主觀世界和外在的客觀世界，情人式的思緒（小我）及哲人式的理念（大我）形成兩條平行線，交替進行，反覆推演，而產生音樂獨有的特色——對答、呼應、發展的趣味，詩的抽象思維，與音樂的抽象思維，在這首詩中作了最好的結合。「夜」詩分五節，共四十二行，首行「自低低的鳳尾草般的五月」開始，透過與夜有關的意象的疊現與交感，作漸層的秩序的發展，最後引出萬象紛陳的夜的大全景，此時好像音樂的高潮出現，鐘鼓管絃，競奏齊鳴，予人以酣暢淋漓之感，接著全景逐漸變小，碩大無朋的夜，最後竟小到可以「折疊起來放進小小口袋」，這種大小由之，收放自如的技法，無疑是來自音樂曲式，而張默把它巧妙地文字化了。

「變奏曲」（一九七二）從標題到詩行列排列都是音樂的構成趣味。第一節十二行，用早期新月派「節的匀稱、句的均齊」的詩型加以羅列，而楊柳、炊煙、蟬聲、桃花等十二種形象的出現，正好與孩子的額、唇、耳等十二處身體器官產生美麗的聯想，其中「輕輕飛上一句，像飄然的緞帶一般，將兩種不同質的對象綰連在一起。這首詩從詩型上看簡直像是一幅美麗工整的圖案，這又合乎音樂的原理了，因爲所謂音樂，就是聲音的圖案。此時末段作者用破格法，以完全不同前面的句式給全詩一個「結語」，形成高潮，而這「被時鐘雕刻著的一座永遠青青的象徵」的孩子頌歌，於焉完成。這，又是音樂的魅力。

類似這樣音樂形式設計的作品，本集中還有很多，如「關於海喲」（一九五九）、「貝多芬」（一九六四）、「晚安，水墨」（一九八五）、「花與講古」（一九八七）等。其中「貝多芬」是一首力作。全詩意象沉雄，氣氛肅穆，一氣呵成，表現了大樂章一般秩序和諧之美，也充分顯示出作者抽象思維能力的高超。這首詩另一成功的原因是張默對貝多芬曾作過長期的研究，能深刻體悟一代樂聖對音樂的執著精神，詩中「一瞬就是千千個自己」、「門住永恆和不朽」等詩句，是貝氏音樂內涵的最佳演示，也是一種歷史的感喟。其實這首對作者自己及對當時詩壇都具有里程碑意義的詩，所寫的不只是貝多芬，也是一切藝術家的肖像，甚至也包括作者的自我期許在內。張默多年來堅持的一句話「詩應該爲永恆服役」，也可在「貝多芬」詩中找到詮釋。

「關於海喲」是張默早期大宗海洋詩的代表作。不同於一般作者浮面歌讚大海的寫法，張默的海，是一個具有生命質感的海，而大量暗示、隱喻、象徵手法的運用，以及海濤聲的摹擬，則又是屬於音樂的特色了。

「晚安，水墨」、「花與講古」等詩就音樂的觀點來看，也可以把詩中的「儒雅」（知識份子）語言與「俚俗」（市井村野）語言對比進行的趣味，看作音樂中的賦格；一邊是氣韻、骨法、披麻潑翠、溷濁澀滯一類中國傳統繪畫術語，一邊卻是「俺要……折騰你」、「俺要……消遣你」、「俺要……推拿你」等街頭巷尾的口語，映襯之下，十分有趣。

人的張默

我常常覺得藝術家在性格上有兩種「有趣」的類型，讓人印象深刻，有時侯，這些藝術家特殊的性格所衍生的故事或帶動的風潮，甚至成爲藝術家的獨家標記呢。這兩種藝術家，一時也不容易細分，姑且以非理性與理性來區別。

以非理性的藝術家來說，我們就很難用常情常理來衡量。譬如有些文人，除了寫作，其他的事情如社會責任、家庭生活都與他無關；反倒是社會必須對他另眼看待，給他最大的容忍。還有些文人的行徑，則教人不敢恭維，美國小說家福克納就是個例子。傳說福克納家裡掛著個大燈泡，一收到信就先映在燈泡下看看是什麼，如果是支票，無論誰寄來的，都拿去用；否則連拆也不拆就丟了，文藝青年熱情的來信自然就更不理會；而初學者向他求教，絕對拒之於千里之外，饗他閉門羹。

本來，作家爲了保持心靈的寧靜與孤獨感，保衛他的時間不受侵害，或是爲了感覺人生的本然，而不受各種社會規範的制約，原是無可厚非；但是達到前述的無理程度，也近乎荒謬。這類型藝術家，如果能創造出偉大的作品來回饋社會，我們讚美感動之餘，對他的奇形怪狀自然另有諒解與解釋。然而，從事創作的人何其多，能有幾人是震撼人心的偉大藝術家？

相反的，是一些理性的藝術家，不但創造獨特的藝術，也犧牲奉獻、善盡社會責任：或是捨棄寶貴的創作時間來從事教育工作、培養新人；或是獻身文學藝術運動、播種墾殖。五四以來，第一位典型人物是胡適，近三十年來則有俞大綱。當年俞先生的辦公室，每天座無虛席，全是來訪的年輕人，俞先生和他們談詩論文，從不厭倦，遇到特別值得栽培的，更是提拔呵護，盡心盡力，新一代如史惟亮、楚戈、林懷民、郭小莊都是從他的門下成長的。

對於這兩種藝術，我比較心儀後者。當然，純粹文學藝術的立場來看，作品才是唯一的標準，但就整體的意義來觀察，我更欣賞後者。以詩人爲例，我就覺得應該先做好「人」，才能做好「詩人」，因爲詩人是人格的呈現，是人類良心的代言人，也是人類靈魂最崇高的象徵。特別是中國，自古以來對詩人的要求，就是人格與風格的統一性；如果人格與風格分裂、甚至背道而馳，總是美中不足。因此，對第一種藝術家，只要親近作品就可以了；至於第二種藝術家，除了欣賞作品，更重要的是親炙他的人，從言談、風采中體會更多的精神美質。所謂如沐春風，只有面對本人才可能產生這種境界；而當人的魅力與作品的魅力交相融匯、印證時，那眞是讀者作者之間最美妙的經驗了。

我的朋友張默，自然不是胡適或兪大綱，我也並不想拿歷史名人來爲好友建立文學服務的理論；但是，每當我想到張默，就禁不住產生上述的聯想。的確，在長達三十五年的寫作歷程中，詩人張默不僅是優秀的創作者，也是詩運的推動者、詩刊的創辦人、文學刊物的編輯人和文學新人的培養者。

一九五四年，我有幸和他及洛夫創辦「創世紀」詩刊，三十多年來，我們的詩刊成爲文學界的奇蹟，在這漫長的歲月裡，多少官辨、民營的刊物倒下去了，只有這支沒有薪餉的部隊，屹立不搖。白先勇稱讚「創世紀」是有九條命的長命貓，永遠不會死，這句話不是虛譽。「創世紀」爲什麼能支持這麼久？最重要的原因就是張默。

「創世紀」同仁給張默取個外號叫「詩壇的火車頭」，的確，他是渾身帶電的人物，每一次當我們灰心喪志、準備洗手不幹的時候，都是他力主堅持下去。以我們三個人來說，洛夫脾氣剛直，但容易動怒；我則是個溫吞吞的懶人，雖然有時侯彈性大一點，但常常會洩氣；只有張默任勞任怨，雖然也有脾氣，但發過就算，他最有決心，什麼事情都捲起袖子就做。爲了「創世紀」，我們可以說吃盡了苦頭。在我們還是小軍官的時候，用我們一點可憐的薪餉權充印刷費，甚至典當（死當）了腳踏車、手錶和冬天唯一保暖的軍毯；結婚以後，還都瞞著太太，把孩子的奶粉錢交到印刷廠。眞是衣帶漸寬終不悔！爲了討論「創世紀」的編大綱，我們在海軍紀念塔的石階上傾談整夜，被海軍憲兵誤認爲小偷，坐了一夜的牢。我永遠不會忘記，每當「創世紀」出刊的時候，我和張默把刊物放在大籮筐裡，兩個人用一根扁擔抬到郵局投郵的情景。爲了讓更多人知道這本刊物，我們登不起廣告，就跑遍左營、高雄的電影院，用五毛錢打尋人字幕，上面只寫六個字：「創世紀出版了！」我也永遠忘不了，我們一連半個月在海軍四海一家吃冷饅頭加大葱，趕編「六十年代詩選」的情形。

張默沒學過美術，但他的版面設計卻有專業美工的水準，而且可以在一個晚上趕出一期詩刊的版樣；張默沒學過會計，可是他對發行、帳目，都處理得有條有理；雜誌社的瑣碎事情非常多，張默卻編、校、發行全都包了。「創世紀」三十五年的歷史，至少二十五年是他一個人編的，這種耐力、持續力，少有人能及。

張默也是個熱心的文藝運動者，辦詩社、擬宣言、發通知、找會場、辦伙食，樣樣都來；掃地、抹桌子是他的事，當主席、坐上席讓給別人。文藝運動雖然不等於創作，但卻可以刺激創作；在我國，一向沒有文藝行政人才，只好作者自己來，爲了這些瑣事，不知道占去張默多少寫作的時間。主編「中華文藝」以後，張默更把他的全部精神投注在這份全國性文學雜誌的編輯工作上，他寫信、打電話之勤，是朋輩中少有的，而許多年輕人就在他的鼓勵、培養下，成長爲今天文壇上的重要作家……。

因此，我覺得張默的重要，除了詩的創作外，還有他爲詩壇所做的工作；創作與工作就像車的雙輪、鳥的雙翼，是張默文學世界的兩大範疇。在目前這個工商業社會裡，人人都要保衛自己有限的一點時間。人與人之間都豎著鐵絲網，像張默這樣的熱心人，在我們的詩壇上實在不多。從編輯專業的立場來看，張默寫的詩，當然是他詩的事業中最重要的一部分，但是三十多年來的那一架子的「創世紀」，說它們是張默的奮鬥史的一部分，誰曰不宜？

餘音

「露水橫過天空」（註一），夜正年輕；在窮困的年代，曾經以彼此的體溫取暖的老友，路正長。當黎明來到之前，讓我們繼續煮那一鍋未熟的夢。且抬頭——露水橫過天空！

註：「露水橫過天空」爲張默詩句。

校後記

張默的這本詩選，原擬用「露水橫過天空」爲書名。校對時，纔知道書名已換成「愛詩」，新書名更能烘托張默的志趣，特補記之。

——初刊「中華副刊」，一九八八年七月廿二日

——再刊「愛詩」，爾雅出版社，一九八八年七月

張默的詩天地

姜穆

在中國現代文學發展的過程中，詩的發展是最爲迅速而突出的，若論文學的改良，在小說、散文、詩之中，毫無疑問的是詩的改良（革命）最是徹底，而且六十年來，詩在文學的思潮方面，一直是居於一個領導的地位，詩的創作者，詩的批評家與理想家，無論在創作的嚐試上，理論的創發上來說，都是最尖銳的，在五四把古典的創作方法揚棄以後，作過最最徹底的改良的一個文學類族。

無可諱言的是：這種改良，遭遇到的阻力與誤解，也是文學中其他如小說、散文等朝向新的發展歷程中所沒有遭遇到的，中國現代詩的革新，關鍵在於五四以外，四十年代，有關中國現代詩縱的繼承與橫的移植的論爭，對於中國現代詩的發展有相當的影響。雖然縱的繼承與橫的移植的論爭，最後仍是不了了之，沒有獲得結論，可是這次詩的論爭，卻帶來中國現代詩創作的蓬勃現象。

關於中國現代詩縱的繼承，是當然的事！因爲「中國的現代詩」，其關鍵是在「中國的」，雖然中國現代詩不可否認的，曾直接受到西方文學思潮——尤其是表現的技巧——受到較深的影響，但比較起來，中國現代詩，仍與中國的文化有血緣的關連，所以中國的現代詩，應是縱的繼承這一點是無可置疑的事情。

或者有人要問：中國的現代詩，表現的技巧，已與中國傳統的技巧與形式完全脫離了關係，既是如此，則縱的繼承，就有了問題了。對於這樣的辯解，不難從文學史上獲得結論。

現在我們要提出的是：中國的古典，或者說中國的傳統詩，以甚麼表現形式的詩為古典、為傳統呢？倘使以盛唐的格律詩為中國的古典或傳統：那麼我們把詩經置於何種地位？倘使以詩經為中國詩的古典與傳統，我們又把盛唐以降的詩置於何種地位？對於這樣一個問題，容或有人能提出自圓其說的理論，但是中國詩的傳統，也同文化傳統一樣，吸收了各家，甚而外來文化，塑造而成中國的傳統文化一樣，塑造了中國的現代詩，正如人的血液，含有父系的成分，同時也含有母系的成分那樣，極難統一。湯恩比的「歷史研究」一書所列舉的文明中的凝固文明，便是不能吸收外來文化，才扼殺了生機，變成古老的，凝固的文明，這是宣告一個文化死亡的原因。倘使以湯恩比對文明的看法，來看中國現代詩的發展，橫的移植部分，與其排斥，不如作選擇審愼的接受，對中國的現代詩，是有所裨益的。因之中國詩的古典與傳統，既是中國現代詩的母體，外來的表現方法，則是中國現代詩的新血；以中國的古典與傳統文化為母體而誕生的現代詩，實際上是同唐詩擺脫古體詩而出現新的格律一樣，中國現代詩，事實上是中國詩的變革的一朵鮮花。不過任何現代，也都將變成明天的傳統。

五四以降，爭論最多，被詬病最多的為現代詩。在任何變革中，交替之際，總是在摸索中找出一條新的道路。而在這期間，變革的新生代，總被視為離經叛道的一群，對中國現代詩的詬病者，部分也出於這種心理。我無意在對張默的批評中，對於這些詬病者提出厚非，但是對於變革的容忍與靜觀其成，是一些自認為衛道之士們應有的寬容態度，耐心的等待。也許中國現代詩，是中國詩另一個盛唐時代開端也極有可能，不過沒有經過時間的考慮，誰也不能說中國現代詩能成為盛唐或不能成為盛唐的吧？

文學總需要變革，才會有新的面貌，否則文學也同湯恩比對於文明的分析那樣，不能變革，不能吸收新的文化、文明即成為凝固的文明！文學何嘗不是如此？中國詩的變革，若從廣義去看，從詩經、楚辭、漢賦，以及唐代格律詩的形成，詞的革命等等來看，中國詩在中國文學中的變革是最多的。而我說中國的文學史，事實是一部詩史，與這種變革是功不可滅的。中華民族之所以成為一個詩的民族，與這種變革也不無關係。洛里哀（Frederic Loliee）在他所著的「比較文學史」（A History of Comparative Literature）中，對中國文學的批評時，他說：

中國的文字創造極早；當他的所謂「黎民」剛離開崑崙山口的搖籃，驅逐了苗族，佔據了中原的時候，倉頡便創造文字。

當中國人最初到中原的時候，他們都未脫粗獷野蠻狀況；還像奧大利亞人布門人（Bushmen），以樹根和昆蟲為食，許久才知火食，其後中國人從事耕種，組織規律的社會，而養成秩序生活的習慣；這種習慣慚至成爲中國的民族性，歷無數世紀而絕少變化，即在今日，還仍舊成爲中國民族的特徵。

中國人當歷史剛開幕的時候，確是富有一種法則的創造的心理，具有一種偉大的智力，凡有所需要，自己無不能立時供應。

中國人嘗創造藝術、文學、及商業，但當他們進步至某種程度的時候，他們覺得已是止境，已足夠應付後代人的需求，更無再改革、發展、進步的必要。於是他們把既往的制度目爲神聖，不許有所更新；即至今日（筆者按：比較文學史出版於一九三一年，作者所指今日中國，至少係指民國初年以前的中國，對於洛里哀的資料缺乏，無從查知原來著作年代），中國人還依然甘心替燦爛的「既往」做奴隸。（註一）

洛里哀的批評在整個中國文學的發展上，或者是對的，他對中國詩的發展情形，洛氏的批評就有欠公允了。無疑的，是中國文學的範疇以內，中國詩的一環中，是不滿於既有的成就的，而且勇於變革的（註二）。關於此點，我們對於中國的詩人們，當給予應有的崇敬，尤其是五四以後，中國的現代詩人們，嚐試中國現代詩的創作，試圖在那老根上，長出新葉，開出鮮花，結出甜美的果實，這種嚐試突破和超越的精神，既感動，又敬佩。姑不論中國現代詩的成就如何，中國現代詩人們勇於變革，努力的耕耘則是一個事實，儘管有些不必要的冷嘲熱諷齊向他們襲擊，但他們還是依然的埋首創作，他們不是盲目的，他們是知之可爲而爲的一群。在這一群文學的墾拓者之中，張默是具有相當成就和相當貢獻的一位，也是能法乎上上的一位。

他們並非盲目的把詩從僵硬中拯救出來，他們是有所師法。張默便是從古典與傳統中出發。

他在「野渡無人舟自橫」一文中，對於個人的創作基點，有著相當明白的剖析。他的敘述，有助於我們了解這位大詩人的內在世界。

他說：

> 我個人對於讀誦古典詩的興趣，從八、九歲讀私塾時就開始了，「唐詩三百首」起碼有三分之一以上可以滾瓜爛熟的背誦。（註三）

張默不是一般情緒化的「批評」者所指的那樣，他的創作，是植根於中國文化之上，從傳統出發超越傳統的一位大詩人，那正是「如礦出金，如鉛出銀」（註四），也是「夫詩自三百篇以至於唐，體制不一，要自風會變遷之所致」（註五）。這「要自風會變遷」，對於現代詩人的張默來說，不僅僅是要求在形式上的變革，同時也要在表現技巧上的變革，更要在詩的語言上變革。

創新不僅是中國現代詩的需要，同時也是中國現代文學共同的需要，因襲是無可觀的，徐而菴是一個自有所追求的文學家。他說：

吾等生千百載後，備觀前所作，不探其志趣之所在，而徒求於字句之間，無論其詩不似，即極似矣；總無當處，此詩所以貴自得也。（註六）

徐而菴的創作觀，只不過是在舊瓶中裝新酒，要求內容有創意，而不是只追求韻律的形式，去摹仿律詩；他的這種創作觀，比起五四以後中國的現代詩人們所追求的變革，可以說是一個法乎下，一個是法乎上的。五四以後的中國現代詩人，從打破傳統的格律，把詩的創作，推向一個與古典詩完全不同的境地，在氣魄上，徐而菴是不能與現代詩人們比擬的。

半個世紀來，中國的現代詩人們的努力，有目共睹，早朝的詩人們（三十年代以前），其精神是可佩的，但要論成就，應自四十年代算起，在臺灣的這三十年中，他們的努力，使現代詩，在文學的革新途徑中，無論是創作的技巧，文學思潮等等，現代詩都站在前衛上，並且爭得旗手的地位。

張默的創作，在現代詩運動中，自有他的標高與成就。所以他說：「我們應該欣喜，現代詩已經繁花盛開。」（註七）在創作中，他默默的耕耘，自左營的時代，與洛夫、瘂弦結爲「詩友」後，除了生活之外，他僅有的便是從事詩的創作。

張默的詩是可讀的，他的「無調之歌」，發表於「創世紀」三十期，現收入他的自選集

（註八）中。這首詩，乃是植根於傳統的作品。

現在我們試著舉這首詩，來作爲討論張默的起點！

無調之歌

月在樹梢漏下點點煙火
點點煙火漏下細草的兩岸
細草的兩岸漏下浮雕的雲層
浮雕的雲層漏下未被甦醒的大地
未被甦醒的大地漏下一幅未完成的潑墨
一幅未完成的潑墨漏下
　　　急速地漏下
空虛而沒有腳的地平線
我是千萬遍千萬遍唱不盡的陽關

——（錄自黎明公司出版的「張默自選集」）

這首詩李瑞騰在「詮釋張默的一首詩——無調之歌」一文裡，認爲是從自然景色中，用譬喻等重疊，突出感物詠誌（註九）的題旨。李瑞騰評張默的這首詩，的確已是另具一隻法眼了。他借劉勰的話說：「詩人『窺情風景之上，鑽貌草木之中』（『文心雕龍』物色篇），眼前物象經由這種凝神觀照而逐次交替疊變，從①（筆者按指「月在樹梢漏下點點煙火」句）到⑦（筆者按指原詩「急速地漏下」句）自身自足的完整動態意象，使在銀幕上逐次展現連接鏡頭，託顯出詩中『我』所立足的動態空間。」（註一〇），李瑞騰以爲以上的七句詩，都爲了後兩句的「『感物詠志』製造場景氣氛。」（註一一）這是極爲允當的剖析。但是我讀這首詩，另有一種感覺，那就是張默寫這首詩時，前面之所以使用那些景物，而且像十里長灘一般，激湍而下，主要是醞釀一種奔流的雄渾氣勢，就如同我們讀到一串的壯麗山河撞擊而來，但是在點出題旨的兩句詩，更覺出張默的氣魄之大，已到達我之氣，充盈而成天地之氣的那種無邊無際大的程度了。惟此種大，才眞是寂寞無奈，有一種虛無得沒有地平線的那種感覺。張默的詩，類此的極多，像「死亡，再會」、「假面與迴旋」等皆是。

現代詩之不能朗朗上口，也是衛道者詬病的一個口實，只有張默的詩，能誦能詠，尤其是他自己朗誦時，更使他那種雄渾的氣魄發揮得淋漓盡致。

現代詩也極注意節奏的美感，只在於求詩的意象美，與節奏的美有衝突時，詩人們才會放棄那節奏的美，他們是不願「帶起手銬腳鐐跳舞」（註一二）的，但張默顯然在能兼顧時，對於節奏（音樂）的美，常常著力去要求自己。瘂弦說：「讀張默的詩，如飲中世紀陶皿中的清水，瑩澈、冷冽而又沁人心脾。他的『關於海哟』一詩，就不自覺地飄運著一種微妙的音樂旋律，那波動的詩思，那種連綿的節奏，實予人以無限的滿足。」（註一三）瘂弦不愧爲張默的老友，對他的詩，有獨到的洞察力。另外持著同一看法的爲詩人辛鬱。他說：「他的詩透明而冷冽，詩想凝實，詩素純樸，猶若行雲流水。有時他引導我們走向一片幽渺，在冥寂中，人生是多麼虛幻啊！有時他卻是一團熱烘烘的景象投射給我們，使我們感受到那份熾熱，而激起心中的波濤。」（註一四）他的「無調之歌」，便具有這種力量。

張默的作品是多樣性的，他自己也把多樣性的表現奉爲圭臬。所以他寫抒情詩，也用他如刀的筆，刻劃這個苦難的時代與苦難的國家社會的面貌。他既是一個出世者，又是一個入世者。

他寫評論，也寫散文。他是揮著一雙巨靈的掌，劈開現代詩的那些障礙的一個偉大的靈魂。

對於那繁花般的內心世界，他自己曾經借用帕維亞（P. G. Pavia）的話，作爲他自己的宣言。他引用帕維亞的話說：

沒有什麼改變藝術的韻律——所有藝術的韻律——像這一個改變。這改變是由於思想之新的淨化，突然簡化問題之每一極端，或加上新鮮而起接觸作用的意義。藝術經常地對人類的思維敏感。（註一五）

他之所以要引用帕維亞的話，是爲了證實「現代詩是多樣性特色之一」的觀點，對於他這一個主張，他是身體力行的。這「多樣性」也就是不斷踏出新的一步的想法。

這種不斷追尋、不斷挖掘的創作態度，是一種痛苦，世界之所以有高山海洋，主要的是不要使這世界單一化，而張默在創作的態度上，過於苛求自己的結果，使他的生命充滿了張力。這種張力除了表現在他的作品裡之外，同時也表現在他處事的態度上。他從事任何工作都認眞負責的態度，確是令人感動的。

誰都知道「創世紀」詩刊是以張默、洛夫、瘂弦三人爲骨幹而創刊的。他在民國四十三年的八月與洛夫邂逅於左營，十月他們就創辦了「創世紀」，接著便是瘂弦的加入。「創世紀」詩刊對於中國現代詩，有不可磨滅的貢獻。創世紀發行了二十幾年，張默也編了二十幾年的「創世紀」，不僅是編務，舉凡發行等事務，幾乎是他包辦了。

這種對事認眞執著的態度，就同他對自己創作的獨見，而且持之有恆一樣的令人可敬。瘂弦對他這種做事的精神，非常的欽佩。

張默這種執著的精神，使他在詩的那個王國裡，有一個崇高的地位，乃是必然的結果。

瘂弦是張默的老友，當然對張默有足夠的了解。瘂弦對張默的批評時說：「張默是一貫的，這是他對詩藝術的看法與見解。這一生（筆者按係指張默已逝的那些歲月）除了詩以外，他不相信還有什麼比這更美的東西。」（註一六）故我們可以說張默的生命中，除了詩還是詩。

爲了節省篇幅，這裡再度引用瘂弦對張默三十年來的創作，所作的批評和分析，無疑的，這是對張默最切當的分析了。所以不辭煩憚的引用。

瘂弦把張默的創作，分成以下三個階段：

第一個階段：民國四十—四十五年爲一個時期，這個時期瘂弦認爲是屬於張默的研習階段。他對於張默這一階段的批評說：「這時期大部分的作品都爲歌誦海洋之幻美，談不上什麼造就，祗是當時詩壇一抹飄浮的水草而已。」（註一七）

第二個階段：從民國四十六—五十二年。這個時期，瘂弦認爲是張默生長的階段。在這個時期中的重要作品，有「關於海喲」、「默想與沉思」、「拜波之塔」、「貝多芬」、「紫的邊陲」、「沉層」等詩作。瘂弦批評他這一時期是「語密意密且充分洩示出作者悲劇精神之濃郁與臻至表現之化境。」（註一八）

第三個階段：是從民國五十三年—五十六年九月，對這一時期的作品，瘂弦列舉的有「期嚮」、「曠漠的峰頂」等。瘂弦說：「特別是後者（按指「曠漠的峰頂」），給予當時詩壇以一種巨大無比的撞擊力，實難言語形容。」（註一九）

雖然瘂弦對第三階段，並未說出是張默的詩作甚麼時期，但我讀了「曠漠的峰頂」（詩過長，篇幅限制，不全轉引，見黎明公司出版「張默自選集」一一九頁）之後，我感覺到一種悲劇的震撼撞擊著我的心靈。雖然我不是詩人，但張默的沉痛吶喊，也是我的心聲。這裡引出這首詩的兩段，以見詩人的沉痛呼號：

曠漠的峰頂（一、二段）

從地之背面轉過來，長廊覆上長廊，虛漠覆上虛漠，夜。悲劇的燈火，不凋的花圈；泉水。琉璃的烏髮，楊柳的魔笛；而生之慾，悲劇之慾，極度飢渴之慾，以及薄薄默默的慾望中之慾，
不經意的投入
我的清風的雙袖

當黃昏君臨
於一片荒蕪足跡的人性的寢土
嘶裂嗓音而猶不聞些微的聲響
展露密臂而猶不見樹般的人影
水豁開，水站起
時間的奔河是漩渦中的晨曦
不相識的黑夜與不相識的接吻的嘴
不相識的G大調與不相識的野玫瑰
……………

這首詩的內涵，及其主題，以及詩人之怒，也只有一些懂得那G大調的人們，才能摸索

張默那熱血奔騰的心象：他所要說的，是無可逃避的悲劇，也是這一代獨有的悲劇。詩人的狂喊，是有他所指，有他立意的地方。詩人兼評論家李英豪對於張默的詩風轉變，談得最貼切。他說：「張默的世界發展的動向，可以用詩題概括出來：「從『拜波之塔』，到『哲人之海』，從而轉向『神秘之在』，再從『紫的邊陲』，迴入『沉層』，臨風而顯出詩人內在的『期嚮』。」（註二〇）這看法和瘂弦對張默創作的分期剖析，可以說是英雄之見。不過李英豪是根據張默的作品來分，瘂弦除了作品之外，同時從他在創作的過程與生活中，對張默的認知來批評，兩者可以說是殊途同歸的。李英豪對他的詩，作成類似總評的批評。「詩人由崇慕（高），驚嘆彼德勃如海轟然的建築，而在海中浮泛（廣），由浮泛而尋幽（深），由尋幽而靜思，由靜思而構成，由構成而發見孤獨赤裸的自我。」（註二一）我想李英豪意在指出張默的更深沉、更理性化，到了這種境界，是「看山是山」，又「看山不是山」，反樸歸眞的神境。這神境乃是詩的極峰，我們對他的評論，不一定都能中的，因爲詩而神化，便到了趙執信所說的：「神龍者屈伸變化，固無定體，恍惚望見，第指其一鱗一爪，而龍之首尾完好，故然在也；若拘於所見，以爲龍具在是，雕繪者反有辭矣！」（註二二）故我以爲對於張默的批評。都是一爪一麟，要進入他的精神世界，那還得從他的創作中去領悟，批評對他來說，很可能要像「雕龍者」一般在那裡竊竊私笑哩。

不管如何，李英豪有一句話是說對了的。「張默的是世界是進展著的，生長著的。」任何批評，對張默都不能概定什麼，因爲他還在上升之中。雖然有人斷言在我們這一代中，不可能有李白，也不可能有杜甫。李白和杜甫已領了他們自己的一代，要有他們做什麼？難道我們不能有張默麼？

【附註】

註一：「比較文學史」，法．洛里哀（Frederic Loliee）著，傅東華譯，商務印書館，一九三一年四月出版。

註二：見張世祿著「中國文藝變遷論」，商務印書館，一九三〇年四月出版。

註三：「飛騰的象徵」，張默著，水芙蓉出版社，一九七六年十月出版。

註四：司空圖著「詩品註」。

註五：徐而菴著：「談龍錄」，明倫出版社，一九七一年十二月出版「清詩話」，四二八頁。

註六：同註五。

註七：洛夫、張默、瘂弦主編「中國現代詩論選」，收入張默「試論現代詩的得失」一文，大業書店，一九六九年三月出版，二五四頁。

註八：一九七七年三月「詩脈季刊」第四期，李瑞騰「詮釋張默的一首詩——無調之歌」。

註九、一〇：同註八。

註一一：覃子豪著「論現代詩」，藍星詩社，一九六〇年十一月出版，七五頁。

註一二：「六十年代詩選」中「作者小評」，大業書店，一九六一年元月出版。按語出自詩人瘂弦。

註一三：「中國現代詩選」中「作者小評」，創世紀詩社，一九六七年二月出版，按語出自詩人辛鬱。

註一四：見註七。

註一五：「七十年代詩選」一書中「作者小評」，大業書店，一九六七年九月出版，按語出自詩人瘂弦。

註一六、一七、一八：同註一五。

註一九：李英豪「從拜波之塔到沉層」，李英豪這篇大作，寫於一九六四年八月，收入黎明公司出版「張默自選集」，二四一頁。

註二〇：同註一九。

註二一：同註一九。

註二二：「清詩話」，趙執信著「談龍錄」，明倫出版社出版，三一〇頁。

——初刊「文藝」月刊，一九七八年十二月號

——再刊「解析文學」，黎明文化公司，一九八七年十月

張默的愛與詩

蕭蕭

張默，民國十九年（西元一九三一年）十二月二十日生於安徽無爲縣襄安鎭，三十八年自南京流浪來臺，次年參加海軍行列。四十三年十月在左營與洛夫、瘂弦創辦了《創世紀》詩刊，以迄於今，號稱「創世紀鐵三角」，根據瘂弦〈爲永恆服役〉（《愛詩》序文）中的介紹：「洛夫脾氣剛直，但容易動怒：我則是個溫吞吞的懶人，雖然有時候彈性大一點，但常常會洩氣；只有張默任勞任勞怨，雖然也有脾氣，但發過就算，他最有決心，什麼事情都捲起袖子就做。」瘂弦認爲張默的重要：「除了詩的創作外，還有他爲詩壇所做的工作：創作與工作就像車的雙輪、鳥的雙翼，是張默文學世界的兩大範疇。」

以編詩選而言，數量之多與質量之重，放眼當今詩壇，恐怕尚無人能出其右，重要者如《六十年代詩選》、《七十年代詩選》、《八十年代詩選》、《中國當代十大詩人選集》、《感月吟風多少事》、《剪成碧玉葉層層》等，對當時詩壇具有震撼性的影響，這種影響甚至及於海峽對岸大陸詩壇，甚多大陸出版的臺灣詩選集，無不以張默之所編者爲藍本。張默熱心詩運，不僅直接帶動了「創世紀」強韌的生命力與影響力，也爲臺灣近四十年現代詩的蓬勃旋起勁健的風圈。

整整四十年詩創作生涯，張默估計自己的詩作總量約在八百首左右，自五十三年（一九六四）以來陸續出版了五冊詩集：《紫的邊陲》（五十三年）、《上昇的風景》（五十九年）、《無調之歌》（六十四年）、《陋室賦》（六十九年）、《愛詩》（七十七年）等五冊詩集。其中《愛詩》爲張默三十九至七十七年編年精華詩選。張默的詩與人，充滿了熱力，迸散出快節奏的韻律感，洋溢著、煥發著生命的光與熱。

早期的詩作，感懷、詠物均有所成，特別是酬贈之作，現代詩人中鮮有人爲此，張默仍然以素描與調侃的友誼之筆爲之畫像，在《張默自選集》（黎明文化公司．六十七年三月出版）卷三〈靈之雕刻〉中，集存十五首，相當扎實而深刻；另外在《愛詩》中第四輯也有〈戲繪詩友十二則〉，輕描淡繪卻能掌握個人特質。足見張默是個相當重感情的人，「創世紀」詩社如果有所謂的向心力，張默恐怕是最重要的推動者。

近期作品則以思鄉、懷母爲最主要之題材，七十年代末期張默接獲大陸親人信件及母親肖像，鄉愁如潰決之河不可攔阻，形成一股巨大的創作動力衝激著他，大量懷憶母親的情意深濃作品拍擊著讀者的心。開放探親前後，張默有機會返回安徽省親，或許還會有後續作品澎湃而來。因此，如果以澎湃的情感爲其詩之內容，以無調之歌爲其詩的節奏，以時莊時諧的語言爲其詩之形式，那麼，四十年的張默作品大約可以如此索探而得。

〈家信〉拿來做爲張默詩的代表作，最爲貼切。杜甫說：「烽火連三月，家書抵萬金」。

那麼，睽隔四十年的信又該如何？

家信

讀一句。咳一聲
我已不知咯過多少次血了

那些密密痳痳的字跡
捧在我的手上
站在我的心裡
就像一根根蒼白而又柔軟的亂頭絲
一波一波地
向我的血脈湧入

唉！讀它啃它有什麼用呢？
一張縐縐的劣等紙
能讓時光倒退四十年
我年輕的娘啊

一九八〇年十一月十一日內湖
——選自《愛詩》（爾雅出版社）

一開始，張默就以「咯血」爲讀信的心情烙下沉重的印記。杜甫以外在的景物寫內心的驚惶：「感時花賤淚，恨別鳥驚心。」張默以自身咯血的生理現象，寫出思鄉沉疴的難以療治，何等驚心！

第二節將信上的字跡比喻爲「蒼白而又柔軟的亂頭絲」「向我的血脈湧入」，比諸杜甫「白頭搔更短，渾欲不勝簪」更爲聳人，杜甫的頭髮因戰亂流離而白而疏，張默則蒼白而亂向血脈湧入。現代詩人想像空間比起古詩人更爲寬廣而無限。

然而，到了第三節卻來個大轉折，有如古詩〈行行重行行〉中的結語，「棄捐勿復道，努力加餐飯」。原來一直寫離別相思之情，結果，一轉卻爲棄捐勿複道，從此不再提起相思之情，而且，還要努力加餐飯，不讓自己再一次「衣帶日已緩」，不讓自己因思君而老！張默也以反語來強調讀信的無奈心情：「唉！讀它啃它有什麼用呢？」遙隔幾千里，讀縐紙上的字又如何能紓解臉上的縐紋、心中的濃愁？其實，眞能不讀嗎？眞的不讀嗎？只要回到詩的第一節就知道這是不可能的，「讀一句，咳一聲，我已不知咯過多少次血了」！

而無奈的心情，並不因爲這樣的嘲諷而稍減，一張縐縐的劣等紙，能讓時光倒退四十年嗎？當然不能，年輕的娘已是皤皤白髮八十多歲的老婦了！

前面，我們提到張默的語言亦莊亦諧，兼而存之，最後一節的「讀它啃它」不正是如此嗎？「家信」而以「啃」字來形容，是相當俚俗而直率的，但卻也充份表達了四十年睽隔後的飢渴之心，不以「啃」字無法詮釋既驚且喜而又沉痛之情，恨不得自己進入信中或者讓信進入自己之內的心情，「啃」的粗俗意義不也有如此精細的一面嗎？

〈家信〉之外，張默也曾接到母親的照片，他寫了一首〈飲那綹蒼髮——遙念母親〉，說「不管歲月如何無情的消逝／不管現在我們怎樣的蒼老／也許我們能活過一百歲／也許五十年後／我們的屍首比嚴冬的霜雪更冷澈／然而，母親。你永遠，永遠是／輕拂我們墳前的蕭蕭的白楊」（節自《愛詩》第一〇〇頁）。以一般寫母親的詩而言，大約都以懷憶兒時爲主要情景，或者母親的容顏白髮爲描摹對象，但張默在這首詩中卻往未來推延，以自己的死仍然得到母親的照拂，來襯出母愛的永恆。這樣的想法十分天真，但在母親的面前，你即使六十歲了，仍然是母親的小孩，現代詩的奇想可以如此發展。

寫母親以寄鄉愁，其實仍然是常事，張默另有一詩極爲傑出，是他詩集中的一首好詩，他從女兒的身上抒發鄉愁，頗爲罕見。

夜與眉睫

夜，跌落在兩道小小的眉睫裡，眉睫在均勻的呼吸，我以習慣的手勢，撥弄著橫臥在
我左右兩側酣睡著的甜甜的小女，輕輕地把拂在她額上的散髮緩緩地移開，哦！那移

開的豈僅是一撮黑髮，而是一縷縷剪不斷理還亂的鄉愁。

——選自《愛詩》（爾雅出版社）

遺傳學上說隔代遺傳，看自己的女兒彷彿看到的是自己的母親。而所謂的「習慣的手勢」不就是母親撥弄我們頭髮的手勢嗎？對子女的愛是血緣往下傳續，自然會往上逆溯愛的由來，由子女想到母親是十分自然的，而母親正是鄉愁的圓心所在。

更進一步來看，自己養育了子女，才更知道母愛的辛勤，養育子女才更知道給他一塊自己的鄉土、一塊落地生根的地方之重要，因此，以女兒眉睫上的散髮來象徵鄉愁，不是很順理成章的嗎？而且，身體髮膚，受之父母，以髮爲血緣傳承的原型象徵，不也十分合理嗎？母親的是蒼髮，女兒的是黑髮，髮與髮之間緊緊連繫的不是詩人張默的深情嗎？

張默自己說：

一點一滴，從小我出發，
不偏不倚，讓詩心年輕。

說這是他「從事詩創作以來最最眞實的『愛』的寫照。」從一封「家信」引出他與母親與女兒的承傳，正是從小我出發，而「啃」字的應用，墳前白楊的輕拂，女兒散髮的撥弄，正是詩心年輕的表徵。

洛夫小評張默時說：

「豐沛的生命力，淨化的詩境，以及富於顫弦般的節奏，實爲構成張默獨特風格的三大因素。」

證諸以上所引各詩，張默的詩與人果然都具有源源不絕的生命活力，翻滾著深不可測的對親人友朋的眞摯之情，汲引出叮噹奔騰的音樂性跳躍，張默的詩格與人格如此日趨一體。

——初刊「文藝」月刊，一九八八年九月號

——再刊「現代詩廊廡」，彰化縣立文化中心，一九九三年六月

關於張默

古繼堂

張默是詩人，也是一個詩歌評論家和經營家。他花在詩歌經營上的精力比花在創作上的精力還要多，因此他有「詩壇總管」的雅號。

張默本名張德中，一九三一年十二月二十日出生於安徽省無爲縣襄安鎮靠水邊的小村。一九三八年至一九四八年在家鄉讀私塾，後入無爲縣簡師，又到南京成美中學讀書。一九四九年三月由南京流浪到台灣。一九五〇年參加國民黨海軍，在軍中服務二十二年，以少校軍銜退役。據說是由於張默把精力幾乎全集中在詩的經營上，而怠慢了工作，才沒有得到應有的晉升。張默早在大陸讀書時便開始寫詩，但眞正把詩作爲事業，還是到臺灣以後的事。一九五〇年他開始向當時在台灣頗享盛名的《半月文藝》投稿，一九五四年七月在左營和洛夫相識，由他發起創辦了《創世紀》詩刊。張默曾爲《創世紀》嘔心瀝血，闖郵局，進當舖，跑書攤。爲解經濟之困，他的手錶、自行車曾多次進當舖換錢。張默創作上也非常勤奮，他出版的詩集有《紫的邊陲》、《上升的風景》、《無調之歌》、《張默自選集》等。他出版的詩論集有《現代詩的投影》、《飛騰的象徵》和《無塵的鏡子》等。此外他還出版了散文集《雪泥與燈河》。張默主編的詩選集就更多了，如：《六十年代詩選》、《中國現代詩選》、《七十年代詩選》、《中國現代詩論選》、《大業現代文學叢書》（六卷）、《現代詩人書簡集》、《世界文學家側影》、《新銳的聲音》、《中國當代十大詩人、小說家、散文家選集》、《八十年代詩選》、《現代詩人散文選》、《吟風感月多少事》（台灣百家詩選）、《剪成碧玉葉層層》（台灣女詩人選）等。張默既是《創世紀》的靈魂人物，也是台灣詩壇辛勤的活動家和耕耘者，更是台灣詩壇一名辛勤的園丁。

張默的創作具有個人特色，按照他自己的話說就是「一般來說，我的詩是比較好懂的。主要是我不太喜歡在詩中用些怪誕的字眼，有些人的詩甚至每一句都好幾個意象，可是我盡可能不那樣做，尤其是我近來的詩，力求意象單純化。我認爲，意象單純也有它的美。」（註一）台灣現代派詩之所以難懂，主要是在於它意象繁複，使人眼花撩亂，難以弄清詩人思緒的來龍去脈；它語言晦澀而西化，使難以理解詩人所云的內涵；它過多的歧義，使人難以把握詩想的定向等。而在現代派詩人中上述難懂的因素，並不是在每個詩人的作品中都是相等的。在有的詩人的作品中，這些因素甚至是很輕微的。張默的作品就屬這類。我認爲張默的作品具有這些特色：

1.意象單純明朗，但詩意卻濃郁深沉，耐人尋味。這一特色具有唐詩宋詞的風韻。張默從小讀私塾，學古詩，古典文學修養較深。因而古詩的修養對他的創作有不小助益。他的被人稱贊的《駝鳥》，是很好的例證。

遠遠的
靜悄悄的
閑置在地平線最陰暗的一角
一把張開的黑雨傘

這首小詩活像一幅色彩鮮明、線條清晰的素描。前面三句都是修飾和說明末句「一把張開的黑雨傘」的一個意象。詩的主題意義可以由不同的讀者自己去捉摸，但這鮮明的意象是在任何人的眼中都是一樣的，決不會發生什麼含混。張默的詠物、寫景詩非常清新優美。這清新優美的主要因素，在很大程度上是由他鑄造的單純明朗和鮮活的意象來構成的。請讀《內湖之晨》：

一片青翠蜿蜒在我的呼吸裡
今早的山路顯得特別短
伴著拾來的松枝
指點著眷舍盡處偶爾傳來的幾聲雞啼
喔！天是眞正的亮了

這是一幅湖村的晨景圖，清新滴翠令人陶醉。末句一語雙關，既指自然的黑夜過去，早晨到來，也暗示人們經過一夜的休息，倦怠之意一掃而空，蓬勃之氣與晨俱來，給人新生之感。

2.張默利用和改造古文、古詩中的回文、頂針的表現手法，為自己的作品造成連綿不絕，令人一唱三嘆的藝術效果。請看他的代表作《無調之歌》：

月在樹梢漏下點點煙火
點點煙火漏下細草的兩岸
細草的兩岸漏下浮雕的雲層
浮雕的雲層漏下未被甦醒的大地
未被甦醒的大地漏下一幅未完成的潑墨
一幅未完成的潑墨漏下
　　　急速地漏下
空虛而沒有腳的地平線
我是千萬遍千萬遍唱不盡的陽關

採用這種回文和頂針一類的表現手法，不但上句和下句要緊密銜接，而且要求上句和下句、上段和下段的意義上必須有轉接和傳承的關係。這就要求作品構思縝密、嚴密和完整。張默在這點上表現是出色的。他的《露水以及》採用的也是這種表現方法。洛夫在分析這首詩時說：「這首詩在結構上大致與林亨泰的《風景》相似，所不同的是兩者的語法和效果。林亨泰在《風景》中使用的是一種『有無句法』以表現自然存在的原始形態，而張默在這首《露水以及》中使用的是『表態句法』，以表現詩人心中所欲傳達（或暗示）的一個意念。故前者是無我的客觀寫法，後者是有我的主觀寫法。」（註二）洛夫的著眼點在於兩詩的表達內容不同，一在於表達客觀，一在於表達主觀。從一個側面來看，這樣的分析也不無道理。但我認爲在表達方式上兩詩的手法是不完全相同的，林亨泰的《風景》比較虛，而張默的《露水以及》比較實，林亨泰的現代派味道更濃，張默則更多地接近中國的傳統手法。

3.張默的詩善於彩色，彩聲，然後通過中繼線將他們融合，構成情景交融動感極強的畫面。所以張默有的作品可稱之爲有聲的畫和有畫的詩。例如，他的名作《紫的邊陲》，就呈現這種氣象。這首詩一開頭，就把一個有聲有色，綠香、黑髮、幽蘭的形象呈現在讀者面前。詩的題目是《紫的邊陲》，但這邊陲指的並不是地域之陲，而是愛，是理想，是精神之崇高的邊際。詩人用象徵和擬人化的手法，把詩寫得那麼清新又深沉，那麼明朗但又含蓄，彷彿詩人要從一個迷宮中探知自我，要從混沌中獲得清醒。他們在夢之海相遇，翻轉著每個光輝的自己，他們用聲光膠住素色的唇沿，興奮得以沉默來擊碎一切……。在這首詩中，張默稍違了自己意象單純明朗的自許，使詩中也出現了迷陣。不過用心細讀，詩思還是比較清晰可尋的。這裡顯示了張默作品中意象單一和繁複的矛盾。

洛夫在《無調的歌者——張默其人其詩》一文中，對張默有一個總的評價，他說：「張默是一位風格獨具的人，幹練的編者，積極的詩運推廣者，他也寫詩評。……大致說來，他早期的詩有著豐富的想像，經常把物和我作認同處理……對藝術有著宗教的虔誠……有些則傾向哲學的玄想，有些表現出靈與慾的沖突……，」（註三）洛夫和張默是幾十年的老搭檔，老詩友，他的這一評價，大體上是不錯的。

——選自「台灣新詩發展史」，北京人民文學出版社，一九八九年五月；台北文史哲出版社，一九八九年七月。

【附　註】

註一：《張默自選集》第二九四頁。

註二：《臺灣新生報》副刊，一九七八年六月二十四—二十五日《無調的歌者》。

註三：《臺灣新生報》副刊，一九七八年六月二十四日—二十五日。

『爲永恆服役』的選手

——張默詩作欣賞

李元洛

論及臺灣詩壇，有一位必須大筆特書的人物，這就是原名張德中的張默，張默，張默，也許是一種偶然的巧合，不然就是一種有意識的象徵，他對於名位採取的確實是默然退讓的高雅風度。和他相交三十多年的詩人瘂弦，爲他的詩選集《愛詩》（臺灣爾雅出版社一九八八年）作序，序文就分「詩的張默」與「人的張默」兩部分，他說：「張默，也是個熱心的文藝運動者，辦詩社、擬宣言、發通知、找會場、辦伙食，樣樣都來；掃地、抹桌子是他的事，當主席、坐上席讓給別人。在目前這個工商業社會裡，人人都要保衛自己有限的一點時間，人與人之間都豎著鐵絲網，像張默這樣的熱心人，在我們的詩壇上實在不多。」他的好友洛夫在《無調的歌者——張默其人其詩》一文中也說：「時下某些人，那怕是只寫過一兩首詩，便自命不凡，飛揚跋扈起來，張默則永遠平易近人，自然率眞，做事向前衝，做人往後退，這是他一貫的人生哲學。也是一種了不起的德行。他永遠站在幕後默默地奉獻自己。」對名位他默然退讓，對詩歌創作與詩歌運動，他與其筆名則異其趣。在詩的馬拉松的長途，他是一名奮力奔跑不知疲倦的選手。

張默原名張德中，一九三一年生於安徽省無爲縣襄安鎮，一九五四年與洛夫、瘂弦共同創建「創世紀詩社」，創辦《創世紀》詩刊，蓽路襤褸，冒雨沖風，已經經歷了三十多年春花秋月。寫詩四十年，從早年《紫的邊陲》到近年的《愛詩》，他先後出版了六本詩集，被譯成英、法等多種文字。他不僅筆歌墨舞，而且也「紙上談兵」，所出的詩論集有《現代詩的投影》、《飛騰的象徵》、《無塵的鏡子》、《小詩選讀》等四部，而他所主編的詩選、詩論選、詩人書簡集以及詩人散文選，包括著名的《剪成碧玉葉層層》（現代女詩人選集）與《感月吟風多少事》（現代百家詩選），至少也在十五部以上。臺灣詩歌界有人稱他爲「詩壇總管」而不直呼其名，我想，這大約是因爲張默兼詩人、詩評家、詩選家三任於一身之故吧？

談到張默的詩創作，我想先從一個特殊的角度切入，管窺他的抒情小詩的美學特色，張默曾編著一本厚達近三百頁的《小詩選讀》，一九八七年由爾雅出版社出版，每家一首，選詩人六十八家，詩後附張默的「導讀」之文，集前且有《晶瑩剔透話小詩》的兩萬餘言長序。張默認爲：「現代小詩是一個晶瑩剔透的小宇宙。」「一首上乘的小詩，似乎可以臻至晶瑩亮麗，語近情遙的境界。」那麼，張默自己的抒情小詩又當如何呢？我以爲，中國的現代抒情小詩，固然吸收了日本的「和歌」與「俳句」，波斯的「柔巴依」、法國的波特萊爾乃至泰戈爾的小散文詩的影響，但猶如中國大地上的萬千河流是長江黃河的血脈一樣，中國現代抒情小詩自然吮吸了中國古典絕句和詞中小令的乳汁，以中爲主，中西融匯而呈現出現代的風情與風貌。張默的小詩，抒寫的是現代人的生活和現代人的審美體驗，藝術上表現的卻是中西交匯的特徵：在句式與章法上有西方詩的自由瀟灑，在字句與意境上仍是東方的言短意長，含蓄深遠。

謙虛的張默在《小詩選讀》中沒有選入自己的作品，使讀者不免興遺珠之嘆。其實，他的《駝鳥》一詩當然是小詩中的上乘之作，正如臺灣青年學者李瑞騰所說：「短短四行，其內在世界卻豐富而飽滿，相當耐讀。」這絕非溢美之辭，在這首詩中，疊詞「遠遠」寫空間，「悄悄」寫氛圍，「地平線」具象地描狀背景，最後逼出「一把張開的黑雨傘」的獨到而醒目的意象，其構圖設計頗有王維「大漠孤煙直」的意味，人稱王維這句詩的基本構圖是一根水平線加一根垂直線，那麼，《駝鳥》則是水平線加半弧形了。從詠物詩的角度看，這首詩不僅爲自然界的駝鳥寫照傳神，而且由物及人，也可引發讀者詠物而不僅止於詠物的審美聯想，因爲優秀的詩作本來應該所寫爲一，所指在萬。《楓葉》是首別具角度的鄉愁詩，張默在南京讀中學時，喜歡在秋天收集棲霞山的紅葉，並且和同學一起舉辦過「棲霞的楓葉」展覽，如今離鄉別井幾十年，海天遙隔，故園之思怎麼不時時襲上心頭？《楓葉》一詩的第一節物我分寫，第二節則移情於別物，物我同一了：「你的眸子一直朝向北方／朝向我家我鄉的老屋／烹飪著我的鮮紅的瞭望。」至性眞情，借人化的自然而得到味之愈長的表現，可以和臺灣詩人紀弦的思鄉之作《一片槐樹葉》比美，一寫槐葉，一寫紅葉，張默的楓葉之詩更其精煉。《夜讀》一詩寫夜之漸「靜」漸「涼」與漸「深」，在這種對夜的情境布置之後，第二節突出「讀」，但不直接寫現代讀者讀古代《莊子》的感受，而以超越現實的想像，曲寫《莊子》「瞇著惺忪的雙眼／向四壁頻頻追問／你要逍／還是遙」，曲折生情，含而不露，這是寫現代人在緊張生活中的失落心態，侷處四壁之內，無法作暢心快意的逍遙遊？還是代表現代人於工業社會中渴望返樸歸眞而回到大自然的情懷？抑或是別的什麼？詩中只有具象與暗示，而沒有陳述與說明，正因爲如此，才分外刺激讀者的審美期待欲。一九八八年五月之母親節，張默凝望老母的照片而觸景傷懷，寫下《驚晤》一詩，詩人一九八八年九月返回大陸探親遊覽，在北京詩歌界的歡迎會上，他朗誦的這首詩獲得了許多聽衆的共鳴，正是因爲在寥寥六句之中，包孕了深厚的人生與人性的內涵，他抒寫的是「小我」的感懷，卻具有普通的鑒賞價值。

張默的詩，除了一度曾有若干晦澀之作外，風格平易自然，率眞曉暢，詩壇對此多有評論，瘂弦讚賞他的「白描」與「澄明」，洛夫稱道他的「淨化的詩境」，張漢良傾心於他的「自然的流露」，李瑞騰著眼於他的「自然的消化與吸收」，而他自己在《愛詩》中也說：「我只是忠實地虔敬地浮雕出近四十年來自己所經過的一些事事物物，給予他們以純然的、樸素的甚至也是寧靜的眞面目，我喜歡我的詩永遠在自然中來去。」自然平易確實是詩美的一種表現形態，一種美的規範，在中國古典詩歌中，陶淵明和白居易的某些作品達到了這一詩美的最高層次。但是，這種平而遠、淺而深的詩美的獲得，是要以充沛的純化的感情以及眞切而獨到的審美體驗作基礎的，也必須在藝術上力求錘煉，王安石讚美張籍的「看似平常最奇崛，成如容易卻艱辛」即是如此，然而，我以爲平易之作也可以注意平中出奇，也就是在通體平易之中，要有一二特出之處甚至驚人之筆，這樣才能在藝術的反差之中給人以更深刻的審美印象，有如在萬綠叢中，一朵如火紅花會更增添動人的春色，好似在坦蕩的平原之上，一峰突起會更抓住欣賞者的審美注意。一味地綠，一味地平，也許會使欣賞者感到心理上的乏味和厭倦吧？

平中見奇，有兩種情況：一種是通篇平易卻不愧爲詩中上品，使人興驚奇之感，如清人劉熙載在《藝概》中所說：「常語易，奇語難，此詩之初關也；奇語易，常語難，此詩之重關也。香山用常得奇，此境良非易到。」另一種則是全詩風格平易自然，但卻或在遣詞、或在造句、或在構思上時有出奇之處，使平與奇得到適當的調諧，更增加作品的光彩與魅力。張默的優秀詩作就是如此。

用詞出奇。所謂用詞出奇，除了詞的單獨運用的藝術效果之外，主要是指詞與詞的組合所產生的奇異的作用。如《楓葉》一詩的結句：「烹飪著我的鮮紅的瞭望。」前兩句平平敘來，至此奇峰突起，「瞭望」本來是動詞，這裡轉位爲抽象名詞，並且冠之以色彩形容詞「鮮紅」，這已經是非常態性的組合了，而「鮮紅的瞭望」這一短語，卻又出人意料地和「烹飪」組合在一起，更令讀者感到奇特而產生一種俄國形式主義批評所說的「陌生化」的效果。詩人不直說鄉愁的煎熬，不直說熱淚盈眶，而一切均已意在言外，這當然遠比直接陳述與和盤托出豐富動人得多。詩人洛夫《邊界望鄉》寫他在深圳河對岸眺望故國山河，聽鷓鴣「行不得也」的啼聲，他不是有「而這時／鷓鴣以火發音／那冒煙的啼聲／燒得我雙目盡赤／血脈賁張」之句嗎？「烹飪著我鮮紅的瞭望」，即望故國而「雙目盡赤」也。可以斷言，張默的《楓葉》一詩，如果沒有最後一句用詞的出奇組合，全詩當會遜色不少。《春川踏雪》中的「一群古樸的枝椏／伸著嶙峋的小手／去撿拾撒落在冰河裡的歲月」，「小手——撿拾——歲月」，其語詞的具象與抽象的組合，和上述例句也是異曲同工的。

造句出奇。句之奇，一方面是指這種句子本身所呈現的整體意象的奇特，一方面也是和其他較爲平易的詩句相映對的結果。在張默上述詩作中，《駝鳥》一詩在前三句情境的平易敘寫之後，結尾「一把張開的黑雨傘」的意象句鮮明而驚動，沒有這一奇句，全詩也就不會在剛一問世就好評如潮了。在《驚晤》一詩中「三十八載未曾落淚的眼睛／一下子匯集成滔滔不絕的洪水」，也是令人一讀難忘的奇語，眼睛之「小」與洪水之「大」構成強烈的對照。一九七六年，張默和其他詩人訪問南朝鮮，在漢城附近的春川小鎮踏雪，異國風光和遊子情懷交織在一起，在《春川踏雪》一詩中，「猛地回首／只見一個鶴髮的長者巍然佇立／去垂釣異國夢裡的寒江」，這一奇句從柳宗元《江雪》的詩句衍化而來，表現離鄉去國的遊子心情，頗具現實性與當代感。又如寫長城的那首詩，詩分兩節，在每一節之後，詩人分別出之以「哦！長城，長城，我要用柔柔的蘆笛呼喊你」，「哦！長城，長城，我要用閃閃的金屬敲醒你」，這是略加變化的疊句。收束前文，升華詩意，意旨有些朦朧，而句型卻清明而警煉。

構思出奇。風格的平易自然並不排斥構思的新奇，不講究新穎構思的詩作，絕不可能是出色的詩作。《駝鳥》的出色。也在於整體藝術構思的先平後奇，如同奕棋，開始似乎平平無奇，到後來突施妙著，構成棋語上所說的「絕殺」。「一把張開的黑雨傘」使全詩氣韻飛動，正是著眼於整體構思的結果。《夜讀》不也是如此嗎？第一節只是從「靜」、「涼」、「深」有層次地寫夜的狀態，平平敘來，不見得如何精彩，第二節不寫自己，卻轉筆以擬人化的手法，寫《莊子》及其名篇《逍遙遊》，將「逍遙」二字分別置於句尾，這樣，便頓覺構思新巧，逸趣橫生。

張默有言：「詩應該爲永恆服役。」他還說：「我直覺地認爲，一個人寫詩一生，如果能有三五首傳世，那也就很令人欣慰的了。」在詩的馬拉松的長途上，張默從五十年代初的起跑線出發，至今已跑過了近四十年的歲月，他有出色的紀錄，有難忘的回憶，但是，作爲一位「爲永恆服役」的選手，還有漫長的征程和閃光的目標在前面等待著他！

附記：原文曾選刊張默的「駝鳥」、「楓葉」、「夜讀」、「驚晤」、「春川踏雪」、「長城，長城，我要用閃閃的金屬敲醒你」等六首詩作，此處從略，不再附錄。

——初刊「創世紀」第七十六期，一九八九年八月

——再刊「名作欣賞」第五十八期，北岳文藝出版社，一九九〇年三月

——三刊台灣日報副刊，一九九〇年十一月

——四刊「寫給繆斯的情書」，李元洛著，北岳文藝出版社，一九九二年

——五刊「創世紀四十年評論選」，創世紀詩社，一九九四年九月

張默的赤誠奉獻

費勇

張默集詩人、詩評家、詩選家於一身，對於臺灣現代詩運動全心投入，貢獻良多，有『詩壇總管』、『詩壇火車頭』之稱。張默一九三一年生於安徽省，一九四九年去台，一九五四年與洛夫結識，籌組《創世紀》詩社，成為『創世紀』三巨頭之一。「六十年代可以說是《創世紀》的年代，而《創世紀》詩刊的歷史，可以說是張默個人推展詩運的歷史。」張默先後出版過詩集《紫的邊陲》、《上升的風景》、《無調之歌》、《愛詩》、《光陰·梯子》等，另有詩論集《現代詩的投影》、《飛騰的象徵》等。他主編或參予主編了許多詩選，為臺灣現代詩的發展留下了彌足珍貴的史料，其中重要的有《六十年代詩選》、《七十年代詩選》、《中國當代十大詩人選集》、《新銳的聲音》等等，最近剛出版的《臺灣現代詩編目》，更是一部極具歷史價值的資料選編。

張默早期的詩歌喜歡寫海洋，情緒激越，有羅曼蒂克作風。六十年代加人『超現實主義』的行列，一改前期的浪漫情調。「《創世紀》十一期後，張默的詩觀產生重大的變化，最主要的是他受到了現代主義、超現實主義的感染。所謂「自動語言」和「切斷聯想系統」，主張知性、反對浪漫的抒情等等觀念，在他的詩作中也明顯地表現出來。』（瘂弦語）此一時期的《期嚮》、『貝多芬』是具有代表性的作品，無論從語言的運作、還是從詩的意念，都稱得上是當時現代主義詩歌運動中的優秀之作。七十年代以後，張默的詩風又有新的變化，以純粹的美學觀點而言，這次變化爲張默帶來了最爲成功的詩作，他的最優秀之作，大多產生於此一時期。「一方面說明他自己詩觀的成熟，另一方面，也是因爲逐漸邁入中年，對生命、自然，都有更深的領悟，人生的得、失、順、逆，也都能得到哲學的紓解，而走向東方和中國，是必然的結果。」（瘂弦語）《露水以及》、《無調之歌》等短詩極能表現他純淨的思緒與含蓄的情思，完全拋棄了詩歌語言的蕪雜、拖沓之不足，以最簡潔的文字，構築透明的意境，給予讀者的是無盡的玩味，如：『月在樹梢漏下點點煙火／點點煙火漏下細草的兩岸／細草的兩岸漏下浮雕的雲層／浮雕的雲層漏下未被甦醒的大地／未被甦醒的大地漏下一幅未完成的潑墨／一幅未完成的潑墨漏下／急速地漏下／空虛而沒有腳的地平線／我是千萬遍唱不盡的陽關。』純然是蒙太奇式的顯現，一個意象接著一個意象的『漏下』相連接，造成層層疊疊的空間感，所有的情思完全退隱在意象的背後，幾近不可捉摸，但最後一句詩卻將前面所有的意象提升，引導讀者產生充滿文化意蘊、歷史滄桑的遐想，詩人與『陽關』混爲一體，歷史與現實相交織，茫漠的傳統文化之光透過重重的時空，與現實中詩人的心靈相碰撞。七十年代到八十年代張默還寫作了大量的懷鄉詩，「壓抑了三十多年的鄉愁：一下子全都爆發出來了。」《飲那綹蒼髮》、《長城，長城，我要用閃閃的金屬敲醒你》、《家信》、《哭泣的肖像》等，都抒發了熱烈的對於故土、對於親人的無限懷念，「凝聚了三十多年的鄉思，歷史和個人的悲劇，既灸熱又冷肅地在所有靜觀的藝術表達中，由個人入世的傷懷進入了一種更爲普遍的悲抑境界。風格的轉變也由於近十年來歸宗傳統精神的現代探索（包括他近年醉心中國書畫所濡染的人文心態），而走向成熟。感情劇烈撞擊的眞切，歷經人世滄桑而悟道的超拔，和傳統藝術的澄明，構成了他這時期作品的特色。」（劉登翰語）

——初刊「華夏詩報」，第七十二期，一九九二年十一月二十五日。

回歸傳統，融匯中西

——論張默的詩路歷程

熊國華

二十世紀九十年代第一個夏天，臺灣著名詩人張默出版了他的第七部詩集《光陰·梯子》。詩人對於時間總是十分敏感的，在長達四十多年的創作生涯中，張默在詩的險峰上不斷攀登，身後留下了一長串的「階梯」——詩集《紫的邊陲》（一九六四）、《上升的風景》（一九七〇）、《無調之歌》（一九七五）、《張默自選集》（一九七八）、《陋室賦》（一九八〇）、《愛詩》（一九八八）；詩評集《現代詩投影》（一九六七）、《飛騰的象徵》（一九七六）、《無塵的鏡子》（一九八一）、《小詩選讀》（一九八七）；還編有《六十年代詩選》、《七十年代詩選》、《中國現代詩論選》、《中國十大詩人選集》、《剪成碧玉葉層層》、《感月吟風多少事》、《中華現代文學大系·詩卷》、《臺灣現代詩編目》（註一）等十餘種。他集詩人、詩評家、詩選家於一身，將全生命輻射的光和熱無私地奉獻給詩神，對臺灣現代詩運作忘我的卓有成效的投入，在臺灣素有「詩壇總管」和「詩壇火車頭」之稱。探討這樣一位與臺灣現代詩運息息相關的詩人的創作歷程，對大陸現代詩的健康發展有著十分重要的借鑒意義。

一、曲折的歷程

張默，本名張德中，一九三一年生於安徽省無爲縣。一九四九年三月，從南京經上海乘中興輪去臺灣。次年在海軍服役，利用業餘時間從事詩歌創作，作爲一個剛從內地來到四面環海的島嶼上的青年，他懷著對大海的驚奇和禮讚，寫下了一系列充滿浪漫情調的豐富想像的海洋詩，流露出年輕詩人對生活的熱愛和宇宙的哲思。一九五四年十月，張默、洛夫、瘂弦三人，繼紀弦的「現代詩社」和覃子豪、余光中的「藍星詩社」之後，在臺灣南部的左營成立了「創世紀詩社」。創刊號上發表了《創世紀的路向——代發刊詞》，明確提出要「確立新詩的民族路線，掀起新詩的時代思潮」。接著，一九五六年三月《創世紀》第五期，又以社論形式發表了《建立「新民族詩型」之芻議》。張默在回憶這篇文章時認爲「新民族詩型」的基本要素有二：「一、藝術的——非純理性的闡發亦非純情緒的直陳，而是美學上直覺意象之表現，我們主張形象第一，意境至上。二、中國風的東方味的——運用中國文字之特異性，以表現東方民族生活之特有情趣。」（註二）這些觀點，是對紀弦的「現代派六大信條」所主張的「新詩乃是橫的移植，而非縱的繼承」的一種反動；而「非純情緒的直陳」，又與「藍星」所強調的抒情性大異其趣。就是我們今天來看這些觀點，也是極有見地的，可惜張默等人並沒有按照「新民族詩型」的路向繼續走下去。

五十年代末期，《現代詩》和《藍星》曾一度相繼衰落。《創世紀》則在張默的大力操持下，從一九五九年四月第十一期起擴大版面，異軍突起。並吸收了「現代派」和「藍星」的一些重要的詩人，一躍而成爲臺灣現代詩壇上舉足輕重的詩歌社團。不過，這時他們拋棄了「新民族詩型」的主張，轉而大力倡導詩的世界性、超現實性、獨創性和純粹性的「超現實主義」。瘂弦曾指出：「《創世紀》十一期以後，張默的詩觀產生重大的變化，最主要的是他受到了現代主義、超現實主義的感染。所謂『自動語言』和『切斷聯想系統』，主張知性、反對浪漫的抒情等等的觀念，也在他的詩作中鮮明的表現出來。」（註三）張默在《黃臉——題一幅抽象畫》中寫道：「什麼是性，什麼是東方的傳統／我們將不再是嚮往著一片／抒情的雲，傍晚的陽光以及風」。從此，張默由主張傳統走反向傳統，詩風也由浪漫抒情轉向晦澀艱深，強調表現「自我」的「心的宇宙」。《貝多芬》、《期嚮》等詩，即是這一時期的產物。在這些詩中，張默雖然改進了早期創作中泛濫激情、語言與詩思詩情不平衡的缺點，但由於大量運用暗示、象徵、隱喻、變形、錯位、切斷、通感、歧義、自動語言等西方現代派技巧和手法，加上主題抽象，意象繁複，帶有虛無和神秘色彩，超越了大多數讀者審美心理和審美經驗，因而顯得晦澀難懂。

五十年代末期和六十年代臺灣現代詩的「超現實主義」傾向，究其原因，主要是受到「惡性西化」的強烈衝擊和影響，是臺灣政治經濟對西方國家的嚴重依賴性在文學藝術上的反映；其次，由於特殊的歷史原因和地理環境，使臺灣文化與中國傳統文化形成了一個斷層，與故土和傳統相隔離的現實境況，致使張默這些由大陸到臺灣後成長起來的詩人，不得不放逐自己的靈魂去西方漫遊和探險；另外，六十年代臺灣當局在思想文化上的專制禁錮政策，也迫使作家和詩人們採取比較隱晦曲折的表達方式。臺灣現代詩內容上的虛無和形式上的晦澀，五十年代末和六十年代就遭到言曦、寒爵等人的非議；至七十年代初，關傑明和唐文標連續發表一系列文章，對現代詩「一味西化」的弊病進行了激烈的批評，引起了關於現代詩的論爭，促進了現代詩向回歸民族傳統、關注社會現實的方向發展。張默經過嚴肅的回顧與反思，詩風也隨之起了明顯的變化，逐漸由晦澀艱深轉向澄明曉暢，並在理論上提出「現代詩歸宗」的口號，主張現代詩人要歸向中國傳統文學的列祖列宗。瘂弦認爲，這「一方面說明他自己詩觀的成熟，另一方面，也是因爲逐漸邁入中年，對生命自然，都有更深的領悟，人生的得、失、順、逆，也都能夠得到哲學的紓解，而走向東方和中國，是必然的結果。」（註四）尤其是張默近期的作品，詩境益趨淨化，情感益趨摯誠，語言益趨純樸，「不論就人生境界或藝術層面而言，都有著驚人的提升」。（註五）

二、回歸傳統

張默向傳統文化回歸，突出地表現在大量思親懷鄉之作和對中國歷史文化的歌詠讚歎之中。這些詩或眞摯親切，或傷感纏綿，或莊重深沉，體現出一種東方式的民族感、鄉土感、生命感和歷史感。他七十年代以前的詩作，大部分是寫海洋、音樂、繪畫、死亡、哲理等題材，極少涉及鄉愁。在西方世界的精神漫遊中，他終於醒悟到那只是「空虛而沒有腳的地平線」（《無調之歌》），是「一大片一大片沒有根的原野」（《與夫曠野》）。於是，「從離騷的背上，鄉愁一朵朵地攀升著」（《死亡，再會》）。他筆下的《楓葉》：「數理著一條條鮮紅的脈絡／……眸子一直朝向北方／朝向我家我鄉的老屋／烹飪著我鮮紅的瞭望」。殘酷的現實，使詩人思考著「究竟怎樣才能飛渡／那些重疊的窒息的無助的／塗抹歷史的辛酸的陰影」（《長城、長城，我要用閃閃的金屬敲醒你》）。

隨著海峽兩岸關係的緩和，張默一九七九年得知大陸七十六歲老母依然健在的音訊。「這消息像霹靂一樣震撼了他的心靈，他的鄉愁突然擴大，愛恨的糾結，變得犀利而強烈，最後是帶來另一次的創作高潮期。」（註六）他壓抑了三十多年的鄉愁，終於像火山一樣爆發出來！飄泊的遊子，四處找「一條䰰䰰鬖鬖的回鄉路」（《然則，望鄉》）；他喊道：「縱使你在千山千水之外／迢迢亦如望不斷的鄉關／我那耽擱了三十年滿布塵埃的翅膀／還是要鼓起餘勇／一頭闖進你疙疙瘩瘩的丘壑」（《尋》）。那「剪不斷理還亂的鄉愁」（《夜與眉睫》）和詩化記憶中「夢裡的山水」（《遠方》），竟使詩人在「母親節」前夕恍惚看到。「從梧桐細雨的深處，她巍顫顫地走著／我以極度且近乎窒息的狂喜／希冀撫觸她每一寸乾澀的肌膚／三十八載未曾落淚的眼睛／一下子匯集成滔滔不絕的洪水／今夜，我習慣飄泊的靈魂已經回家」（《驚晤》）。一顆赤子之心，至愛之情，躍然紙上，感人至深。

這一時期的作品，還包括《家信》、《飲那綹蒼髮》、《白髮吟》、《包穀上的眼睛》、

《風飄飄而吹衣》、《哭泣吧！肖像》、《蒼茫的影像》、《春川踏雪》等佳作。這是張默感情最眞摯，風格最澄明，語言最樸實的一個時期，也是他一生創作的高峰期。他以自己的理智和高超的詩藝，將熾熱的感情轉化爲冷凝的悲愴，將鄉土親情的灸戀沉澱爲淨化的詩境，將個人命運的悲劇升華到歷史悲劇的高度，融「小我」於「大我」之中，從而具有撼人心靈的藝術魅力和較高的美學價値。

一九八八年九月，詩人終於回到大陸與八十七歲高齡的母親團聚，實現了四十年來所追尋的夢。久別回家的滄桑之感，眞摯深沉的鄉土之戀，以及對民族傳統文化的思慕之情，使詩人寫下了《黃昏訪寒山寺》、《蘇堤、蘇堤》、《蘭亭初履》、《網師園四句》、《滄浪小立》和組詩《故居雜抄》等一系列回鄉之作。在姑蘇城外的寒山寺，詩人行吟徘徊，「突然發現自己／竟是小徑那頭，一尊不言不語的化石」。這個「四十年才回去一趟的遊子」，發誓「要睡它一個千載難逢的午寐」（《三壠頭．老掉牙的舊屋》）。跪在這片「生我育我撫我的土地」（《我跪在繁星哈腰的包穀下》），詩人從心裡感到「終於，我又撿回了自己」（《好一幅一望無垠的平疇》）。這批回鄉之作，富於東方情趣和古典韻味，鄉土氣息與生活氣息都很濃厚，蘊含著一種「少小離家老大回」的滄桑之感和身世之歎。他的詩語樸實，情感激越，酣暢淋漓。但情感的抒發略嫌直露，缺乏內在的積澱，在詩境的淨化和詩思的深度上，似乎都沒達到回鄉之前那批作品所達到的水準。

張默向傳統文化的回歸，還明顯表現在對中國優秀詩歌傳統的縱的繼承上。他的詩風獨特，不摹仿別人，別人也很難摹仿他。「富於顫弦般的節奏」，被認爲是構成「張默風」的主要因素之一，實爲繼承了中國古典詩詞富於吟唱性和音韻美的特點，而且往往通過排比、複疊等傳統而古老的技巧表現出來。例如《飲那綹蒼髮》：

讀著，讀著，深深地讀著
您的七十六歲的肖像
那眼角兩側長而細的魚尾紋
那滿頭的白雪
流溢著幾多的思念和滄桑
……
哦！母親
不管歲月如何無情的消逝
不管現在我們怎樣的蒼老
也許我們能活過一百歲
也許五十年後
　我們的屍首比嚴冬的霜雪更冷澈
然而，母親。您永遠，永遠是

輕拂我們墳前的蕭蕭的白楊

詩人運用一系列富於變化、層出不窮的排比和複疊句式，把對母親的思念委婉曲折、纏纏綿綿地表現出來，輕快的調子和詠歎式的節奏，流露出淡淡的哀傷。這種「以樂景寫哀」的手法，比傾瀉無餘的悲憤吶喊，更具震撼人心的藝術力量，呈現出高度淨化的詩美。再如他那首有名的小詩《鴕鳥》：

遠遠的
靜悄悄的
閒置在地平線最陰暗的一角
一把張開的黑雨傘

用的也是傳統的白描手法，在構圖上是一條橫線，加下一根直線支撐的半圓弧形，與王維的「大漠孤煙直，長河落日圓」有異曲同工之妙，頗具「詩中畫」的意味。另外，全詩的重心和意象的最後完成，都落在末句，這又是唐人絕句的典型筆法。至於古詩中的煉字、煉句、比興、象徵、渲染、鋪陳、用典、誇張、點化、對比、雙關、意象並列、時空變化、借景抒情、矛盾語法、平中見奇等等手法，在張默的詩中隨處可見，俯拾皆是。甚至現代詩人不屑為之的「贈友詩」、「題畫詩」和「仿詩友詩」等酬唱之作，在張默的筆下也一再出現。對於最具民族文化特色的水墨山水和書法藝術，張默更是酷愛成癖，還曾舉辦過個人畫展。經過時間的沉澱，張默這位曾經高叫著反傳統的現代詩人，無時無處不顯露出傳統文人的性格特徵和文化修養。

三、中西融匯的詩美

正如辯證法的「否定之否定」規律揭示了事物發展的普遍規律一樣，臺灣現代詩也經歷了由「背離」傳統，到「回歸」傳統的過程。現代詩為了尋求發展和創新，在一定程度上背離傳統應當是允許的，沒有背離就沒有回歸。但回歸並不等於倒退，也不是回到原點的起點，而是帶有新質意義的回歸，是迂迴前進、波浪式發展。張默的回歸後的優秀詩作，常常在東方風味和中國意境中融入西方現代派手法和技巧，呈現出一種中西融匯的詩美。例如《夜讀》：

夜　漸漸地　靜了
涼了
深又深了
案頭上橫躺著一具大字足本線裝的莊子

瞇著惺忪的雙眼
向四壁頻頻追問
　　你要　逍
　還是　遙

第一節寫夜的情境。暮色降臨，夜開始是漸漸地「靜了」；跟著氣溫下降，又慢慢變得「涼了」；最後，隨著時間的推移而「深又深了」。詩人抓住夜在變化過程中的特點，運用與內容相適應的字句排列形式，層層推進，步步深入，創造了一個萬籟俱寂、清幽寧靜而略帶幾分神祕的境界。第二節曲寫現代人夜讀古代《莊子》時的變異感受，以及在快節奏的工業社會中欲逍遙而不得逍遙的矛盾心態。「案頭上橫躺著一具大字足本線裝的莊子」，一語雙關，發揮了中國文字易於產生歧義的特點。在詩人筆下，古老的線裝書竟然可以變成人，死去二千二百多年的古代哲人莊周，彷彿在「不知周之夢爲蝴蝶，與蝴蝶之夢爲周」（註七）的酣夢中醒來，「向四壁頻頻追問／你要逍／還是遙」。詩人採取了超現實主義手法和弗洛伊德的精神分析學說，運用幻覺和夢境所產生的效果使人復活，與今人交談，維妙維肖地刻劃了詩人夜讀《莊子》時入癡入迷的心態，貌似荒誕而愈見眞實。「四壁」暗指環境對人限制和對自由的障礙。「逍遙」源自《莊子．逍遙遊》，意味著「順萬物之性，遊變化之塗」（郭象

注），超然物外，不受任何限制的絕對自由的精神境界。著名詩評家李元洛評道：「這是寫現代詩人在緊張生活中的失落心態，局處四壁之內，無法作暢心快意的逍遙遊？還是表現現代人於工業社會中渴望返璞歸眞而回到大自然的情懷？抑或是別的什麼？詩中只有具象與暗示，而沒有陳述與說明，正因爲如此，才分外刺激讀者的審美期待慾。」（註八）這首詩用古代題材抒寫現代人的生活體驗和審美感受，在語言和意境上是東方風味古典情調，在句式和手法上卻具有西方現代派的超越和灑脫，展現出一種新的風貌。再如《春川踏雪》的最後一節：

正當我小心數著
自己踩過來的深深的雪印
猛地回首
只見一個鶴髮的長者巍然佇立
去垂釣異國夢裡的寒江

一九七六年十一月，張默一行十人應邀訪問南朝鮮，曾去漢城附近的春川小鎭踏雪。異國冬天的景致，自然又勾起了詩人的家國之思。「雪印」一句，虛實相生，亦象徵著生命的歷程。結尾兩句，如夢似幻，意趣超拔，空靈澄澈，境界極佳，化用柳宗元「孤舟蓑笠翁，獨釣寒江雪」的詩意，而又自然灑脫，翻出新意，把去國離鄉的遊子情懷寫得深婉感人。如果說，柳宗元在漁翁這一形象中寄寓了自己清峻高潔、傲岸獨立的人格理想；那麼，這位「垂釣異國夢裡的寒江」的「鶴髮長者」，何嘗又不可視爲詩人未來「超我」的老年形象的「自我」塑造呢？張默把遊子思鄉的傳統題材和超現實手法巧妙結合，打破了日常邏輯和理性的常規束縛，超越意識與潛意識、現實與夢幻、過去與未來、時間與空間、生與死、物與我的界限，使人類的心靈和情感獲得充分自由的表現與發揮，給人以電光石火般的印象和突然的頓悟，產生了一種在美學上稱之爲「驚奇」的美感效應。

一般學者在論及超現實主義對臺灣現代詩的影響時，大多注意其負面性，而對其正面價值和積極作用鮮少論及。超現實主義作爲二十世紀範圍內最重要的文藝思潮，自有其產生的歷史背景、社會條件、思想根源、科學依據和存在的合理性。對其全盤肯定或全盤否定，都不是科學的態度。洛夫對此曾有過頗爲中肯的論述：「超現實主義極終的目的也許在求取絕對的自由，因而自動性（automatism）成爲一個超現實主義者的重要手段，最後的效果或在：『使無情世界化爲有情世界』，『使有限經驗化爲無限經驗』，『使不可能化爲可能』，希望一切能在夢幻中得以證果。但不幸超現實主義者犯了一個嚴重的錯誤，即過於依賴潛意識，過於依賴『自我』的絕對性，致形成有我無物的乖謬。」（註九）如果我們在創作中摒棄超現實主義的「自動寫作」和「記述夢境」的極端因素，而合理地吸取其「類似聯想法」、「直覺暗示法」、「時空觀念之消滅」等技巧，並將其嫁接在民族優秀詩歌傳統的大樹上，經過吸收、整合、兼容、消化，勢必開出鮮艷奪目的花朵，結出新型的豐碩果實。臺灣詩人在這方面作了大量艱苦探索，並取得了相當可觀的成果。張默回歸後的佳作，如《楓葉》、《驚晤》、《尋》、《風飄飄而吹衣》、《那些枝椏》、《燈》、《黃昏訪寒山寺》等等，都有出色的表現，呈現出一種東方古典主義和西方超現實主義熔鑄而成的詩美。

總之，作爲一個「爲永恆服役」的探險者，張默在橫的移植和縱的繼承方面，都作出了艱苦的努力和不可磨滅的貢獻。他的成功的和不成功的創作實踐，他的漫長曲折的詩路歷程，都爲中國現代詩回歸民族傳統、實現對西方現代派和東方古典詩學的雙重超越，提供了值得借鑑的寶貴經驗。

【附註】

註一：該書已於一九九二年五月由臺灣爾雅出版社刊行，收一九四九—一九九一年期間在臺灣出版的所有中文個人詩集、詩評論集或主編的詩選集，同時列有「詩刊編目」、「詩論評參考篇目」、「詩壇大事簡編」等，是一部研究臺灣新詩的最佳工具書。

註二：張默《「創世紀」的發展路線及其檢討》。「現代文學」第四十六期，一九七二年三月。

註三：瘂弦《爲永恆服役——張默的詩與人》，見《愛詩》，爾雅出版社一九八八年版。

註四：同註三。

註五：洛夫《豐沛與淨化——張默小評之一》，見《愛詩》。

註六：同註三。

註七：《莊子．齊物論》。

註八：李元洛《「爲永恆服役」的選手》，見《名作欣賞》一九九〇年第三期。

註九：洛夫《詩魔之歌》，花城出版社一九九〇年版，第一五三頁。

——本文爲「第五屆臺港澳華文文學國際學術研討會」交流論文

——初刊「廣東教育學院學報」，一九九一年六月。

——再刊「創世紀」第八十五、六期合刊，一九九一年十月

一種悠遠的詩之鳴聲

——張默小評

瘂弦

「一位熱情逼人的新詩殉道者」，「一種飄著清脆而又悠遠的鳴聲，在詩之寫作歷程上，從來不喜得到過多的讚譽。」這就是詩人張默的速寫像。

張默的詩，如飲中世紀陶皿中的清水，瑩澈、冷冽而又沁人心脾。他的「關於海喲」一詩，就不自覺地飄運著一種微妙的音樂的旋律，那波動的詩思，那連綿的節奏，實予人以無限的滿足。而在另一首「默想與沉思」中，讀者又彷彿穿過哲學的濃霧，穿過重重疊疊的時間，穿過複雜的現代的黯淡，自朦朧的背景中展望出未來的明媚。「在所想像的萬物的上面，欲如一件祝禱的衣衫一樣地展開。」（片山敏彥評里爾克語。）張默思想的步姿是微微而又輕柔的，一如四月的雨滴灑向黃昏的石階，他字句的微雨灑向我們的心田，如許悄然而又如許輕適。所以洛夫說：「張默的詩中沒有喜劇的成分，如讀者能有耐心，多予體驗，一定會發現他生命的肅穆的壓力，從而正襟危坐，從而也有所悟。他的詩之特點是絕不空洞，而屬於他特有的技巧，也永遠難以摹擬。」詩人季紅對他的詩亦曾評論說：「張默的詩在觀念上較爲稀薄，但在表現上卻甚靈活，可東可西，輕巧自然。但它們最大的缺失，是音調與內容的不相一致，但若以『心安理得』、『處之泰然』的心情論之，它們卻是令人十分歡喜的，因爲他已說出：『我已不畏失去』，『我已獲得』。」

張默的文學生活迄今已逾十年。他是一位忠實的創作者，批評者與詩誌的編輯者，由他所創辦的「創世紀詩刊」發行已經六年，其給予中國新詩的貢獻，早已爲詩壇所共睹。

——原刊「六十年代詩選」，大業書店，一九六一年一月

透明而清洌

——張默小評

辛鬱

張默是現代詩人中最純情與最有所執握的一個。

他的詩透明而冷冽，詩想凝實，詩素純樸，猶若行雲流水。有時他引導我們走向一片幽渺，在冥寂中，人生是多麼虛幻啊；有時他卻把一團熱烘烘的景象投射給我們，使我們感受到那分熾熱，而激起心中的波濤。

在表現上，張默的詩帶有一種新浪漫主義的傾向，這也許該歸於現代人的血液中含有新浪漫精神的緣故吧？我們發現，張默對超現實主義也有所涉獵，雖然，超現實主義並未在國內盛行，甚至根本隔膜，但在創作生活的內面，一種精神上的超現實性，該是共通的吧？張默頗能掌握這一層，而使他的詩透現出不同的韻致。

對語言文字的駕馭，我們也許不能滿足於張默詩中所表現的舖展性，覺得那不夠緊湊，節奏上顯得遲緩，然而這也是張默的特色——一首詩壓得太緊，豈不叫讀者費解？這並非說，張默的詩過於平白或明朗，這祇是說明張默創作時所用的語言，完全是自己的。

這種個人的特色，將使張默在中國詩壇佔有很高的位置。讓我們來看：

「不斷生長，在綿延的萬山與萬山之間
如流的翅翼，撲撲自我們的半野
閃然降落
……………………」（期嚮）

「當黃昏君臨
於一片荒無足跡的人性的寢土
……………………
……………………」

這些深刻而透明而富意趣的句子，該是中國詩壇最豐盛的收穫。

——原刊「中國現代詩選」，創世紀詩社，一九六七年二月

拍攝焚燒的寧靜

——張默小評

瘂弦

要檢視和批評張默的詩也是很艱困的。首先我們必須要瞭解張默的爲人，其次是要把握他的精神的狀貌，除此之外我想別無他法。

其一，張默是熱情的，這是指他的爲人，特別是對「創世紀」持續不斷的衝力，其二張默是冷冽的，這是指他的精神狀貌，他的心中甚少喜劇的詩，人來在世上就是爲了要迎接悲苦，與其怕被痛苦壓扁，不如乾脆把肩迎上。「我不入地獄，誰入地獄」，張默從事「創世紀」的編輯與發行，就是以此種不屈不撓的精神來抗拒現實的挑戰；其三，張默是一貫的，這是指他對詩藝的看法與見解。這一生除了詩以外，他不相信還有什麼比這更美的東西。

創作是每個人的深淵，一不小心我們就會跌進去，顯然作者的詩也經過幾個階段。起初，四十年到四十五年是爲作者的研習階段，這時期大部分的作品都爲歌誦海洋之幻美，談不上什麼造就，祇是當時詩壇一株飄浮的水草而已。自四十六年到五十二年是爲作者的生長階段，這時期重要的作品如「關於海哟」、「默想與沉思」、「拜波之塔」、「貝多芬」、「紫的邊陲」、「沉層」等詩作，特別是後三者，不但語密意密且充分洩示作者悲傷精神之濃郁與臻至表現之化境。自五十三年到現階段，是爲作者的第三個時期，這時期重要的作品有「期嚮」及「曠漠的峰頂」，特別是後者，給予當時詩壇以一種巨大無比的撞擊力，實難言語形容，李英豪、季紅、洛夫、管管諸人對此詩均有詳盡的批評，可謂毀譽參半，此際不說也罷。

張默對繆斯的態度是極恭敬的，他從不寫自身不熟悉的事物，譬如「貝多芬」這首詩，作者在構思中除閱讀有關貝多芬的研究外並多次聆聽他的樂章，期之能觸達這位樂聖當時的精神領域。在創作「曠漠的峰頂」時，更是廢寢忘食達四五日，直到完成擲筆而後快，其後不知經過多少次的刪修，創作的苦況是很難描述的，祇有眞正進入創作核心的人才能體悟得出其中的厄困。美國批評家舒華得茲（Delmore Dch wartz）在「論現代詩之孤困」一文中，曾就精闢地指出詩人孤困之原因，部分是由於自我試圖將思想自感性中分裂開來，張默是徘徊在知性與感性之間的著名人物，他的詩雖屬孤困與冷冽，畢竟還是可以撫摸的。無怪乎他要如此傾吐——

此刻、大海擱在咱的肩頭上茫然不語
此刻、遠方日晒下的水夫不敢眷顧自己的面顏
此刻、蜷伏的霞奮起
擲給世界以煥發的容光

百般狂喜的戴奧尼息斯，起起落落
橫攬一切象限於奔飛的波浪之廟宇
波浪如泣如訴，向瞧不見也鑽不進的黑中之黑裡遁去

如果我們眞能懂得這些詩句之中所蘊藏的含義，那麼作者一定可以站在我們的中間，與我們共同呼吸那七十年代中國詩壇早春的黎明。

——原刊「七十年代詩選」，大業書店，一九六七年九月

張默小評五則

鍾玲等

豐沛與淨化

洛　夫

歷史可以作證，張默終其一生所供奉的神就是詩；衣帶漸寬終不悔地信仰它，迷戀它，服役於它。詩也是張默全生命光與熱的幅射，不但寫詩，編詩，而作爲一個詩運的推動者，他更是一向作忘我的投入，數十年如一日。

縱然張默在早年的詩中，不時發出孤絕與虛無的吶喊，在生命與藝術，情感與理智，靈與慾的多重衝突下，表現了他對人生無奈和悲涼的睥睨，但本質上他卻是個熱愛生命與自然的詩人；在他當年爲數不少的歌頌海洋的少作中，即充滿了對另一種近乎宗教的神秘世界的熱望，這種虔誠而純眞的情感，正是他日後寫出一系列感懷、詠物、思鄉和贈友詩的創作動因。

張默晚期的作品，不論就人生境界或藝術層面而言，都有著驚人的提升。豐沛的生命力，淨化的詩境，以及富於顫弦般的節奏，實爲構成張默獨特風格的三大因素。

動感的詩篇

鍾　玲

張默的詩充滿了動感。這種動感是由詩的節奏，動作的意象，及對空間的處理，這三個環節構成的。張默詩的節奏主要由排比而形成，而排比的方式也是變化多端的，如「孟宗竹的天空」中的，明的暗的用了七、八種排比方式；光是下面四行就用了四種排比對仗方式：「沒有一絲風／在孟的軀幹和宗的碧葉間／逡巡，參差，以及耳語／沒有一雙手，一陣腳步，一對眼睛……」。張默的詩又擅用強烈的動感意象，如「老太陽照樣從雲彩的邊緣撲過來」（「死亡，再會」），「還是要鼓起餘勇，一頭闖進你疙疙瘩瘩的丘壑」（「追尋」）。張默詩中的景觀，常呈現廣闊的空間，而詩人的主觀常如駿馬橫掃此空間。「路」的第一小節充分表現這種征服空間的動感：「我向一切撞擊／不論踩著荒亂的雜草／還是腳踝被碎石梗破／還是四野空蕩蕩的／偶爾傳來一兩個逗點似的呻吟」。而張默的「無調之歌」則透露客觀的自然景觀，充分應用了節奏、動作意象，及空間的處理，完美了一首蘊藏生生不息的動力的詩篇。

自然的真性

張漢良

張默的詩最具有生命自然的節奏，正如華滋華綏（William Wordsworth）所謂：「詩是強烈感覺的自然流露」。或如惠特曼的主張，詩應如丁香與玫瑰的開放，蘋果和梨的成形，遵循自然的節奏，每一朵每一枚都類似，但沒有兩個完全相同。

張默著名的四行小詩「駝鳥」，有著水到渠成的夢的結構。駝鳥首先跳入詩人眼簾，作者開始認知，最後決定駝鳥是「張開的黑雨傘」，由於前面「遠遠的／靜靜的／閒置在……陰暗……」的客觀描繪，到最後「黑雨傘」的出現，本詩的意象到此業已全部經營完成。另一首「蒼茫的影像」。雖係當年中韓詩人相聚一堂的即興之作，因基於眞實的經驗，用情最深而感人。該詩最末一段：「今天／我們把你送的手帕擰了又擰／泉湧的淚水好重啊／故鄉你的根鬚伸向何處／請輕輕染織我蒼茫的影像」。我們展讀至此，其自然流露的眞性，何需再加渲染。

眞誠的披瀝

淡瑩

我一直很欽佩張默，從創辦「創世紀」詩社到主編「創世紀」詩刊及其他多種詩選，這麼多年來，他始終以嚴謹的態度、執著的精神，做好這項艱巨的工作。如果臺灣詩壇少了張默，我敢肯定詩選的整理不會如此完美，我們將失去許多寶貴而有歷史價值的東西。張默對中國詩壇的貢獻是有目共睹的。

作爲一個朋友，張默是個有心人，他寫了不少贈詩，把好友浮雕得十分活脫，可見他乃眞性情中人。

作爲一個詩人，張默有自己獨特的風格，不摹仿別人，別人也不易摹仿他。他是那麼忠實的追隨自己的意念而把心靈眞誠的呈現在讀者眼前。也許有人不接受他某些作品，但無可否認，詩人是不斷的在提昇自己，他的苦心在不少佳作中得到了印證。

整合與汲取

李瑞騰

讀張默的詩，不論是寫人、寫物、寫時間，或者寫一個特定空間的景象，總覺有一股濃厚的情感急於從詩行間奔出，但在織字成句之際，他頗能自我抑制，不讓情感泛濫。

張默爲人熱情，處事有勁，但在詩之創作上卻顯現出深度的內省工夫，他明確知道自我生命的各種面相，已爲自己找到一個相當合適的位置。

在形式上，至今他仍勇於實驗，強調修辭，他可能會在不經意間受到友朋輩的影響，但在自然的消化與吸收之間，輕易便整合出有機結構，恰如其分的表達出他的主題。

由於長年活躍在詩社會的運動場上，張默的詩反而沒有受到應有的注意，關於這一點，張默自己不能不警惕，畢竟做爲一個詩人，詩才是他眞正的生命。

——原刊「愛詩」，爾雅出版社，一九八八年五月

中卷　詩集評介

從「拜波之塔」到「沉層」

——論張默詩集《紫的邊陲》

李英豪

一

張默的世界發展的動向，可用他的詩題概括出來：從「拜波之塔」，到「哲人之海」，從而轉向「神秘之在」，再從「紫的邊陲」，回入「沉層」，臨風而顯出詩人內在自我的「期嚮」。

詩人由崇慕（高），驚嘆彼德勃如海矗然的建築，而在海中浮泛（廣），由浮泛而尋幽（深），由尋幽而靜思，由靜思而構成，由構成而發現孤獨赤裸的自我。

他的詩離不開三種「主體」：抽象的哲性（默想與沉思，攀，哲人之海，關於海喲，神秘之在）；澄明的戀愛（最後的，摩娜麗莎，戀的構成，紫的邊陲）；自我的追尋（貝多芬，沉層，期嚮）。也可說，前者亦不外是指向自我的追尋。哲性是向「道」（宇宙生命的隱秘）的探求。我這裡所指的「戀愛」，是詩人將繆斯，戀人，自己，雙重轉位，而三位一體，也是由哲性的多元，指向「我」之一元。富士英川郎說：「神，毋疑就是生命。」在張默的宇宙中，神是什麼呢？他同樣輕飄而幽秘，忽隱忽現。祂是清冽但痛苦的內在生命。表面像輕巧自然，可東可西，像滑翔機，像流雲，像飛雪：靜止，癯徹而刻刻躍動；但活動在極有秩序的空間背後，卻是不和現代或任何時間扞格的形而上奧秘。

如說黃荷生的世界是門的世界，夐虹的世界是雪的世界，朵思的世界是銀的世界，瘂弦的世界是床的世界：則張默的世界，恐怕就是紫的邊陲的世界。威廉勃拉克說「一砂一世界」：紫的邊陲的世界，是無處不在的。洛夫指出張默的詩「沒有喜劇的成分」。倒是一語命中。因爲包涵在輕巧背面的，是自我探尋人生幽秘的痛苦。相信沒有人比尼采說得更好：「在生物中，只有人會笑，因爲人所體會的痛苦最深切。」張默由「拜波之塔」，到「沉層」，由浮到實，由露到深，實是詩人全部生命一次痛苦的徒步遠征。

當「拜波之塔」屹立，詩人初窺見世界，覺得「藝術總是輕輕擁抱著我啊。」默想與沉思，詩人轉而「想著每一株樹，每一個母體。」關於海喲，摩娜麗莎，仍止於「釀製一些小小的沉思」，像一個「充滿無限希望」的稚子。到了「攀及最後的」，詩人第一次自我醒覺，頓悟「我已不畏失去」，「而我已獲得，空虛就是充實」，「是以我將騰升，恆久地騰升。」頓悟的結果，引向「神秘之在」：

菓子不是在盤中，一種混沌

構成們將作一次長遠的嬉遊
它還未能逃脫那個原始的稚拙
焚燃後。薄薄的灰燼裡
重又釋回。陰鬱的
ego

於是，詩人在「哲人之海」中摸索；在「戀的構成」中追逐：「四面八方的遨遊」。但，到了「紫的邊陲」，詩人不祇迷失——醒覺——摸索——追逐；而且正視「無由攀登與無由飲盡濕漉漉的內裡」，「翻轉著每個每個自己」，而「時間在步履裡搖著，想緊緊扣住從前的自己。」在貝多芬中，漸現了詩人對個人努力超越的跡象：「所有者都將淹沒了，一瞬就是千千個自己」，而「推動整個的內裡」。到了沉層及期嚮，已成爲繽紛又透明的大伽藍，「把身子劈出」，「欲飲盡眼前所有的景物」，「以小小的禪悟，與夫乍撮眉睫而把整個世紀旋風樣地攬入」，「於偉大的萬山與萬有與萬樹的摺疊之中。」

這世界的動向是：內外分立↓內向外↓外向內↓內外合一。

上面我故意將張默的詩句串起來，無非在指出張默的世界發展的軌跡，用他自己的詩句，闡釋其思想脈絡。我們的答案是什麼呢？張默的世界非喜非悲，而存在於萬物和自我的幽微之間。詩人是多多少少帶有些兒「浪漫」的主知者，是「詩想滅去人道精神」（阿部知二）

的主知者。他的指向，可包納爲一：

「去握有一個生命，去力逐一個願欲

我是我自己的。」（期嚮）

因此與其說張默近諸許拜維爾（J. Superville）、聖約翰濮斯（St.-John Perse）、商禽、葉維廉，不如說比較近諸里爾克、梵樂希、方思、黃用；與其說他近諸維，又不如說是在刻刻移近自己。正如詩人自己說的：我應該設法洞穿它們，而回歸到更純樸的自我，更清醒的自我，更自我的自我……我深切企圖表現宇宙之隱秘面。

這是他對自己的世界最好的說明。

二

我們可以發見：洛夫的詩是由無數散射的主體構成詩的全體。張默詩的方法則否。洛夫的每一主體都是一個中心；詩的全體就有無數中心，這是一種撒豆成兵的方法，就看似沒有一個中心。張默則認定一個中心，再環繞這中心、這主體，層層發掘，層層擴張。我在這兒，不妨打幾個比喻來說明一下。

張默的主體結構（心象的基形），不是鬚根，而是圓錐根；不是從地上就分枝出來的灌木，而是有一根主幹，從主幹中開枝散葉的喬木（如拜波之塔）。因而意象的給出，不是齊現；而是從主幹中向四方八面生長出來。即如一個核子的構成，中子外繞動許多電子，形成不同軌跡的電子層。或者可以這麼說，詩人由許多心象，組成情境；由許多情境，躍出一個「主題」（如貝多芬）。

由於張默給出的內象，是一有系列的流動，欲言又止，欲顯又隱；因此，一種幽秘的旋律，有意無意成了他所有詩的形態。我們透視他的詩，如坐在汽車廂內，外邊下著飄飄微雨，車前玻璃蓋上輕滑的水點，驟眼看不清主體對象；但當開動了水撥，在凝神靜觀中，主體對象便漸次浮現，透明而清冽（如神秘之在）。詩人創作的過程也相仿。張默是先在內心萌生很多很多模糊不清的影子，從心理時間內，等待這些影子交疊濃合成一個軀體（一個大的影子）。如紫的邊陲：

那個影子蜿蜒在百花間
傾聽。欣欣的吟誦，歌聲落在
光潔的枝頭，緣著香溢溢的
　春之水
　春之水
是一叢叢的黑髮，一茸茸的細草

一鏡湖，一幽蘭

張默把捉這個大影子（軀體）的過程，並不匆促逼人，而幽微有緻，因此從其詩的軀體「動作」中，我們看不到戲劇性的一百咪衝刺；它卻像一隻優遊低飛，靜翅滑翔的海鳥，俯視、寂照在水面騰然躍起的魚兒，飛下啄起，激起小小水花（如戀的構成）。

張默的詩的另一動向，是趨於謹嚴，輕柔的反面可以是沉雄，可以是其他，但決不是謹嚴，輕柔只是指調子、感覺……。謹嚴則指詩人處理心象的方法。鄭愁予的詩如雲的飄逸，但他處理的方法是異常謹嚴的。張默近期的詩，也是傾向謹嚴，傾向語密和意密，企圖深深扣住紛紜心象的核心（主體）。「期嚮」是最好的例子。也就是說：他「從詩想出發，圓寂於方法。」如要勾畫他詩的方法線路，則可說：張默立腳於單一，指向豐繁，這話又怎講呢？

比如葉維廉，是以豐繁呈現豐繁，在剎那的流動中，薈萃古今中外。葉維廉處理詩的心象及其所構成的「時空」（葉維廉的「時空」就是撤除和超越一切時空），是豐繁的；所運用的語字，是豐繁的；所呈露詩的「智境」，是豐繁的；其「平行的蛻變」，也是豐繁的。因而使人覺得沉雄，覺得宏偉。內在的豐繁，往往要求豐繁的表現。但，要注意，表現不就是形式。張默要呈露的（我在此是指他「紫的邊陲」至「期嚮」這一階段的作品），也是豐繁的心象，豐繁的詩想；但張默的方法（這和他的情感本質，個性本身有關），則不是以豐繁出之。張默的表現是單一的，從單一出發，呈現豐繁，再歸向單一，輕逸只是他的調子；

幽微只是他的詩的氛圍；經濟而有流宕性，只是他的語言的品質。從單一中，我們可見其豐繁。所謂單一，不是指直線式的單一，而是主體的浮凸聳立。即如一座高高的大廈，一弧寬廣的圓頂，個別的存在是單一的、突出的，但我們能否認一座大廈裡面的豐繁，一弧圓頂內所容納的東西嗎？我不欲尋章摘句的拾例，看「貝多芬」，看「沉層」，其整體即是很好的說明。因此，張默的詩的單一，雖非如瘂弦般，以新鮮如牛奶的語言，透過主體的本性，而鯨吞一切；但卻從旋律節奏中，使主體形神一致。單一，毋寧說是張默的詩的姿式；豐繁才是它的內貌。洛迦說：「不僅是形式，而是形式的眞髓。」乃是最好的註腳。主張純詩的Bradley也說：「這不在這一個（內容）裡面，也不在那一個（形式）裡面，也不是在二者的總和裡面，而是在二者不在的詩裡面。」張默的詩，無疑從初期形神二分的浮薄觀念中跳出，而在形神合一中趨向謹嚴。

三

張默詩的方法，最重要是利用「轉位」和「節奏」。轉位，是一種感情的代入，將人我一如，物我一如，以求將主體呈現更深更眞，以喚起完整的想像；因此不但是表現，而且是流露。張默的轉位，沒有瘂弦那般富戲劇性，而是有點愛默森式的。在「拜波之塔」中，詩人不但轉位爲觀者，轉位爲彼德勃如海，轉位爲一切藝術宏偉富麗的建築；而且轉位爲「這樣巍然」的塔，貫入內在精神。塔的顯現，即詩人全部精神之顯現。塔的全體，即詩人內在的全體。彼德勃如海創作時的心境，即詩人的心境，因而塔是一切藝術創造的轉位，一個整體的象徵。在哲人之海中，張默又轉位爲哲人——生命航程的探索者，將自己內在的世界轉位爲海，流露出一個創造者（詩人自己就是上帝）追尋之感覺。在「貝多芬」中，他又潛進音樂蔚然的世界，轉位爲一個偉大的心靈。詩人和這世界，這心靈，遂合而爲一。

我得說，張默很懂得利用節奏。在「紫的邊陲」以前的作品，節奏甚且重於觀念，這是張默詩的特色，也是一大缺點。從「拜波之塔」，到「戀的構成」，張默對於節奏的把握甚佳，音調抑揚收放，很逗人喜愛。但，表現上的輕柔，反沖淡了意念。張默這時期的詩不是濃咖啡，而是一杯放了冰塊的果汁，有一種癯美；但當冰塊逐漸溶了，卻沖淡了果汁的味道。它們只是輕音樂，不是像其後「貝多芬」的交響曲。因此，毛病在於意念浮薄，倚重句式上的節拍和音樂性。倚重音樂性而求旋律，本來沒有什麼不對，而且音樂是心象的動向；但卻因利成便，因便成性，卻不時削弱了內心造型的深刻性和堅實性。由於要表現一種輕忽幽微，欲吞欲吐的情緒，他使用排比、譬喻、複沓、疊字、繼起、回應、重句……來增加節奏，結果一是使意象鬆弛和離間，一是成爲敷陳散漫，甚至將聯想局限於一條線式，使觀念表現失差（或說被節拍淹蓋），或謀殺了美好的意象；也就是說，詩的語字句式本身是有音響節拍了，可是詩的語言卻失去張力和彈性。幸好這是早期試驗的缺失；在近期作品中，張默已努力將之征服。這是一個有誠意耐力，主觀與虛心兼備的詩人，才能有如此進步的。

波特萊爾呼籲，詩人的表現，要「全部彈中」。我推崇的是張默近期的「期嚮」、「貝多芬」和「紫的邊陲」。它們是「全部彈中」。一九五九年十一月發表的「拜波之塔」，到六二年十一月發表的「哲人之海」，是張默晉向成長的蛻變期。在這時期或前或後的詩，多少旁及象徵派的根系：重音樂性、重幽秘、重自我、重旋律和技巧。默想與沉思雖很迷人，但有些語字不妨剔去，俾更緊密。爲免流於詩想或感性上的「概念化」，張默在運用語句時，有一點是値得注意的，就是太愛用形容詞，重疊句式和其他一些轉接語氣或指到時態的字詞。在他較早的詩中，都不難找到。用得最多的是：「的」、「著」、「而」、「與」、「這」、「那」……等字；有時用得不必要。「於是」、「因此」、「如果」、「所以」、「而且」、「以及」等連詞，有時不錯可轉接意象，但卻需注意，太多這樣的連貫，每易流於散文句式，失諸濃鍊緊密，語言的反射性就減少而難以耐久。詩人很多時宜切去意象間的鎖鍊，讓讀者以聯想的線，再去貫穿吧！

形容詞用得太多的結果，易成爲意象止於明喻和直接，而扼殺了意象豐繁的反射義。如「摩娜麗莎」：「高高的」、「緩緩的」、「遲遲的」、「奇特的」、「長遠的」、「……的」，「……的」。在詩的調子上是成功的；顯得連綿泛動的音節進行。但，詩人也要問：我是否一定需要這樣形容嗎？是否除以形容陪托出感受外，別無其他方法？形容詞太多；每易減弱讀者的感應力和詩本身的震撼力和密度。

節奏的變化，張默頗熟於運用，亦頗能顯現一種澹泊、清麗與和諧的情操。「關於海喲」，在系列的意象間，就間歇地插入這四個字，以響起一種回應（節奏上、情緒上）。但相同句式、疊句或對句的運用，卻失諸流熟。在處理的方法上，每易成爲自己的Cliche。

「戀著這世界，戀著這月光般的，用以形成，用以凝集，用以開啓的心」，「我想著每一株樹，每一個母體，每一棵撫觸不盡的巨大的數字，在被人擁抱著的，在被人思慕著的」，「對其……對其……她……她……每一本來平淡但卻光輝的事件，每一本來無知但卻喜愛的事物，每一本來異樣但卻多姿的事物，她想，總是在想，深深地想。」（默想與沉思）。「那些不可思議的，那些無法捕捉的，那些她的心中的宇宙」，「這些浮泛的山水，這些雜亂的景物，這些古舊的愚笨的……」（摩娜麗莎）。「連同一些雲霧，連同一些滔滔聲，連同一些彎一些彎」，「似……似……似……」，「小心它要發威了，小心它要淹沒了」（關於海喲）。「並且排擠，並且爭論，並且競妍」，「俯視，於地心之深處；仰望，於浩翰之穹蒼」，「一些精神的，一些思想的，一些氣宇的」（拜波之塔）。

適切的疊用句式，可增加情緒的強度，和節奏的趣味；但多了一些，常會影響語言的純度和彈力。在「戀的構成」，「貝多芬」，「沉層」中，張默在節奏方面，已能自我節制，操縱自如而無早期「流熟」和音調與內容不一致的弊端。所以我說，張默漸趨向如花崗岩般的謹嚴結實，節拍不過露，而回向內歛；自謹嚴的結構中，自蜂湧的靜穆中，存有一種內在的節奏，泌出一種新的力量，無論如何，他漸呈飛躍的進展，是值得欣喜與讚賞的。而且，到了「貝多芬」，已呈露自我一種詩之「智境」，與其他現代詩人之富葛藤性與戲劇性，迴然相異。因張默究非和自己對立的詩人，而是和自己合一的詩人。

四

張默有這樣的詩齡，已開始尋得自己的路。詩人應永遠是開始，而非終結。梵樂希說：「詩只是美麗的節目造成的。」張默的詩，誠是「美麗的節目」所造成，早些時的詩如一匹軟綿綿的美麗錦緞，但上面仍有一絲鬆破或甩線的地方；而近期詩人則亟亟創造自己的語言，靈活運用之，把握之。一個詩人如不能把握自己的語言文字，於意象及表現上，就會隔一層。因此，詩人著實「得句如得仙，悟筆如悟禪」（李之儀「姑溪居士後集一」語）。在語言的創新上，不妨確切些，大膽些。普魯斯特說福樓拜的小說，把法國的語言復活過來，賦新生命。對於詩人，在語言創造上，我們期望更深，我曾說：扭斷語字的頸。正是這個意思。目下張默的語言，仍是外張力多一些，內延力稍遜，如能使二者更均諧，當更能產生詩的語言的張力。

在今日的詩壇中，我們反對械機性和全理性的編列，反對徒具爆炸性的喧囂，反對厚顏撏撦或借屍還魂的倒車，反對富有揮發性的水面的油。詩人的路只有一條：發現自己，塑造自己。

嚴滄浪說：「詩之極致有一，曰入神，詩而入神，至矣盡矣，蔑矣加矣！」說張默的詩已「入神」，未免過譽，他還有許多自己的路要走，而且Middleton Murry說：「一個批評家必得誠於自己的恭維」。

張默的世界是進展著，生長著的，尚未定型；但那是生的世界，而非死的世界，那是美的世界，而非醜的世界；那是新的世界，而非舊的世界；那是自己的世界，而非別人的世界。詩人只要無愧「參詩精子」。在這部詩集中，詩人忍心割棄許多自己的作品而不選，是明智的，更足見一個詩人必得態度嚴肅，必得知道割捨。自我塑造的路，永遠是那麼痛苦，艱困和無情。千百年後，人們才會懂得：什麼是太陽，而誰是繆斯！

——一九六四年八月於香港

——初刊「批評的視覺」，文星書店，一九六六年一月

讀詩的新方法

——評張默詩集《紫的邊陲》

于還素

張默的第一本詩集，紀念版，只印五百冊，這是中國詩人深自矜持的表現之一。李英豪爲本書作序，有較詳盡的介紹，這書沒有目錄，題目出到角上，你讀的時候，只能在內面讀，不能在外面讀，只能走入詩人的內心，不能看到詩人的外表，以「拜波之塔」（實在就是以「聖經」的造塔故事爲題材）始，到「沉層」止，我們先從「沉層」最後一行往前讀：

靈魂揚著腳踝，走在我們的前頭
我們將攀越攀越攀越
奔放的水流
於喘不過氣來的夜，於無人敢於競走的集所有的力
把黑暗封住，把崎嶇逐出；
嚮往眞實的攀越，一次比一次難耐

我們將備受禮讚，我們將穿過
昂大的智慧是前導
人群歷史性的邁入，囚住圈圈的惦記
以人類的手，以所有寬闊者的手
對著一無尋覓的天
離開中心遠些，靈魂終於要狂嘯
葛樂禮於我何有焉

這是詩的最後一節，讀者如果讀不懂，您還可以用我的方法，從最後一行讀起，往前讀，就是這一節詩的復元，就是從「葛樂禮於我何有焉」向前讀到「靈魂揚著腳踝，走在我們的前頭。」也就是他的本來面貌，屬於內心的。

有人譏評現代詩，不是寫的，是把鉛字盤推倒，然後印出來，讓鉛字模的錯亂，來決定詩的內容，詩人不必經過大腦，所以別的人讀不懂。這譏評我要替詩人承認，在浮淺的意義上這批評是不對的，而在深一層意義上，這批評就是對的，首先我要特別指出，詩人的創作，不選擇某一個固定的過程，選擇的是它在本質上是不是詩，例如詩人的詩是用筆寫到紙上的，然後透過手民的頭腦，機械的印刷，詩由思想變成印刷品，這一個過程，和你只看到詩人的手迹時——截然不同，手稿和印的詩集，給你的感受，是兩樣的，相反的，如果你是詩人，當你的詩寫成之後變成鉛字，在報刊上發表之後，你可以體驗一下，那時的心境，是否和發表以前相同？但這只是「過程」的快樂，不是詩的快樂。

這就是說，詩的喜悅和表達過程的關係，「往往」是正比的，而如果「鉛字盤一推就是詩」，就沒有甚麼稀奇，那你只是看到了詩人的難處，而並沒有看到詩人的容易處，說的明白些詩的生產過程不是詩，詩豈止是可以用「鉛字」拚湊而已，還可以用膠捲拍印出來呢！我們大多數人不瞭解詩，所犯的毛病，都以爲詩應該「吟成一個字，撚斷幾根鬚」，這是李白、杜甫的事業。那裡是「不讀春秋，不知禮儀」的幾個毛頭小子可以隨便寫的呢？再加上那樣「亂糊糊的」一不成格局，二不押韻，三又不明不白，當然不是詩了。

可是忘記了，現代是一個甚麼樣的時代，從前我們主張詩要大衆化，最後的目的，不是要人人都能欣賞詩，人人都有機會寫詩嗎？爲甚麼現在人人都可以寫詩，而我們卻又不以爲然？是不是我們自己矛盾，自食推動文化運動的前言？

詩，人人可以寫，正是「詩教」普遍的結果，我們今天景仰古代詩人的神聖，絕對不必妨害詩的大衆化（人人可以寫）至於詩的內容是否通達，這要看看我們的時代是否通達？

爲甚麼我們可以在有事的時候；心神不定的去「抽籤問卜」，而不可以在安頓自己心靈的時候，關起門來「拼拼鉛字」？前者六神無主，我們視之當然，而後者「若有所思」我們卻以爲可笑，倒底是誰可笑呢？

誠然，詩不是宗教，不是迷信，可是迷信於幻想，迷信於渺茫，迷信於未來和希望，正給人帶來很大的力量，在意識活動上來說是一樣的，但在意義上看，當然不能同日而語，這也是一般人不瞭解詩的理由。

我介紹張默的詩，談了這些，目的只在排除對於詩人的成見而已。

至於「偶然」（推倒鉛字盤的方法）的效果，我們中國古已有之，詩可以倒讀，也不是我們發明，迴文詩，我們且讀的津津有味，蘇東坡的「橫看成嶺側成峯」，根本不管主題，「雲深不知處」我們也未必眞懂，「白話文學」大行其道之後，「文學院」還是存在的，可見「詩有別裁」，仍然不可以與有成見者語，張默這本詩集，命意、趣旨，定的都很高，大概也像我的小文一樣。最後我把他提到的「拜波之塔」這幅畫作者介紹一下：

布留格（詩人稱其爲「勃如海」）（Pieter Brueghel 1828-69）以所生之村爲名，弗蘭特羅大畫家之一，但現在荷蘭此村有三，大約生於北部普拉盤特州中心都市斯赫爾特恆鮑斯附近的一個，曾先後爲Coecke, Cocke兩畫家的學徒，曾遊義大利，作品以民俗、宗教、傳說等等爲題材。現存油畫四四件版畫三〇〇件，多存在維也納，世稱大布留格，見曼得爾的「畫家評傳」，當另覓機介紹。其子、孫均爲名畫家，聯合國出版的複印名畫錄第一集，即以他的作品爲封面，我希望今後詩人們選用名畫作題材，最好附印原作的圖片，這樣，神秘性就減少了。

——初刊公論報「書評」專刊，一九六五年

從時間巨齒的隙縫中跨出來

——論張默詩集《無調之歌》

陳義芝

《無調之歌》是張默的第三本詩集，民國六十四年六月，創世紀詩社出版。該書計收錄作者自民國五十九年元月起至六十四年四月止六年間創作的三十九首詩。詩人以深靜厚重的風格，從容自在地展示出近二十餘年來現代詩「從時間巨齒的隙縫中跨出來」的勁拔風姿及崢嶸骨角。

在這一條「漫長漫長的詩路」上，張默作了最好的見證。其中尤爲外人稱道的是：民國四十三年由他首議發起籌組「創世紀」詩社，並集資出版《創世紀》詩刊推動中國詩運這一椿盛事。

在「四十四歲自詠」詩中，他說：

我已慢條斯里地撫摸過四十四株小小的年輪
每一株都有一些灰暗而又晶亮的記憶

每一株都有一些灼熱而又冷澀的過程

灰暗。晶亮。灼熱。冷澀。這些即是張默創作的心路紀實，於蒼勁中隱隱透出生活掙扎的淚光。同一首詩的第二節，他寫道：

我曾經以臍帶
　　猛啃著母親的心的
我曾經以懵懂
　　淹沒著師長的教誨的
我曾經以摯意
　　圖騰著姍姍而來的女子
我曾經
我曾經
我曾經
然而這些，都遠遠地走了
惟一永不停息的是我的詩
是我用綿綿長長的思維所編織的

那些飄浮不定的意象的小魚
遊遍我心靈深處的每一叢海草
山巒，以及隱隱可聞的風聲

二十餘年來，是什麼力量支撐著詩人在生活環境的變遷與困頓中創作不懈？這實在是很值得探討的一點。筆者仔細的讀完《無調之歌》後，很肯定的以爲，這是張默具有崇高的自我認知及深刻的歷史意識使然，我們從他的幾首贈詩中，可以清楚的察覺。

大凡贈詩多有夫子自道之意。唐代李白贈何七判官昌浩：「夫子今管樂，英才冠三軍。」及宣州謝朓樓餞別校書叔雲：「蓬萊文章建安骨，中間小謝又清發。」志意英邁，無非太白本色，均可爲證。再如贈孟浩然一詩：「吾愛孟夫子，風流天下聞。紅顏棄軒冕；白首臥松雲。醉月頻中聖；迷花不事君。高山安可仰？徒此挹清芬。」質健豪邁，亦是李白自寫，藉他人酒杯澆自己塊壘之作。

張默早在「上昇的風景」時期即曾寫錄過十三首贈詩，《無調之歌》中又增添九首，總計二十二首。詩人秉持著心靈的悸動，以一雙巨大的靈掌，爲詩壇上一些流汗的可愛的角色塑像，他常能將特殊的情景化成共通的心象，活形活現，眞摯感人。以贈詩而言，允爲第一高手。

在一首題名「新蓮花落」贈沙牧的詩中，張默寫著：

俺要呼一次全人類的呼吸
俺要把三大洋連接起來跳一次最大的圓舞
俺要在每個星球上放一首光芒萬丈的現代詩
俺要出版一本巨無霸的詩選集
把日光月光春光秋光電光閃光統統地蓋住
俺要把全球最好的草原拼起來舉行世界詩人拳擊大會
俺要封李白爲詩聖詩王詩宗詩祖
總之最偉大的詩人皮膚都是黃色的
俺要轟轟烈烈地突破
俺要把諾貝爾獎的評審委員統統宰掉
俺要替咱們的列祖列宗出口氣
二十一世紀的草原都是中國的

似這般豪情貫日月的詩詞用語，表面上看，儼然一副丐幫舵主的氣勢，其實讀者只要稍加體察，即可發現詩之底層同時正輕輕地流瀉出一種歷史回顧的悲涼意味。詩人以爲「時間」是永恆不可輕侮的，所以他在許多創新意象中，緊緊的抓牢了「時間」所付給他的存在感。

例如：

突破時間重重的封鎖
你站在龐大無匹的暗處
作金屬之絕響
跳妖艷之舞蹈
——贈紀弦

時間的面容如雪，冷冷地把你皎潔的聲音披覆
你的琴韻般的名字
被置於時間的峯頂
——贈蘇淩

你是一尊未被雕塑的青青的玉粒
永遠奔馳在時間的心裏
——同上

時間在邁著同樣的步子
時間在複述每一秒的鐘聲
——同上

俺要舐一舐你被時間吸吮的葉脈
——贈周夢蝶

安東街在秋的投射下顯得更長了
——贈林亨泰、葉泥

黃昏似飛奔的怒潮恆在不朽地撞擊
——贈羅門、蓉子

百年後燈屋如故，秋如故，你們的名字撒滿大地
——同上

前面是旗手
飄飄盪盪地引著你
後面是離騷
淒淒切切地喚著你
——贈葉珊

時間降下
了無聲息地降下
啣著一枚荷馬式的著名的苦笑
——同上

從以上所列舉的詩，我們當然能感受出詩人「語言雋永，意象透明，節奏輕快」等一貫

的風格，然筆者意不在說明張默的詩的特色，只期盼讀者經由此一步驟能更強烈地感知詩人的歷史意識，永恆性自覺。

張默在今日詩壇上，相較於同時出發的瘂弦和洛夫，顯然令人有實至名不歸的嘆息，不過我們相信只要他「對於文學的執著以及詩的執著」永不變節，他個人所肯定的「時間」必會爲他見證的。

早年，張默的詩多爲心境之象，內視之語，故整體意象之呈露雖有繽紛可喜之處，卻也常予人緊迫牽扯之感，表現未見十足成熟。至若「今夜月光似一層流不完的肌膚／角形的碉堡突然自我的眼睫落下」（戰爭，偶然），以及「哭泣在軟軟的風裏凝固／仰望在漣漣的光中蕩開／環顧小小的四周，竟都是你水綠的眼神」（髮與檣桅），這些令人眼睫生花直讚不可多得的詩，當然是其中的例外。

深具自覺的張默遂因對過去的自己不滿，而作了一番大膽的修正，他在本書代序中對此有詳細的說明：「現在的我逐漸在修正過去的我，所以在表現方法上，題材選擇上，自認已有了不小幅度的變奏，那就是我現在的詩作，可能會直接切入事物的核心，切入生命的深處，切入生活而底層，……在語言的運用上，如果爲了表現的理由，絕不避諱粗俗俚語。」「對於轉位、對比、張力、節奏等等，一向是我所重視的，但過去在某些詩作中尚嫌實驗不夠圓熟，個人希冀在這本集子中有較佳的表現。」

詩人的苦心沒有白費，在節奏運用及景的流動方面，張默趨於成熟的風貌令人驚喜，他的詩境因而澄明深靜，像一座雪山、一川幽谷，特因深靜而顯得厚重，精微在其中，奧秘在其中。試看「對決」一詩：

月在地上月在地上
今夜是一地地的月一地地的秋聲一地地的青絲
地在月上地在月上
今夜是一地地的雲一地地的波浪一地地的呢喃
月在地下月在地下
今夜是一地地的雨一地地的顫慄一地地的窟窿
地在月下地在月下
今夜是一地地的霧一地地的抽象一地地的噓聲

這一首爲蕭蕭做了十月新郎而寫的詩，但以「地」「月」「今夜」等三組意象轉換出不同的景緻，不言情而情在其中，對新人的祝福和新人之感之實均表露無遺，此等境界，唯北宋人詞有之，張默妥切的把握了「靜中有人」、「淺淺漸見」的情氛，而又能跳出「燕子漸歸春悄。簾幙垂清曉。」的清淺境，實難能可貴。

談到冷靜澄明這一點，我們從他的「死亡，再會」一詩，可再次獲得佐證：

老太陽照樣從雲彩的邊緣撲過來
時間冷冷而無聲
我們赤棵棵地
　　坐在嬰兒的搖籃裏
我們赤裸裸地
　　坐在死亡的列車上
我們赤裸裸地
　　坐在地平線的盡處
我們赤裸裸地
　　緩緩地
　　　　靜靜地
猛力推開這座原始原始的荒原

從開頭的「死亡，再會」到後來的「噢，死亡／你不要走得那麼快／你是屬於二十一世紀的／你是屬於全人類的」「你是／我的」兩組對比情境中，演出矛盾的張力、高漲的戲劇性。彭歌說：「人的年齡越大，閱歷漸多，對人間百相就會有一種寬諒，悲涼、甚至於付之淡然的心情。」此語很能說明張默在詩裏面所喻示的悲劇意義及自處態度。對於人類生命過程所必須遭遇的悲劇，張默給出的是深情的關注，而不是逃避、迷亂。例如曾發表於「幼獅文藝」的「夜」：

請讓我吸吮，那深情的悲劇的夜
請讓我提昇，那深情的夜的悲劇
請讓我凝定，那長長的數不盡的
　夜的悲劇與悲劇的夜

鍾情於「悲劇」和「夜」，而欲吸吮、提昇、凝定，感情率眞動人！又如「與夫曠野」：

我是一步一步逼入
　一寸一寸走向我內裏
曠野深深，攤開它的毛茸茸的巨掌
且任黑暗一片一片的攏來
然後剝落、剝落、剝落
我不該攬一攬逝去的鄉愁嗎？

聲音帶淚，可歌可泣，頗具宗教家殉道的精神。

張默擅長連用同一類型的句式，在一首詩中舖陳出許多不同的情境。「群鳥款款」是一首成功的代表作：

滴沽沽
滴沽沽　還給我白色
嘰喳喳
嘰喳喳　還給我綠色
吱唔……喲
吱唔……喲　還給我黑色
嗬嗬……嗬
嗬嗬……嗬　還給我藍色

情趣則一。

讀者請注意這首詩中不同的鳥叫，還給四種不同的顏色，由黎明到白晝而入夜，在時間「輪迴」完了之時，詩人即刻展現出一片晴藍的天空「還給我藍色」，將時間之轉換替入空間，這樣的章法銜接，偶然會使我們想起杜甫的「秋興八首」，境界大小雖難併列，但技法情趣則一。

我們知道，同一類型句式的連用，在朗誦方面往往可以產生很大的效果，一個字或一個詞的疊架也是。例如：「鳥在凝視凝視凝視那個剛剛從夜的被窩裏逃逸出來的瘋瘋癲癲的那個傻小子，那個傻小子的頭頂上正扛著一輪一輪快要凋謝的月亮」（詠鳥），「凝視凝視凝視」及「一輪一輪」即分別有鳥向前和月向下的動態美。但這種筆法的使用，在張默的詩集裏也有一二失敗之處，如「一溜煙之翩翩」第三節：「升升升升升／降降降降降」，「我是硬漢」第七行：「髣髣髣髣髣髣」，以及「連續的方程式」詩中反覆出現的「推開推開推開」等句，除了聲調覺得急促之外，在整首詩中並未產生預期之效果，反易授人技窮詞窮之譏，筆者以爲不值。

蕙風詞話卷一第二十三章，論及文學創作之源泉時說：「中年以後，天分便不可恃。」又說：「江淹才盡，豈眞夢中人索還錦囊耶？」勉勵詩人應不斷地充實「學力」，以期資深逢源。此誠不欺之論。寄語今日中年一代大有爲的詩人，萬勿矜喜自得忽視此點。

最後，我們要談到張默非常傑出的一首四行短詩「駝鳥」：

遠遠的
靜悄悄的
閑置在地平線最陰暗的一角
一把張開的黑雨傘

從第一行的「遠遠」，第二行的「靜悄悄」，到第三行的「閑置」，「最陰暗」，「一角」……等都是很陰性的字眼，既靜又遠又閑又暗又角，使人的視覺漸漸壓入彷彿沒有生機的境地，於此緊要關頭，卻不料突聽詩人自口中慢慢的吐出「一把張開的黑雨傘」；「黑」傘在「黑」中仍企圖人見，「張開」這種精神，正像小草自泥地中掙出，花苞在長夜後舒放，使天機獲得了諧和。筆者以爲這即是詩人張默在「無調之歌」中所揭露的人生哲學，讀者以爲然否？——

——初刊「創世紀」第四十四期，一九七六年九月。
——再刊「青衫」，德馨室出版社，一九七八年八月。
——三刊「現代詩導讀」批評篇，故鄉出版社，一九七九年十一月。

在歷史的跳板上

——論《無調之歌》詩集

劉 菲

「無調之歌」是張默的第三本詩集，在這本詩集裏，張默展示了他的才華，展示了他作爲一個純詩人的風貌；他以各種不同的風格，表現了各種不同的題材。顯然的，在創作風格上，他對「以前的我」作了徹底的反叛，他的自我反叛使他的詩在視野上更具有廣度，同時，也在自我反叛的過程中創造了一些新形式，讀者們讀了「無調之歌」後，會覺得張默變了，張默「變」在那裏呢？這是本文要討論的。

一、形式

在現代詩的論述中，有人認爲現代詩是沒有形式的，他們之所以認爲沒有形式，是因爲他們把「形式」看成狹義的形式。這也很難怪，自唐宋以來，中國的詩一直有固定的外在形式，這種外在形式是五言或七言的格律體，自從五四新文學運動以後，格律體的外在形式逐漸打破了。但內在的形式仍然是存在著的，只是詩人創作時並沒有觀察到形式問題。在本質上，現代詩與古典詩並沒有什麼差別。

形式與表現有密切關係，當詩人寫下第一行時他必然想到第二行該怎麼寫，因此，第一行與第二行的語意結構是有密不可分的血緣關係，這種在語意結構上一行接著下一行的相互關係，我們稱它爲內在的有機形式。有內在的有機形式，自然有外在的有機形式，內在的有機形式是依了詩人靈智的創造，外在的有機形式是排列組合，在「無調之歌」詩集中，有幾首詩很可以作爲有機形式的典範，如「露水以及」：

露水橫過天空
天空橫過棕櫚
棕櫚橫過咱們的眼睫
咱們的眼睫橫過水鳥的翅膀
水鳥的翅膀橫過
一頁正在發歎的大地

像這樣的詩句，我們不需用散文解釋，只要我們多讀幾遍，詩人所表現的意象會在我們腦海像一幅畫一樣，越來越清晰。

詩語的創造，是詩人面對事物或自然所產生的感性，由感性通過詩人之靈智而塑造，詩人之運用語言，就像畫家之運用色彩，像「露水橫過天空／天空橫過棕櫚」，這裏面的意象只有一個「橫」字，這個「橫」字是詩人的感性，如果我們把「橫」字換成其他語字，如「飛過」「飄過」等類，在排比之下，我們會發覺「飛過」「飄過」的意象，缺乏一種語辭本身自足的詩素，如露水橫過天空，我們唸起來就覺得很詩意了。

某些語字和語辭雖然本身具有詩素，但要靠詩人運用之妙，如「橫」字，在古典詩中有「野渡無人舟自橫」句，野渡無人舟自直也可以呀，爲什麼一定要「橫」呢？這裏面牽涉到一個意境問題，如果我們把野渡無人舟自直，與野渡無人舟自橫作爲兩個畫題，所產生的意境絕對是不一樣的。在表層上我們可以想到，「舟自直」是湍流的，「舟自橫」是靜止的。野渡無人舟自直，我們感覺不到詩味，反之，野渡無人舟自橫詩味就來了。這就是創造。創造是很難的。詩人之可貴就在語言的創造，如果張默不創造「露水橫過天空／天空橫過棕櫚」，也許我們永遠不會想到利用「橫」字把露水、天空、棕櫚連接成一個完整的意象。

意象在一首詩中是一個獨立單元，如要完整的意境，必須由若干個意象單元組合，在古詩中，往往一行或兩行詩就有一個意境，如前面舉的「野渡無人舟自橫」一行就自足了。如「明月松間照／清泉石上流」這兩句詩是一個完整的意境。

在現代詩中，一行詩一個意象是很普遍的，要一行詩產生一個意境則少之又少，從詩人的感性到意象的創造是一個過程，從意象的組合到意境的呈現又是一個過程，如何使每一個意象都能在整首詩中產生相關的有機性，這需要詩人的創作技巧和高度智慧——屬於文學的高度智慧。如：

棕櫚橫過咱們的眼睫（一個單元）
咱們的眼睫橫過水鳥的翅膀（一個單元）
水鳥的翅膀橫過
一頁正在發獃的大地（一個單元）

將上述單元組合起來，變成視覺上有立體感，有節奏的意境了。試看：

露水橫過天空
天空橫過棕櫚
棕櫚橫過咱們的眼睫
咱們的眼睫橫過水鳥的翅膀
水鳥的翅膀橫過
一頁正在發獃的大地

這個意境是「詩中有畫」的意境，詩中有畫，古典詩和現代詩都不乏先例，但如何將詩中有畫的意境爲自己的思想服役，這需要表現才能，對張默來說，「一頁發獸的大地」是被他征服了的：

熊熊的焰火究竟能燒掉什麼呢？

這首詩的第一節很平靜，由大自然物的組合象徵著和諧中的寧靜，爲什麼到了第二節突然出現「熊熊的焰火」呢？熊熊的焰火與露水有關係嗎？與棕櫚有關係嗎？與水鳥有關係嗎？在表面上看來，都沒有關係，這一突變，似乎脫離了「有機形式」的環節，其實，當我們仔細一想時，我們會發現，這是從漸變到突變的一種形式，這個突變的根由是「發獸的大地」，在「發獸的大地」上出現熊熊的焰火是很自然的事。

「究竟能燒掉些什麼呢？」這個問題詩人沒有回答，在實質上，他留下一個問題來考我們，我們對這個問題是可以憑個人的認知來回答的，但我們不能像大專聯考那樣來回答問題，在心理上，我們能感受到第一節所表現的寧靜氣氛被「焰火」燒掉就足夠了。

燒掉之後又回到本來的形象，於是張默寫：

露水還是橫過

棕櫚也是
天空也是
水鳥與眼睫也是
直到歷史一疋一疋地列隊長嘯而去

整首詩的形式是辯證的，如果我們用黑格爾的辯證邏輯來活套這首詩的有機形式，我們會驚奇張默是有意的替黑格爾的辯證邏輯用詩來做實驗。但當我們瞭解張默對黑格爾的辯證邏輯相當陌生時，我非常替張默的創造才具感到振奮。像一般人所謂的存在主義作品或超現實主義作品，是用文學形式來替哲學思想做闡釋與宣揚。如果張默是黑格爾的門徒，或許他會朝著這條路不斷地創作，但他不願做黑格爾的門徒，對辯證形式只是靈光一現即消逝。

在有機形式上，與「露水」類似的尙有標題詩「無調之歌」，這首詩一共九行，其中八行寫景，一行抒情，是一首觸景生情的詩：

月在樹梢漏下點點煙火
點點煙火漏下細草的兩岸
細草的兩岸漏下浮雕的雲層
浮雕的雲層漏下未被甦醒的大地

未被甦醒的大地漏下一幅未完成的潑墨
一幅未完成的潑墨漏下
　　　　　　急速地漏下
空虛而沒有腳的地平線
我是千萬遍千萬遍唱不盡的陽關

這兩首詩的主題都落在最後一行，前者是「直到歷史一疋一疋地列隊長嘯而去」，後者是「我是千萬遍千萬遍唱不盡的陽關」。我們細讀「露水」及「無歌」之後，我們很自然的發現，兩首詩的構思均起於夜而終於大地，現在將兩首詩的層次排比一下：

「露水以及」

露水——天空
天空——棕櫚
棕櫚——眼睫
眼睫——水鳥
水鳥——大地

「無調之歌」

月——煙火
煙火——細草
細草——雲層
雲層——大地
大地——潑墨

在排比之下，我們清楚地看出，同樣的形式，同樣的層次，同樣的表現手法，因詩人心境不同表現的結果卻大異其趣。

二、內容

在現代文學的討論中，有人說過「內容決定形式」的話，事實上，文學形式有廣義的和狹義的兩種，廣義的形式是分類形式，如小說、詩歌、散文、戲劇。狹義的形式是，在每一類型中的獨立形式，如古典詩的五言七言之類。前面我們所討論的是狹義的內在形式，在狹義的形式下，我們抽樣了張默的兩首詩作爲範例說明形式的地位，在「無調之歌」詩集中，幾乎每一首都有它獨立的形式，像「樹」，「與夫曠野」，在形式上都是創新之作，由於本文的目的不僅僅是討論形式問題，因此我們留給讀者去體會。

下面我們繼續討論內容問題，「無調之歌」一共收集三十九首詩，如果將每一首詩的內容都加以討論，那是不可能的，因此，我們只有綜合或抽樣論述。

在文學論著中，對內容的說法各家不一，以我個人的看法：詩的內容，是以詩的語言表現詩人所欲表現的東西。在這個範疇內，我們可以看到宇宙萬物，可以看到社會百態，可以看到喜怒哀樂，詩人之所以成爲詩人，就是他的觀察與我們一般的人有些特異，這種特異，文學上有句術語曰意象，詩人是意象專家，如李白送友人寫出「浮雲遊子意，落日故人情」，事實上，李白那位朋友是吃飽了喝足了，向李白揮手，騎著馬兒走了。所謂「浮雲遊子意，落日故人情」，是李白創造出來的意象語，有了李白的創造，使我們深深體會到李白那位朋友不是什麼達官貴人，很可能是窮秀才，否則，李白筆下不會出現「浮雲遊子意」。這就是創造的可貴。

在「無調之歌」詩集中，創造性的意象語很多，但我們的目的不解釋意象語，我們可以從意象語中看出內容，但意象語並不是內容的全部，爲使讀者對本詩集有全盤性的概念，我們用歸納法來闡述，歸納的結果，分抑情類、豪情類、親情類和友情類。我曾經說過：「有情始有感，有感始有發」的話，說明「情」字在文學上的重要，我敢說所有的文學作品都起源於情，沒有情便沒有文學作品。

A、抑情：抑情是被壓縮，在我們這一代的中年人，除了少數的幸運者之外，大部份都在抑情下過日子，不論知識分子或非知識分子，有許多偉大的感情想抒發而無法抒發，如果是詩人或藝術家，他可以將抑壓的情感藉作品宣洩，非藝術家和詩人，不是街頭巷議便是胎死腹中，情感被抑壓是一種痛苦，但世事如此，無可奈何。在這本詩集中，屬於抑情的詩有「露水以及」、「長頸鹿」、「祈禱」、「靈掌」等，詩人在這些詩中所表現的情感是普遍性的，它可以喚起同等命運的人底共鳴，如在「祈禱」中，詩人寫出：

把東方淹沒，把中國灌溉
讓奔騰的淚水湧進千千萬萬的心襟
　何其憔悴的海棠葉啊

　在我們的眼裏，清風兩袖般的歷史是搖籃
　一陣緊似一陣的鼓蕩
　殘酷的憂鬱遂盈盈地開裂了

那「海棠葉」雖然很憔悴，但我們仍然很嚮往我們生長的地方，我們兩鬢雖然斑白，但仍有一種回故鄉放歌起舞的期許；因爲，我們在小學就讀過「中國的地形像一片秋海棠葉」。我們如何抒展我們的抑情呢？寫詩或用拳鎚擊壁上的太陽，都能使心靈獲得片刻的寧靜。至於「歷史是搖籃」那種神聖的節拍，我們恨自己不是推動搖籃的手。

B、豪情：詩人有時候雖然生活在抑情裏，但不會將自己囚禁起來而在創作上走進死巷，像張默，在創作的表現上是有多方面性格的，他能表現悲劇，也能表現喜劇，當他從悲劇中舒展出來時，他會表現一種大丈夫的豪情，一種粗壯的獅吼，那些獅吼，就像赤子裸裎他的拳腳，對於一個詩人來說，那種裸程不是幼稚，而是悲劇的極致帶來的豪情，在這本詩集中，屬於豪情的作品有「擊鼓咚咚」、「我活著」、「我是硬漢」、「失題」、「辭海」、「連續的方程式」，如：

我是硬漢　他奶奶的
一掌劈碎億萬億萬年輪
我的重重的
　拳頭

這不是獅吼嗎？這種獅吼不是詩人想表現什麼意識，而是想解脫一些什麼，積壓在詩人心中的沉鬱或許可以藉這種吼聲吐出來一部分。如：

俺要使眼無遮攔腳無阻擋手無界限
愛怎麼著就怎麼著
俺要不費力的
一口氣（僅只小小的一口氣）
吹熄天邊所有的野火
然後　蕩蕩坦坦無牽無掛
大搖大擺地走進

一片自由自在，熊熊燃燒的
歷史

顯然，這是受了抑制後的抗吼，在抗吼的背後藏著辛酸的淚珠。

吹熄天邊所有的野火

我們能吹熄嗎？當我們在實質上不能吹熄時，我們擁有高呼「吹熄」的自由，就像平劇中的張飛：「當陽橋前一聲吼，喝斷了橋樑水倒流」，縱然橋不斷，水不倒流，觀衆看起來也覺得很過癮，所以張默的豪情也很過癮。

C、親情：俗語說：「少小離家老大回」，張默是少小離家老大不能回，在不能回的情形下結婚很晚，因此，他對親情特別重視，在臺灣，張默沒有父母，沒有至親，他的親情完全寄托在妻子和女兒身上，張默對他的女兒有一種特別濃厚的感情，他把這些感情寫成了詩，如「變奏曲」、「嬰兒車」、「腳步」、「飛躍之歌」、「雪之謎」等，從這些詩篇裏，我們可以看到張默長期流浪後的寧靜，作爲父親時的張默，他的情懷是何等的不同啊！如：

一小潭，一小潭

不知不覺地
俺的陋室被小女撒的尿忽然變成另一種氣候
如：
總喜歡用小手撫著媽咪溫熱的肌膚
總喜歡無緣由的啼哭以及傻笑
總喜歡定定地望著媽咪的臉出神
總喜歡探聽
　來自任何方向的聲息
如：
我的足下，四處盡是您的鞋印您的琴聲
我怎能抓住您的輝芒呢
您、您
您是一朵永不飄逝的

雪之謎

當小家庭的溫暖籠罩著張默時，張默的詩顯得特別祥和，我常想，如果不是時代給張默磨練，張默很可能是一位夫子式的詩人。

D、友情：詩壇上，張默很重視友情，在現代詩人中，張默寫贈詩寫得最多，張默寫贈詩有個特色，除了懷感之外，並浮雕詩人的性格。從張默的贈詩中，很可以對被贈詩人獲得適當的認識。在這本詩集中，贈詩有「中國的繆斯」（贈紀弦），「被漂白的憂愁」（贈蘇淩），「橫過夜」（贈周夢蝶），「樹啊，請靜靜地攀升」（贈林亨泰、葉泥）「無題之秋」（贈羅門、蓉子），「穿雲而去的圖騰」（贈葉珊），「新蓮花落」（贈沙牧）、「誰說妳不是你的」（贈沉冬、錦淑），「對決」（贈蕭蕭）。

現在讓我們看看張默如何浮雕紀弦：

想不到最絕最混帳的
是你
最帥最過癮最暴露的
是你
高聲吶喊的是你

輕言細語的是你
是你
是你

突破時間重重的封鎖
你站在龐大無匹的暗處
作金屬之絕響
跳妖艷之舞蹈
喝大碗大碗的威士忌
是你
是你

而後，放一把通天的野火
把這座花花世界燒得屌蛋精光
嘿，好一個鴉雀無聲的
是你
是你

我所以把這首詩全部錄下來，旨在說明張默寫贈詩並非應酬，並非藉他人之名高抬自己，顯然的，張默是用贈詩來浮雕詩人，像贈紀弦這一首，在張默的筆下，我們可以清楚地看到詩人的臉。在若干年之後，張默的贈詩可以補足詩人傳記之外的臉譜。

三、聲韻

聲韻是構成詩的要素之一，沒有聲韻便不能稱爲詩，對聲韻的重視，古今中外的詩人都一樣。自從現代文學興起之後，有人認爲現代詩不需要講求聲韻，有些人甚至反對聲韻。事實上，聲韻就是現代所謂的節奏和音樂性；你說聲韻他們反對，你說節奏和音樂性他們同意了，這是什麼道理呢？是他們把聲韻看成格律了，按辭海的解釋，格就是體制，律是法度。對中國古典詩來說，格是指五言七言的體制，律是指聲律，包括韻對及平、上、去、入四聲的運用，拿現在的音樂術語來比喻，就是在語辭上中音、高音、低音、降半音的運用。比如說一首詩四行，你不能把每一行落韻都寫成平聲或上聲，如果每一行都寫成一樣的聲韻，讀起來便沒有抑揚的韻味了。

爲了便於認知，我舉李白的「靜夜思」：

床前明月光　疑是地上霜

舉頭望明月　低頭思故鄉

這首詩的落韻是「光」「霜」「月」「鄉」，文心雕龍聲律篇云：「異音相從謂之和，同聲相應謂之韻」。如果我們把光、霜、月、鄉唸出來，我們會覺得這四個字是四種不同的「音」，但在「聲」上，霜和鄉有些相似，所以把異音同聲組合在一起，便成了節奏。我舉李白的詩作例子說明聲韻，並非要現代詩人向李白學習，或者向格律詩學習用韻，而是說明聲韻就是我們現代所稱的音樂性。

在現代詩人中，特別長於聲韻的有瘂弦、鄭愁予、敻虹數位，讀他們的詩，你會感到有一種很上口的吟詠性，吟詠性的詩，唸起來很順口，聽起來很悅耳，我們在感受上很舒服。而張默作詩，對於聲韻並不過分重視，但有時候他會寫出幾首很富音樂性的詩，如本詩集的「與夫曠野」、「河騰」、「橫過夜」、「被漂白的憂愁」等，不管怎麼說，有音樂性的詩讀起來就是不一樣，如：

寒冬臘月，朔風肅殺地從我富庶而又
乾枯的肢體邊緣流過
我把飄忽的迷瞳扔向遠方
測視夜晚看不見的雲層

雲層下黑越越的海
海以下茫茫的玄穆，與夫
輕展雙翼，昂然走向我的
一大片一大片沒有根的原野

——摘自「與夫曠野」

這節詩的落韻是：月 又 過 方 層 海 穆 翼 的 野。

這十個字的落韻都是異音，其中有三個字同聲——月——翼——野，根據文心雕龍劉勰對聲律的解釋，張默這節詩在聲韻上很合乎要求，所以這節詩的音樂性很強。

下面再舉「河騰」一節：

傳說河是無涯的
傳說遠古某一乾旱的季節
河舉起兩袖蕭蕭的清風
舉起無邊際的洞穴
舉起張不開的翅膀
向茫茫大地宣稱

俺是天空的孩子

我們把這節詩讀三遍或五遍，不論你快讀或慢談，都是有節奏的，如果我們將這節詩與剛才所舉的那節相比，我們很快地會感覺出來「河騰」的聲韻沒有「與夫曠野」好，爲什麼？因爲這節詩的落韻沒有同聲字，這節詩的落韻是：的 節 風 穴 膀 稱 子。

在沒有同聲字的情形下，我們總覺得在聲韻上好像缺少一點什麼，到底缺少一點什麼呢？我們仔細推敲的結果，就是這節詩的音樂成份太低。（太低並非沒有，而是程度上的差別。）

近年來，我研究張默的詩發現一個堂奧，即來自內心眞摯情感所寫出的作品，其音樂性高；出於被動的情緒或靈思所產生的作品其音樂性低。爲什麼會有這種現象呢？文心雕龍情采篇老早就答覆了這個問題：「夫鉛黛所以飾容，而盼倩生於淑姿，文采所以飾言，而辯麗本於性情，故情者文之經，辭者理之緯，經正而後緯成，理定而後辭暢，此立文本源也」。

我們特別要記起的是「情者文之經」，什麼樣的情產生什麼樣的結果，這是一定的。如張默在「靈掌」中寫出：

我曾經以臍帶
　　猛啃著母親的心的
我曾經以懵懂

我曾經以摯意　淹沒著師長的教誨的
圖騰著姍姍而來的女子
我曾經
我曾經
我曾經
然而這些，都遠遠地走了
唯一永不停息的是我的詩

像這樣的眞情，我們看了之後縱然不感動也沒有什麼話好說了，這種眞情的流露，我們是找不出瑕疵的。因爲這首詩完完全全合乎劉勰所謂的「立文之本源」。

四、結論

對「無調之歌」我們作了形式，內容，聲韻的抽樣探討，從上述論述中，我們對這本詩集獲得了一個基本的認識；在實質上這本詩集記錄了張默人生歷程的一部份，有些題材不僅是張默個人的心聲，也是我們這個時代大多數人的心聲，他的腳印印在歷史的跳板上。

在美學上，這本詩集的一些作品啓示了我們對現代詩形式和聲韻的重估，現代詩的音樂性不是掛在嘴上，而是要詩人去實踐。至於以發揚西方的搖滾樂爲職志的詩人，那是沒落的西化派，在文學藝術上抄襲別人的東西是最失格的。

——初刊「創世紀」第四十四期，一九七六年九月

——再刊「詩心詩鏡」，傳燈出版社，一九八七年六月

深情不掩，陋室可賦

蕭　蕭

張默是一位深情的詩人，特別是他的第五本詩集《陋室賦》裡，赤裸而毫無顧忌地呈現著詩人的深情。

《陋室賦》出版於六十九年三月間，長久以來前行代詩人已少有詩集出版，詩運消沉之際，張默的《陋室賦》確係難得的一記高亢的鑼聲。張默曾出版過五本詩集，依次是：

《紫的邊陲》——民國五十三年

《上升的風景》——民國五十九年

《無調之歌》——民國六十四年

《張默自選集》——民國六十七年

《陋室賦》——民國六十九年

其中《張默自選集》是前三冊詩集的選本，新作不多，所以，很明顯地可以看出，寫詩二十五年，張默在近十五年裡，大約每隔五年出版一冊詩集，雖說各集有各集不同的抒發對象，但在《陋室賦》之前的作品，顯然都有著故意壓抑的抒情傾向，特別是《紫的邊陲》與

《上昇的風景》二集，主知的謠言使張默不敢放膽直抒胸臆，張默是一個性情中人，也要試著探討詩人類內在各種不同的精神層面，這是令人難以蹩住的事，所以在這兩冊詩集中，隨處可以見到張默的嘶喊，「關於海喲」！「管他什麼遠古的西施，嗳嗳」！「乖乖，我的優力息斯」這是壓抑下的嘶喊，不敢直抒其情而又情不自禁地呼喚著。這兩本詩集都出版於民國五十九年以前，那時，所有的謠言都說：詩人要放逐情緒，要寫出主知的詩，詩人一下子都絕了情，都以有情爲羞恥。在這種風尚下，張默必須壓抑自己的情緒，就像一隻飽漲的氣球，硬要把它收藏在方形盒子裡，因此，有時不免「噗」的一聲從隙縫中鼓出一角氣球，詩人又急將它壓抑回去。

但是，情如果像水一樣，阻擋得了嗎？

民國五十九年以後的作品，張默把它收集在《無調之歌》裡，注意，這是「歌」，是聲，不再是《紫的邊陲》與《上昇的風景》中的「色」，詩人已敢於低吟自己的心聲，雖然不一定找到和諧的調子，但是信口而吹，無調之歌自有另一種野趣！

《無調之歌》在現代詩史上最大的特點之一，是詩集中收入了八首給女兒（或自己）的詩，九首給詩人朋友的詩（《上昇的風景》中有十三首），這正是有情的表徵。酬贈之作是中國詩人的傳統習慣，基本上爲了情誼的溝通，實質上是感時抒懷之作，遠非歌功頌德之流所可比擬，當大家迷信主知，崇尙心靈的探索，張默卻不避猜嫌，勇於割腹來相見，這是一個歌者的膽識。《無調之歌》在張默詩的成長過程中，據有著關鍵的地位，可以說是他依循自己的情性，找回自己聲音的開始，換句話說，《無調之歌》是張默「知情合一」的作品。這一時期的作品才眞是「詩如其人」，具有充沛的生命力與衍展性，從一個意象推演到另一個意象，迅急而有力，好像一個呼吸迫促的跑者，當讀者目不暇接之時，他又跑過了一站。更像是水，遇坎而盈，遇懸崖而成瀑布，遇谷而成溪，也有可能自天揮灑而爲雨，更有可能擇地激噴而爲泉。當讀者讀到這些詩，因爲他詩中的意象具有強大的繁殖作用，因爲他的節奏激昂而持續，因爲他的情感熱烈而澎湃，總會感覺那種蔓生類的葛藤似的生長力，彷彿延伸到你身上，繼續蔓延著。

無調而歌，歌的對象極廣，陋室有賦，賦的對象則趨匯集。如果沒有無調之歌的情的突破，也許不會有《陋室賦》的眞摯與深情。我曾仔細讀過《無調之歌》這本詩集，也曾仔細思考過：張默該走什麼樣的路？已經步入中年的張默是不是向理性、向知性沈潛好些呢？還是仍舊率性而吟好些？結果我發現，還是張默自己走的這條路順當，那就是爲陋室而吟而賦，親親，愛物，使詩人的感情更深沈、更凝鍊，既非無調的哼唱，也非邊陲的偏航，而是更深更眞的情的把握與闡揚。

《陋室賦》收詩三十五首，我們特別選出其中最好的三首小詩，以其晶瑩涵容張默深情的三種不同風貌：

首先是敘事性的，對於生存環境毫無怨尤的喜悅之情：

內湖之晨

一片青翠蜿蜒在我的呼吸裡
今早的山路顯得特別短
伴著拾來的松枝
指點著眷舍盡處偶爾傳來的
幾聲雞啼
噢！天是眞正的亮了

在這首小詩裡，自然含有敘事詩依事抒情的味道，是一首盈滿生活情趣的小品之作，早起，迎著清新的山嵐，滿目的青翠，整個心情因此舒暢無比，彷彿「一片青翠蜿蜒在我的呼吸裡」，寫出吐盡昏濁夜氣的那種清爽，令人耳目爲之一新。

生活際遇必定有他的不快，但張默卻願意捕捉一點小小的喜悅，小小的滿足，這就是他對生活的深情關注。

夜與眉睫

夜，跌落在兩道小小的眉睫

裏，眉睫在均勻的呼吸，我
以習慣的手勢挑撥著橫臥在
我左右兩側酣睡著的甜甜的
小女，輕輕地把拂在她的額
上的散髮緩緩地移開，啊！
那移開的豈僅是一撮黑髮，
而是一縷縷
剪不斷理還亂的鄉愁

這是生活中的另一面，顯現了詩人對於兒女與故鄉的深情覆育與永恆懷思，特別是在夜深人靜時，特別是面對睡得香甜的小女，不自覺流露出來的親情，也深深繫住另一份思母懷鄉的親情。這眞是一首好詩，將親情與鄉愁那樣自然地系聯在一起，這樣的感動是綿遠的，恆久的，好像鐘聲一樣，雖然細微，卻是不停地迴蕩著。

不必諱言，人間有至情，就在夜與眉睫間，在均勻的呼吸裡，在輕輕緩緩移開女兒散髮的手勢上。我們相信：張默曾經激動，曾經在風雲中叱吒，曾經面紅耳赤，但是，當至情轉深，這一切都不需要了，情到深處無怨尤，更有一分心與心相繫的默契。

觀碧果的某幅畫

一隻小小的青蛙，匍伏在一棵巨松的腳下
何時才能抵達頂點呢
牠皇皇然地探詢著
那些奔走相告的水草
　　無言。

這首詩也算得上富於禪趣，以對比的方式寫成，小小的青蛙匍伏在巨松下，什麼時候才能到達頂點呢？巨松往往是高度精神修煉的象徵，小小的青蛙如何企及呢？牠的皇皇然探詢是一定的，青蛙的皇皇然與巨松的篤定冷靜，是另一層對比，懸殊的精神層面的不同修養，更顯示其中禪味十足。最後，原來奔走相告的水草，在青蛙皇皇然的探詢下，「無言」。「無言」二字特殊安置，達到極大的效果，尤其是在皇皇然與奔走相告的襯映下，「無言」的這幅畫，彷彿要告訴你什麼禪理，仔細思索，恍然之間若有所得。

但是，如果將這首小詩視爲張默面對微小生命時，不自覺興起的深情關懷，更適合張默這個人的情性。這不是一首童話詩，更不是寓言詩，他並不想告訴你青蛙會不會抵達頂點，青蛙也不象徵什麼，牠眞是鮮活生跳的青蛙，一個小小的生命，牠也有攀爬登高的欲望，詩人關懷這樣的生命就像關懷人的生命一樣，這是一種對物的深情。

詩人必須依循自己的情性與才具寫詩，必須發揮自己的特長，張默深情不掩，陋室之中必定還有更多可賦的事，可賦的物，必定有更深沈、凝鍊的至情世界等待我們！

——初刊「愛書人」半月刊，一九八〇年四月二十一日

——再刊「現代詩縱橫觀」，文史哲出版社，一九九一年六月

讀「張默自選集」

辛鬱

在中年一代詩人中，張默兄一直是我欽佩與羨慕的對象；欽佩的，是他爲詩友熱忱服務的精神，與他細心週到的辦事能力；羨慕的，是他旺盛的創作力，與他生命力的強悍。

張默的生命力強悍，因此，他的作品不僅量多，在質上也更見煉實。最近蒙張默賜贈黎明文化事業公司出版的「張默自選集」，在品味集中作品後，更有這種感覺。

該書選刊張默二十多年創作生涯中的精品六十七篇，包括了他的幾個創作時期。張默在我國詩壇，有他獨特的風貌，而且，也已經建立他的地位。二十多年來，張默的作品，當然不止自選集中的六十七篇，然而，這六十七篇作品，卻足以顯示他的獨特風貌，確證他已建立的地位。

就張默的幾個創作時期來說，「自選集」中對第一個時期的作品，只選了「陽光頌」一首，這在張默來說，也許認爲從四十年到四十五年的第一時期，作品多屬習作，距離成熟尚遠，而予以割棄。對此，我有一個不同意見，認爲「自選集」應該儘量保持一個作家創作過程的全貌，這一方面可以使讀者對作家有一個完整的認識，一方面也便於對作家創作過程作整體性的研究與探討。

從四十六年到五十二年，是張默第二個創作時期，作品傾向於個人內心感受的反映與刻畫，技巧上已趨於成熟，語言上也顯示了個人風貌。這時期作品中的一個特色，是以語言的冷冽，來表現內心的熾熱，作品中的悲劇感特別強烈，顯然，張默在那時期，生活上曾感到被壓抑的苦悶。五十三年開始，進入第三個時期，這時的張默心志已趨堅定，生命中的抗力，已將生活的壓縮感予以化解，所以，表現於作品中的，是一個開放性的世界；張默在這世界中肯定了自我，也肯定了他所見的事象物界的眞實意義。而且，在語言的探測能力上，已不再是技巧化的把玩文字，而是使之自然的流露；這方面的成就，可以從「鴕鳥」這首詩中獲得證明：

遠遠的
靜悄悄的
閑置在地平線最陰暗的一角
一把張開的黑雨傘

——初刊民族晚報副刊「三人行」專欄，一九七九年四月八日

詩是呼之欲出的眞摯

——兼介張默及其自選集

碧 果

在中國現代詩壇上有人說張默是近三十年來最最熱情、忘我的一位詩的播種者。他創辦詩刊，他編輯詩選，在在都可證明他把自己全部奉獻給詩，奉獻給繆斯。「六十年代詩選」集中對張默的介紹，說他是「一位熱情逼人的新詩殉道者」，「一種飄著清脆而又悠遠的鳴聲，在詩之寫作歷程上，從來不喜得到過多的讚譽」，這就是詩人張默的速寫像。

詩人張默認為詩人眞正的生活是「參與」。所以，詩人是愈來愈走進生活，沒有一個詩人可以離群而獨居，「雞犬相聞，老死不相往來」的時代早已成為歷史的陳跡。而且是詩人的生活面有多廣闊，他所創作的作品也將為那個「廣闊」作證。

在詩創作方面，他有他的詩觀，他的秩序，他說詩人必須先要苦心經營，精心鑄鍊自己的作品，使它永存不滅，然後你才能站起來，否則貪圖虛名，不事長進，即使是偶或站立一時，一陣狂風過後，他也會被吹得無影無蹤，不知去向。由此我們不難認識詩人張默對詩，以及對詩以外的一切事物的態度，是多麼的平實與誠懇。然而，在他的作品中，一般說來乃表現於知性與感性之間，臨空俯視我們，比較起來是使我們容易進出的。因為，他不太喜歡在詩中選用怪誕的字眼，其意象也不做叢生的呈現，在一首詩中他力求意象單一。例如：「蘆葦花」一詩，全詩僅僅三行，共三十個字。將一個意象表現得是形神一致，單一中有其豐繁的呈現出它的內外合一的全貌。現在讓我看視全詩的模樣：

禁不住一點點的微風
也毋需蜂群的播送
鏗然，把十一月的黃昏愈漂愈白

全詩整個的意象乃在隱喻秋後的一幅向晚的景色。如果，我們以「蘆葦花」喻「人」，我想這個角色該是悲喜之間的角色，因為，我們很自然會聯想到生命進程中的各個層面裡去體驗，去觸撫，而後我們可窺見他「毋需蜂群的播送」的一個豐美的自我。詩人的自我。

現在我們看詩人張默在創作中以其超現實的姿式所演出的一齣實驗詩劇：「五官體操」（收在自選集第二二五頁．──「中國新文學叢刊」．黎明文化事業股份有限公司出版）在劇中他的開場白也就是他的自剖：（無所謂時間，地點，祇要「他」一出現，五官的衆兄弟們，都緊緊地擁抱著他，與大地同在。）出場的角色「首先是一具紅通通的鼻子」「而後，一對烏溜溜的眼睛」，「接著，一張嘰哩咕嚕的嘴」，「再接著，兩道細細的眉毛也躡手躡腳地步出」，「最後出場的是一對碩大無比的耳朵」，全劇到耳朵下了一道斬鐵截釘的命令：「今天的體操到此爲止，請諸位迅速回到原來的崗位。於是，大家又忙成一團，霎時，那人的面龐又鼻是鼻，眼是眼，嘴是嘴，眉是眉，耳是耳」了。各司其職起來。由以上出場的角色看來，我們已察知「臉即舞臺」與「舞臺即臉」的感受。最後，那人

他靜靜地站在那裏
依然，沒有任何事件
甚至微風

詩人張默在其「五官體操」的結尾，又深沈的做了一次對生命的宣示，好像是有個聲音自他生命內層如狂濤排浪般的向我們呼嘯著衝刺而來，使我們在此驚醒之餘得以面對現實，得以觀照現實。他靜靜地站在那裏，依然，沒有任何事件，甚至微風，這情景是多麼安適的情景。而這又是人生旅途中多麼的一種孤困與無奈，無奈中又透著多少對自我的自嘲。另一種說法，這情景是否就是詩人自我的結論。如果是後者，我認爲那該是詩人內裏對人生觀照下所展現的美感意識的結論。總之他已使我們察知詩人生命寬廣的全貌，以及，智境（詩心）

的豐盈。以及，詩人所論「詩是悲劇」，「詩是秩序」，「詩是呼之欲出的眞摯」，「詩是一個世界眞正的完成與終結」的詮釋。

詩人張默始終主張做爲一個現代詩人，他的生活必須是眞摯的，氣度是恢宏的，觀察是犀利的，見識是獨特的，而更重要的是詩人應賦予自己一種龐大的使命感，也必須是一位愛國主義者。至此我們如要得窺詩人張默詩作之全貌，他的自選集以爲我們提供了一所最佳的境地。

最後，我仍要以詩人張默的詩的隨想中的金句做爲結束：一個詩人「在時間的路上，詩是永恆的伙伴。」

——初刊臺灣新聞報「西子灣」副刊，一九七八年九月十日

銅琶鐵板

——評張默詩集《愛詩》

陳義芝

近兩三年，詩壇似有飆奇之風，有人拿時髦的「主義」作實驗，有人拿新興的詞語、印刷字體變戲法。

新的可能確在孕生中！可是，理論引導著創作，孕生的不是詩的氣象，只是多了一種寫的技巧。很多作品少了人的血肉感，代之以機件的屬性，像是寫給外星球人看的；有的則過度雕鑿，失之於「鑽營」。技巧上的刻意突出，若無文化精神襯底，豈不適以表露原創動力委弱之危機？

我在這樣的疑慮中，讀張默的《愛詩》，就其不事取巧一點，特有會心。他的詩，自然而無遮飾，民間親和性濃——帶點北樂府精神，有銅琶鐵板的力道；在語法構造上隨機、感性，文言、白話、今聲古調，不管音階高低如何，都能揉捏在一起，創造和諧之境。其詩作之風格在此、趣味在此，部分詩句不合文法分析肇因於此。換言之，張默是一位民間詩人，不是詩體家，如果拿中國詩中的古體或律絕來比擬，他絕對是傾向於前者的——不避虛詞，有意以疊字加強聲情傳達，並以重複的節奏抒吐深沈的詠嘆。

在疊字方面，他常用的有閃閃、深深、狠狠、萋萋、靜靜，又如青青翠翠、光光潔潔、沸沸烈烈、蜿蜿蜒蜒、芬芬芳芳、瀟瀟灑灑……等，聲音觸動心弦，聲音直接宣示了意義。認識張默的人稱道他是一個眞誠質樸的人，作品有生命活力；而在不識者眼中，則覺得他的表現方式過分「理直氣壯」。

在複調詠嘆方面，《愛詩》有不勝枚舉之例，作用在綰合不同時空、獵取不同鏡頭，造成意涵的豐富及動勢。如〈死亡，再會〉一詩的：「我們赤裸裸地／坐在……」，〈失題〉一詩的：「一排排的……咬著一排排的……」，〈無調之歌〉中的：「……漏下……」，〈變奏曲〉裡的：「……輕輕飛上吾女的……」，各在同一首詩裡出現四到十二次；以這種方法「推波助瀾」，也是中國古詩的特色之一，張默師法妙造，乃成爲他的特點。

《愛詩》共分五輯，是張默寫詩近四十年印行得最完美的一集，〈蜂〉以出神的聯想法表現對創作神思的渴望，〈我站立在大風裡〉是一首氣象豪邁的歌，〈鴕鳥〉將「睡中有夢」具象化，有引人思省的人文精神，〈豹〉歌詠一無憑依、從空無出發的創造者；此外〈家信〉、〈哭泣吧！肖像〉、〈花與講古〉、〈驚晤〉等作亦值得再三品味。編排上唯一可議之處是：各輯前由一位作家所寫的「張默小評」，既綴於輯前，卻未好好設計針對當輯詩篇加以評介，失去導讀作用，不免可惜。

——初刊「聯合文學」月刊第五十二期，一九八九年二月

赤子之心

——評張默的母愛詩

熊國華

一九八八年爾雅出版社出的張默詩選結集爲「愛詩」。愛詩愛詩，將一顆愛心凝結爲詩。確實，作爲一個詩人，張默對人生，對事業、對親朋、對友誼、對自然、對社會、對祖國、對人類都充滿了一顆至愛之心。他的詩，是愛心的自然流露，是生命輻射的光和熱，是宇宙的律動和韻律。然而，在張默的「愛詩」中，最令人感動的還是那些歌頌母愛的詩。

母愛是人類最純潔、最無私、最普遍也是最偉大的愛，以母愛爲題材的詩，在中國文學史上屢見不鮮，在古代，最爲傳頌的有唐人孟郊的「遊子吟」，現代有佳作傳世的也不乏其人，但像張默這樣寫下大量母愛詩的人可能還不多見。從詩的寫作背景來看，天天和母親在一起或者生活比較順利的人，可能很難寫出好的母愛詩；而在異國他鄉的遊子，或者身處逆境和困境中的人，反倒可能寫出感人肺腑的母愛詩來。孟郊一生窮愁潦倒、仕途坎坷，五十歲才得到一個溧陽縣尉的小官，對於常年顛沛流離、飽嘗艱辛的遊子來說，還有什麼比母親深摯的愛更能溫暖他的心。還有什麼比母子分離時「臨行密密縫，意恐遲遲歸」的情景更能喚起他的美好記憶呢？由於歷史的原因，張默一九四九年三月從上海乘中興輪去臺投奔自己的大哥，從此便成了飄泊異鄉的遊子。整個五十年代、六十年代直至七十年代，海峽兩岸嚴峻對峙的緊張局勢，造成了他們母子的長期分離，甚至連通信也是不可能的事情。幾十年的痛苦思念，幾十年的鄉愁煎熬，幾十年的夢縈魂繞，這可能是促使張默寫出大量母愛詩的特殊背景和原因吧。

隨著兩岸關係的緩和，一九七八年張默終於得到大陸七十六歲老母依然健在的音訊。這消息像霹靂一樣震撼著詩人的心靈，他壓抑了三十多年的鄉愁，像火山一樣爆發了出來，化作一大批具有思想高度和藝術高度的思母懷鄉之作。張默是一個有感情、懂感情、重感情、至性至情的血性男兒，但他在處理這一類最易感情衝動、出現狂暴式吶喊的題材時，卻表現出驚人的理智和高超的詩藝。他將熾烈的感情轉化爲冷凝的悲愴，將對母親刻骨銘心的炙念沉澱爲淨化的詩境，在普遍而平凡的事件中提煉出撼人心靈的詩句。例如「飲那綹蒼髮——遙念母親」：

讀著，讀著，深深地讀著
您的七十六歲的肖像
那眼角兩側長而細的魚尾紋
那滿頭的白雪

流溢著幾多的思念和滄桑
……………
哦！母親
不管歲月如何無情的流逝
不管現在我們怎樣的蒼老
也許我們能活過一百歲
也許五十年後
我們的屍首比嚴冬的霜雪更冷澈
然而，母親。您永遠，永遠是
輕拂我們墳前的蕭蕭的白楊

詩人運用了一系列富於變化、層出不窮的排比和複疊句式，把對母親深長的思念委婉曲折、纏纏綿綿地表現出來，輕快的調子和咏嘆式的節奏，流露出對人生無奈的漠漠哀傷。這種「以樂景寫哀」的手法，確能「一倍增其哀樂」、比傾瀉無奈的悲憤吶喊更具震撼人心的力量，呈現出一種經心靈高度淨化的詩篇。

感情的眞摯強烈和語言的自然樸實，是張默母愛詩，也是其他詩作的一個突出特點。古人說：「烽火連三月，家書抵萬金」；張默在寫母親隔離了整整三十年後，接到家書時又是怎樣的感受和情景呢？他在「家信」中寫道：

讀一句，咳一聲
我已不知咯過多少次血了
那些密密麻麻的字迹
捧在我的手上
站在我的心裏
就像一根根蒼白而又柔軟的亂頭絲
一波一波地
向我的血脈湧入

唉！讀它啃它有什麼用呢
一張縐縐的劣等紙
能讓時光倒退四十年
我年輕的娘啊

一切都是這麼樸實，一切都是這麼自然！沒有一聲頓足捶胸的吶喊，沒有一個矯揉造作的形容詞。感情太眞摯了，又何須語言來修飾？僅從「讀一句、咳一聲」，咳一聲，咯一次血；僅從「密密麻麻」，像亂頭絲一樣向血脈湧入的「字跡」，就已經把強烈的感情抒發得淋漓盡致了，就已經把讀者的心給烙痛了。結尾一句「我年輕的娘啊」，卻有「欲說還休」之勢，極具張力和歧義，矛盾語法運用得恰到好處，且又不露痕跡，顯示出爐火純青的詩藝。

一般來說，詩人長於抒情而短於敘事。但高明的詩人，常常能在抒情中敘事，或借敘事以抒情。張默母愛詩的另一獨特之處，在於善於吸取小說、散文、戲劇等敘事文學的長處，以生活細節入詩，娓娓道來、親切感人，能給讀者留下很深的印象。張默十九歲別母離家，此後一去就是整整四十年。在現實中，他只能像他筆下的「楓葉」那樣，「數理著一條條鮮紅的脈胳／……眸子一直朝向北方／朝向我鄉我家的老屋／烹飪著我的鮮紅的瞭望」。故鄉的山水，只能是「夢中的山水」。而童年時代的生活和母親的形象，在遊子的詩化記憶中就顯得分外美好和珍貴了。請看「風飄飄而吹衣」對母親的描寫：

緊偎著清澄的月色
母親的面頰如一朵淨白的睡蓮
冉冉地自檣桅中升起
從舷邊撈起一瓢水
依稀是一簇簇水銀

就讓它瀉滿一地吧
那像不像她年輕時搗衣時的神采

相信任何一個讀者讀到這裏，就已把「母親」的美好印象浮雕式地印在心裏了。這是爲什麼呢？關鍵在於詩人調動和運用了小說藝術的表現手法，將母親置身於一種詩化的環境氛圍中加以描寫和刻畫。這裏有環境描寫（清澄的月色，江上的檣桅），有肖像描寫（如一朵淨白的睡蓮），還有「撈起一瓢水」，「瀉滿一地」和「搗衣」等動作和細部描寫，但用的又確確實實是詩的語言，詩的情感，詩的想像，詩的意境。只有對母親懷著一顆摯誠愛心的人，才有可能寫出這樣優美動人的詩句！

孩子上學讀書了，地點又遠，還要穿過一大片包穀林，當媽媽的哪有不牽腸掛肚的呢？每到周末的黃昏時刻，媽媽就早早地去莊頭望眼欲穿地等待放學歸來的兒子。（包穀上的眼睛）爲我們描繪了一個戲劇性的場面：

此刻，我們彼此都在心裏盤算著
該如何製造一些驚喜呢
把我的作文簿恭恭敬敬地獻上
那上面有師長批示的昜勉的詞句

哇！好多密密麻麻的紅圈圈囉……
終於，我們的身影是更清晰地
　在逐漸接近了
我突然發現自己的瞳孔張得好大好大
恨不得把所有的包穀都複印進自己的心裏
我有一肚子的話
想要向母親吐露
可是，可是
當她巍巍地近在咫尺
我卻不知所以，一個箭步
竄到她的懷裏
緊緊地一把摟住她的衣襟不放
霎時，那一片包穀林的小徑
都張開了一對對驚奇的水汪汪的眼睛

這首詩頗有獨幕劇的意味，但著重於心理描寫和感情的抒發。詩的開頭部分，以母親的口吻寫焦急盼望孩子歸來時的心境，中間寫母子雙方在心裏盤算著如何在見面時製造一些驚喜，最後，又轉換到寫孩子的內心感受和心理。由於作者在詩中穿插了很多看似普遍而平凡的生活細節，表現了母子之間純眞天然的愛和人類所共有的人性感受，能夠在讀者心中喚起類似的崇高感情和美好記憶，從而產生強烈的「共鳴」。

母愛是很現實的題材，但在張默筆下常常用超現實的手法加以表現。例如，寫於一九八八年五月「母親節」前夕的名作（驚晤）：

從梧桐細雨的深處，她巍顫顫地走著
我以極度且近乎窒息的狂喜
希冀撫觸她每一寸乾澀的肌膚
三十八載未曾落淚的眼睛
一下子匯集成滔滔不絕的洪水
今夜，我習慣飄泊的靈魂已經回家

這首詩寫的是幻覺或者夢境，用中國傳統的詩學理論來說，是「虛」寫，但詩人卻「虛境實寫」，造成了令人驚奇的藝術效果。在現實生活中不能實現的事情，在夢境或幻覺中實現了，詩人的身體不能回家，「飄泊的靈魂」卻已經回家了，這難道不是比拘泥於事實的客觀描寫更具有術藝的表現力麼！「三十八載未曾落淚的眼睛，一下子匯集成滔滔不絕的洪水」，從生活眞實來看是荒誕悖理的，「眼睛」之小，怎麼匯集成滔滔的「洪水」呢？但這一超現實的意象，有著近四十年對慈母刻骨銘心的炙念和深厚的人性感受作基礎，看似無理而實爲奇妙，貌似荒誕而愈見眞實，將詩人的一顆赤子之心，至愛之情和盤托出，達到了更高層次上的藝術眞實和美學邏輯，同洛夫的「我爲你／運來一整條河的水／流自／我積雪初融的眼睛」（河畔墓園——爲亡母上墳小記），有著異曲同工之妙，讀後都令人嘆賞不已！

王國維在「人間詞話」中說：「詞以境界爲上……境非獨謂景物也，喜怒哀樂，亦人心中之境界，故能寫眞景物，眞感情者，謂之有境界」，又說「詞人者，不失其赤子之心者也。」法國作家繆塞也說：「有些不朽的篇章是純粹的眼淚。」（五月之歌）如果用這些話來評價張默的母愛詩，也是非常恰當的，他雖然「從小我出發」，但他個人命運的悲劇同時也是歷史的悲劇，他所吟頌的深摯篤誠的母子之愛，更是人類所共有的感情和人性美。這就使得他的母愛詩超出了「小我」的範圍，具有了普遍的審美價值和恆久的藝術魅力，深深地撥動著海峽兩岸每一個讀者的心弦，成爲人類心靈的美好象徵。

——初刊臺灣新聞報「西子灣」副刊，一九九一年五月十三日

他鄉與家鄉

——讀張默詩集《光陰・梯子》

蕭蕭

詩人的家鄉在哪裡？

詩人以什麼事物做爲他文化的臍帶？

張默最新的詩集，定名爲《光陰・梯子》，光陰像一把梯子，可以爬著過來爬著過去嗎？一九八七年席慕蓉出版的詩集叫《時光九篇》，對於時間，詩人總是敏感的。時間留給寫詩三十多年的詩人的，會是什麼？寫了三十多年詩的張默留給時間的，會是什麼？

無疑的，張默是「創世紀詩社」的重要詩人，多少年來，《創世紀》詩人在詩壇上扮演的是反傳統的激進角色，所謂晦澀，所謂超現實云云，《創世紀》詩人披荊斬棘，大刀闊斧，扛起這樣的纛，身爲類似掌門身分的張默，更是義不容辭，身先士卒，嘗試過多種實驗。然而，從一個比較遠的時間角度來看，當《創世紀》詩人的作品成爲現代詩「傳統」中的那一部分的今天來看，或許更能了解當日他們橫衝直撞的意義何在。

經過時間的沉澱之後，張默會是一個反傳統的詩人嗎？

以《光陰．梯子》集中的第一首詩來看，他形容〈罈子〉說是：「它挺著圓圓的腹／圓圓的頸項／圓圓的腦袋瓜子，以及／圓圓的腳掌」，對舊詩人而言，或許這已算是相當驚世駭俗的寫法，但對寫現代詩的朋友來說，這不過是白描而已，他使用了類疊和排比。繼續發展下去：「煙霧自其腹中嬝嬝升起／光彩自其頸項漣漣散開、清脆自其頭頂粼粼燦動／靜穆緩緩蛇行」，也不過說的是罈子光彩而肅穆的那種感覺而已。要知道寫這首詩的年代是一九七四年，十五年前的張默，在現代文學與鄉土文學的論爭中，他仍是勇猛的實驗者啊！十五年後的今天看來，或許就如同他在〈罈子〉這首詩中所預示的：

它靜靜地矗立著
無視於一切，無懼於一切
在時間輕輕的拍擊下
它是一帖永難丈量的歷史的炊煙

我在想：〈罈子〉的存在哲學或許就是張默自立存在的哲學——不動不搖，無聲無息，神出鬼沒，自由自在。

如果能以這種認識檢視張默，那麼，在時間一格一格的梯級中，我們就看到了眞正的張默，一個自吟自唱，自得其樂的詩人，一個曾經高叫著反傳統卻又不自覺地顯露傳統文人性格的詩人。在張默的詩中，我們看到了鄉愁的顏色，也聽到了吟詠自如的輕快調子，以〈垂楊〉這首詩來見證貫串這本詩集的兩大特色，他說：

就是那一片片的白雪，如棉如絮地
恆灑在我那業已鄉愁了多年的心版上
厚厚的，重重的，一會兒隱，一會兒顯
怎麼驅也驅不散
那一粒粒萌芽在我心裡
　爬滿在我眼裡
　　生長在我四肢裡的
那種無法叫人一把抓個正著的喬木
我渴欲沒有距離的無拘無束的　飛翔

這樣的詩唸起來，音韻效果極佳：一片片、如棉如絮、厚厚、重重、一會兒、一會兒、在我心裡、在我眼裡、在我四肢裡，詠歎的調子滿足了吟誦的快感，這是張默數十年來堅持的風格，任何一冊詩集，任何一首詩作，都有這種「張默風」流竄其中，不可忽略。

一位擁有鄉愁的人，也就是一個極易懷古念舊的人，小小的〈葫蘆瓢〉也能讓張默唏噓良久：

就這樣天天把玩著
就這樣天天狂想著
那個圓不溜丢的傢伙
竟然不聲不響地，無情地
吃掉了
我
斗笠似的
所有的童年

對物尚且如此繫念，對鄉那又如何！對人呢？在《光陰·梯子》集子裡的第三卷是《一行行泥土》，其中有〈神州拾穗〉、〈故居雜抄〉，返鄉探親以後的心情宣洩在此。我們雖然也依舊感受著張默詩中的鼓聲不斷，不過，對於「鄉」的「愁」卻可以感覺舒緩了不少，紓解了不少，引〈網師園四句〉來看他與「神州」之所繫者爲何：

讓散步在萬卷堂上的疑雲，慢慢落　下來

讓微語在一枝軒中的墨趣，輕輕淡　下來
讓纏捲在冷泉亭裡的亂石，緩緩滑　下來
讓參差在殿春簃旁的松風，靜靜躺　下來

這是一九八八年十月的作品，歌詠的趣味瀰漫詩中，少少的四句，有疑雲、墨趣、亂石、松風、輕、緩、靜、慢，不就是中國水墨畫的意境嗎？曾經他「反」過的古典情趣在老中國巧遇，在最新的作品裡呈現，傳統是否在不自覺中又流回他的血脈？叛逆青年早就有了自己的航道，而那航道越來越靠近傳統的大河了！

〈神州拾穗〉、〈故居雜抄〉，不再發出曩昔狂烈激昂的聲音，而是一種遠距離、旁觀者的欣賞或感喟。於文化，那是古中國；於生活，那是老家鄉；在精神上，可以認同；在現實裡，卻不能參與。神州故居，偶而一探，卻不適久住，這樣的認識與王粲的「雖信美而非吾土兮，曾何足以少留？」相比，又該是什麼樣的感情？不足以稍稍逗留的地方，都非吾土吧！因此，昔日的他鄉異縣，必然成爲今天後代的家鄉；曾經揚棄的傳統，有可能是現代詩中的另一種新貴。

《愛詩》（爾雅版）集中，張默有〈戲繪詩友十二則〉；《光陰·梯子》裡有爲朋友的畫作題詩者數首，有仿詩友詩作而成的遊戲筆墨數首。這些都曾是現代詩人所不屑爲之的酬唱作品，張默詩中卻一再出現，一則表現了張默愛屋及烏的可貴友情，二則表現了張默勇於突破禁忌的個性——不妨用力衝，也不妨與傳統握手。

張默編過《小詩選讀》，在自己的詩集中也收入許多小詩，小篇幅的詩其實也是傳統詩的表現特色。

張默的〈燈〉以柔舒的調子譜就，別有一番情趣：

遠遠的天邊有淡淡的晚霞
裊裊的炊煙有幾户清流掩映的人家
一些雛雞還有牛群都在安靜地打盹
日頭輝煌地落下
大地開始囈語
於是毫不害臊的人類，把你
嘩嘩啦啦一疋一疋地
舉起

〈燈〉的前四行是甜美的農村景象，後四句有現代詩的狂舉，疊字的運用使聲韻流暢，此詩既古典又現代，浪漫情懷掩映其中。這樣的小詩俯拾即是，張默終究是一個亦憂亦喜的歌者！

〈誰說我不是內湖派〉一方面應用了他擅長慣用的排比句型，一方面又調侃了故舊好友，還觸及了一些詩壇小掌故，這首詩，或者說整冊詩集，大約可以回答本文一開始所提出來的問題：

詩人的家鄉在那裡？

詩人以什麼事物做爲他文化的臍帶？

在《光陰·梯子》裡，我們看到了詩人與時間相互餽贈的禮物——眞。

——初刊「中央副刊」，一九九〇年二月二十七日

——再刊「光陰·梯子」，尚書出版社，一九九〇年六月

——三刊「現代詩廊廡」，彰化縣立文化中心，一九九三年六月

繁英在樹

——讀張默詩集《落葉滿階》

李元洛

去年地冷天寒的歲末，臺灣名詩人張默近作的結集《落葉滿階》飛過海峽而飄落在我的書桌之上。張默早期有部詩集名爲《上昇的風景》，怎麼尙在生命的深秋，在俄羅斯大詩人普希金一再稱頌過的「黃金的季節」，他就以「落葉滿階」爲自己的書名呢？難道眞是如宋代詩人范成大在《冬日田園雜興》中所說的「霜風搗盡千林葉」嗎？在暮春三月的江南，我細細翻讀張默的《落葉滿階》，卻全然不見想像中的那種蕭颯的氣象，只覺滿眼老幹新枝，繁英在樹，詩人迎來的是他的第二度青春。

在此之前，張默在詩的馬拉松的長途上，已經跑過了四十年的里程，出版過包括「自選集」在內的七本詩集，留下過一些傳唱人口的詩篇。前幾年，我曾以《『爲永恆服役』的選手》爲題賞析過他的作品，文章的結尾說：「他有出色的紀錄，有難忘的回憶，但是，作爲一位『爲永恆服役』的選手，還有漫長的征程和閃光的目標在前面等待著他！」今天，張默的作品正如我過去所祈願的那樣，沒有讓衆多的識與不識的讀者失望。

張默以前的作品，大都爲抒情短詩和中等篇幅的抒情詩，這是他創作的基本格局，前者如名篇《駝鳥》、《驚晤》，後者如力作《夜宴王勃》、《長城、長城、我要用閃閃的金屬敲醒你》。他的近作中，抒情小詩與短詩有了更多的佳篇，給人以庾信文章老更成之感，而在中型抒情詩的基礎上，他又如大匠運斤，推出長達二四〇行的組詩形式的長篇巨製《時間・我繾綣你》，讓人驚嘆於他寧知白首之心的老當益壯。如果說他的近作是繁英在樹，那是大花小花一齊開，如果說他的近作是輕攏慢撚，那則是大珠小珠的二重奏了。

在中國新詩發展的七十餘年歷程中，小詩，是詩的家族中別具姿彩的一支。中國新詩中的小詩，起源於中國的古典詩詞特別是其中的絕句與小令，同時又受到日本俳句和印度詩人泰戈爾的作品的深刻影響。冰心的《繁星》與《春水》是新詩發軔之初的小詩的代表作，稱爲「繁星體」或「春水體」，影響及於宗白華的《流雲》，徐志摩的《沙揚娜拉》和卞之琳的《斷章》等詩人詩作。在中國新詩史上，小詩的創作潮起潮落，但仍可稱代不乏人，不時仍有弄潮見向濤頭立而一試他們的身手。張默對抒情小詩可謂情有獨鍾，近十年前他曾編著一本厚達三百頁的《小詩選讀》一書，選五四以來詩人六十八家，他作《晶瑩剔透話小詩》的兩萬餘言長序於前，並撰「導讀」之文於每一首詩之後。我曾經說過，「張默的小詩，抒寫的是現代人的生活和現代人的審美體驗，藝術上表現的卻是中西交融的特徵：在句式與章法上有西方詩的自由瀟灑，在字句與意境上卻仍是東方的言短意長，含蓄深遠」，我現在要進一步說明的是，張默的小詩創作不是如同某些作者那樣每況愈下，而是不斷精進，後來居上，同時，他的許多小詩之所以能夠做到「言短意長，含蓄深遠」，就是因爲他在獨到的生活體驗和深刻的感情激動的基礎上，熔鑄新鮮獨特而具有高度概括意義的生活片斷和細節，寓豐富於單純，寄深意於一瞬，以個別暗示一般，從片斷表現整體，用局部概括全貌，從而在簡約的意象和意象結構中蘊含深遠的刺激讀者參與創造的藝術天地。

張默的小詩題材廣泛，其優秀之作大都具有如上所述的特色。組詩《長安三帖》寫的是歷史題材，包括《兵馬俑》、《無字碑》、《大雁塔》等三首，每首均爲四行，每行字數相等。例如《兵馬俑》：「從一行行·面貌相若·眼睫近視·的·陶俑中／從一簇簇·神情木然·不由自主·的·群雄中／從一缸缸·披著青山·端著歲月·的·地窖中／從一畦畦·眺望遠天·穿越泥土·的·有無中。」寫兵馬俑的詩多矣，這是別出心裁的一首。詩人集中筆力渲染的是「兵馬俑」的意象，前二句工筆描繪，後二句意筆概括，運用的是「從……中」這種激發讀者審美期待的句式，全詩沒有抽象說明，純爲意象呈現其深層意蘊引人思索。《杜甫銅像偶拾》寫的是歷史人物：「你，閉目養性，站在風風雨雨的茅屋中／無視騷人墨客／無視朝來暮去／儘管裹著一身抖不掉的蕭瑟／而你悵望千秋的詩句／依然熱騰騰地／穿越水檻·穿越寂寂的花徑／好端端地落在·落在／每一位膜拜者／風塵荏苒·不勝唏噓的眼睫裏。」這首詩是雙視角的寫法，一寫銅像的「閉目養性」，一寫膜拜者的「不勝唏噓的眼睫」，詩的意象都集中於雙方的「眼睛」，而全詩的深層結構是半點明半隱藏的，杜甫的兩句名詩：「悵望千秋一灑淚，蕭條異代不同時。」（《詠懷古迹》），詩的意象躍然如見，詩的意蘊則於言外可想。順便一提的是，前幾年大陸一些豪傑之士高唱要徹底反傳統，個別尤其新潮者更倡言要「打倒屈原和杜甫」，而海峽彼岸的老詩人卻對杜甫捧上一瓣心香與詩香，也眞是令人「不勝唏噓」，在張默的作品中，還有許多寫景的小詩，或寫社會現實生活之景，或寫自然界之景。寫自然之景的佳作有《黃山四詠》、《雪意》、《寒枝》等篇，寫社會之景的佳作則有《生日卡》、《城市風情》（組詩）等章。如《黃山四詠》中的《晨遊始信峯》：「恍似跌入曠古無人森然的絕境／巨石如一排排洶湧的波濤／側耳·袒胸·伸腿／舉臂／向我的神經末梢急急地圍攏／驀然一轉身，那顆圓溜溜的旭日／刷地一聲，叫我不得不信／輕輕落在那撇拒絕褪色以及招風的眼睫上。」巨石在地，旭日在天，全詩的架構就是由這兩個意象所構成，它們也分別點醒了題目中的「晨遊」與「始信峯」，全詩具有渾然自如的整體之美。如寥寥五行的《生日卡》：「儘管少則一行，兩行／儘管多則七行、八行、以及十數行／它們傳達的不過是／一項訊息／你又向死神靠近一點點了。」生日對個人本來是喜慶之日，許多寫生日之詩也由此落筆，張默此詩卻以「生日卡」爲中心意象，以「一行」、「一項」、「一點點」等數量詞串連其間，前後反跌頓挫，表現出短促生命在永恆之前的無力與無奈，全詩是對生日的逆反，也是令有志者警醒的反諷。

張默的《落葉滿階》中還有許多俳句，篇目標明《俳句小集·四季》、《俳句小集·五行》、《俳句小集·十二生肖》、《俳句上八目》、《俳句中八目》以及《俳句下八目》，這是一些特殊體式的小詩。俳句最初被稱爲「發句」，是日本韻文學一種至今已有四百餘年歷史的形式、音節、韻律和句式都有一定之規，具有單純而凝煉，明快而和諧的優點，十七世紀的松尾芭蕉由於他創作的成就而被尊爲「俳聖」。這種詩歌體式，對現代西方詩歌和中國的新詩都有相當的影響，而張默所作的俳句，已經揚棄了原來的清規戒律，他將日本俳句和中國絕句的優點結合起來，而創作出具有中國特色和他自己的藝術個性的小詩。「守著，小心翼翼的守著／牠家主人晴時多雲偶爾小雨的眼神」（《狗》），「緊緊勒住謊言／歷史閉目／靜靜·等待天亮」（《圖釘》），「黑的、白的、圓的、方的／它們各就各位／等候呵欠連連的子夜來解開」（《鈕扣》），「丈量莊子，丈量李杜／在古文觀止的墨海裏仰泳／秋聲賦的淅瀝到底有多長」（《米達尺》），由以上的引例可以看到，張默的俳句題材多樣，詩人寫來各有會心，晶瑩亮麗如珍珠，引人咀嚼如橄欖。

張默不僅長於短兵相接，也善於揮舞長矛大戟，這說明他不僅有寸鐵短兵進行巷戰的膽力，也有長車怒馬以行野戰的魄力。在他四十年的創作歷程中，他寫下了一些頗具規模和氣魄的抒情詩，這一態勢在詩集《落葉滿階》中得到持續性的發展。兩岸開放以後，張默得以回來探望令他魂一夕而九逝的故土，鬱積於心數十年的家國滄桑之感和中國詩歌傳統中的人文精神，一齊洶湧在他的心頭和筆下，於是就化爲了《鵝毛大雪落在我家麥楷的屋頂上》、《在朔風刷刷中訪太白樓》、《在濛濛煙雨中登醉翁亭》、《不如歸去·黃鶴樓》、《哦……巫峽，請你等一等》、《臨風三上岳陽樓》等篇幅較長的抒情詩，其中不乏可圈可點的篇章和佳句，如說「雪染白了，我這個雄心猶在六十歲微禿的少年頭／染白了，四十載細細長長的慈母手中線」，如「誰說有亭翼然……偌大一座臨風生姿枕流漱石的亭子／就在瑯玡山／四面殘葉蕭蕭的煙雨中／逃逸了」，如「在白雲千載的頻催聲中／我們豈能空手而返……／一探·簷角的風鈴，它究竟典出何處／再探，漠漠的鸚鵡洲，它的源頭在那裏／三探，鼎盛的三國，而今雄踞史冊的第幾頁」，如此摘句是限於篇幅，但讀者也可由一斑而窺全豹。正是由於詩人有豐富的對於人生和世界的體驗，有中型抒情詩的創作演練，有不知老之將至的日新又新的藝術精神，好像長途跋涉的激湍終於一瀉而爲飛流直下的瀑布，如同不遠千里的江河終於一匯而爲波瀾浩闊的大湖，張默在年過花甲之後，也終於捧出了他長篇力作《時間·我繾綣你——獻給同我並肩走過血與火年代的伙伴》，爲自己的藝術生命，更爲他生命之所繫的詩神。

《時間·我繾綣你》兩年前在《創世紀》詩刊發表之後，即廣獲海峽兩岸讀者的好評，大陸詩評家沈奇在評文中稱它有「組詩的結構，史詩的氣韻，大詩的儀式，既保留了短詩簡潔，典雅的品質，又具整體架構所蒸騰的恢宏氣勢」，可見評價之高。在中國，除了少數民族口頭流傳而由後人整理成文的敘事長詩外，漢民族的敘事長篇向來就不發達，長篇抒情詩也不多，自屈原長達三百七十餘句的《離騷》之後，兩千多年來似乎難以爲繼。在海峽兩岸的新詩作品中，抒情長詩也爲數不多，堪稱優秀之作者更爲少見，因爲詩畢竟不是以長短來論優劣，讀者寧吃鮮桃一口，也不願吃爛杏一筐，一首上選之作的絕句，遠勝過平庸的萬語千言。但是，如果是抒情長詩又堪稱優秀之作，那就當然令人欣然色喜了。張默的這首抒情長詩，是新作而兼力作，它在中國新詩發展歷程中的地位，也許還要等待時間這位嚴明的裁判來界定，但它的出現已經值得我們重視。

這首長達二四〇行的抒情長詩，沒有採取連排的形式，而是分爲四十節，每節均爲六行，並均以相同的句式「時間，我××你」領起。從第一節的「時間，我浮雕你」到第四十節的「時間，我悲懷你」，其中的「××」二字雖然魚龍變化，但整首長詩以時間爲經，以人生、社會、民族、歷史、宇宙爲緯，編織成爲內蘊頗爲豐富深廣的詩的織錦，充分表現了一位流浪海島的嚴肅的現代詩人生命與美學的探求，全詩洋溢的是令心魂飛越的文化感、歷史感、民族感，以及近乎陳子昂式的前不見古人後不見來者的宇宙滄桑之感。「時間，我彩繪你／一襲飄飄欲仙的緞帶／怎能拴住難以設防的兩岸／猜疑、惦記、敵對，緩緩跨過絕望莫名的四十載／如今恍似豁然開朗／人間的黑暗褪盡，不知沒入歷史的第幾頁」(4)，故土之思、鄉愁之感與民族之情三重合奏；「時間，我鯨吞你／一艘升火待發的航空母艦／自紅海來，向黑海去／進大西洋出太平洋，再縱橫南半球與北半球／迴旋，偵察，斥候，監聽／把一個好端端的海，渲染成一副稀奇古怪的大花臉」(5)，這是對世界現存秩序和人類生存狀態的憂思；「時間，我滄浪你／一硯咫尺天涯的潑墨／是長江不夠長，青海不夠青，黃河不夠黃／還是滕王閣裏鳴鑾佩玉的盛況早已化爲烏有／而一列飛向南浦的雲呢／是否瞿然落在我不知老之將至的雙睛」(16)，作爲一位中國詩人，其文化承傳和使命意識通過詩的意象而具現；「時間，我悲懷你／一滴流浪天涯的眼淚／怔怔地瞪著一幅滿面愁容的秋海棠／嘉峪關之外是塞北，秦嶺以西是黃河／我遨遊，一遍又一遍，我丈量，一寸又一寸／啊！且讓幾兆億立方的滾滾黃土，寂寂，把八荒呑沒」(40)，詩人的神思上天下地，出今入古，周遊四野八方，但最後仍然只能降落在身處其中的此岸和魂飛其地的彼岸，全詩在一種楚騷式的浩然咏嘆中收束，曲終奏雅，洪鐘一記，給讀者留下的是裊裊不絕的餘音。

張默是歷時已四十年的《創世紀》詩社的創始人和主將之一，但老將也不免失手，《落葉滿階》中也有平平之作，語言平實，意象不夠新鮮警煉，未能使讀者一見動心或一見鍾情，如實實在在／它讓我們頭頂青天，氣宇軒昂的活著（《土》）：詩中還有一些亟待揚棄的散文句法，如「這是絲絨的，纖細的，這是無比鋒利的／閃著沉鬱的看不透的色澤的／青銅的線條」（《轟然，這些線條——讀羅丹青銅雕塑》），一個長句中連用七「的」，未免累贅無力。然而，這些不過是張默詩集中的落葉或敗葉而已，他對我們彈撥的畢竟是頗爲悅耳動心的二重奏。青春不老，在草長鶯飛的江南暮春三月，讓我遙祝老樹之上更勃發新的花枝！

——初刊「創世紀」第一〇〇期，一九九四年九月

下卷　詩作賞析

玲瓏剔透小論張默

李仙生

一

一首詩創作完篇後總希冀能引獲讀者的共鳴，這是每位創作者的心聲。欣賞詩，尤其是現代詩，並無完整的公式可套，不比分析數學，可按理推算；但也並不是毫無辦法。因為一首好詩往往是透明的，詩的脈絡清晰可見，是詩人對於詩生命的完全體驗，其美感的展現呈多角面的玲瓏。

出了兩本評論三本詩集的張默，在「詩人季刊」第四期，第五期所發表的兩組小詩，就是這種玲瓏剔透的好詩，不但引起詩壇廣泛的注意，也引發了筆者的陣陣遐思。

二

詩人對於時間是敏感的，在「無調之歌」（張默詩集）中，張默曾說：「時間在邁著同樣的步子，時間在複述著每一秒的鐘聲」，步入中年的張默，對於時間的意象，以及時間所給他帶來的痕紋，是很難忘懷，很難撫平的。

跳動的時間，永遠擺不平的時間
沿著我灰濛濛的髮梢而下
哎喲，你的皺紋好深啊

——面顏

跳動的時間仍舊邁著同樣的步子，複述著每一秒鐘聲的時間，是永遠擺不平的，而這些時間卻染白了詩人的鬢髮，加深了詩人的皺紋。短短的三行，緊緊抓住了清新明朗的意象，感慨卻不悲傷。

儘管是細細斜斜的幾行
它也細細斜斜地安坐在我的眼睫裡

讀家書，情書，或者老友的來信，當是人生的一大樂事，縱然只有細細斜斜的幾行，但是

怎麼撵也撵不走

你的細細斜斜的歌唱
——信

這種歡愉、這種喜悅，在詩人奇妙的筆尖下表露無遺，而詩中流暢的音韻，更顯示出詩人駕馭語言的功力。

數理著一條條鮮紅的脈絡
我發現我們同是落腳在地球的某一圈
你的眸子一直朝向北方
朝向我鄉我家的老屋
烹飪著我的鮮紅的瞭望
——楓　葉

「我不該攬一攬逝去的鄉愁嗎？」對於鄉愁，中年一代的詩人是更爲熟悉的。望著楓葉紅紅的脈絡，望著北方家鄉的老屋，思鄉之情竟被烹飪成鮮紅的瞭望。

四週都是風景
有一個小男孩漫不經心地騎在它的脖子上
東張西望
那裡有風景

——窗

童心未泯，趣味盎然；先是四週都是風景，東張西望之後，卻說那裡有風景，騎在窗口的小男孩對於這個窗外世界的感覺仍是迷惑的。輕描淡寫，卻寓深濃的哲思於情趣之中。

禁不住一點點的微風
也毋需蜂群的播送
鏗然，把十一月的黃昏愈漂愈白

——蘆葦花

三兩筆就畫出了大自然季節變換的一片風景。「鏗然」，強而有力。歲月的消逝，殘酷的事實，張默所面對的卻是堅毅而勇敢的「鏗然」。

三

「不要忽視張默，其實他是中年詩人群裡愈來愈出色的一位」，寫在「詩人季刊」第五期上的這段話，可從前文所述證之於張默，絕非誇大虛僞之詞，而是眞誠中肯的評語。再讓我們瞧瞧這位出色的中年詩人另一組小詩：五官初繪：

肉色平原上聳立一座小小的墓穴
兩旁瀰漫著萋萋蔓草，與夫
呼啦呼啦的風聲

——鼻

把鼻子形容成肉色平原上聳立的一座小小的墓穴，眞是佳句，意象準確。接著「與夫呼啦呼啦的風聲」更是一絕。「夫」字既可助詞亦可解爲名詞，產生了岐意也貫穿了整首詩的流動性。

二葉扁舟，從人工湖的那端划過來
輕輕地划過來
我好想撲捉那些泛著亮晶晶的水紋
——眼

眼波像扁舟輕輕地划過來，我們的詩人竟有了撲捉水紋的幻想，不言情而情意彌濃。

是吉普賽人在彈梵啞鈴
發出琮琮琤琤的絕響
而我，寧願它是一口古井
永遠安安靜靜
——嘴

嘴巴吐出的聲音雖梵啞鈴般的發出琮琮琤琤的絕響，但心靈靜謐的詩人卻寧願它是一口古井，永遠安安靜靜。古井給人一種深邃而神秘的感覺，並有不屈的精神，摯著的愛意。

一具上好的吸音器
把我的客廳洗刷得萬籟俱寂
即使是一根繡花針，偶爾墜落地面
她也不慌不亂，一個箭步
把它抓個正著
——耳

詩人的耳朵多麼靈敏，即使是繡花針偶爾落地，那麼纖細的聲音，也要被抓個正著。「抓」字用得傳神。

密密麻麻的擠在一起
喜歡說長道短，沒完沒了
最怕女人的畫筆輕輕一點
噫嘻，好痛，我的乖乖
——眉

妙語如珠，活潑生趣，淺淺的修飾深深的含意。「噫嘻，好痛，我的乖乖」，更能把日常的俗俚口語確切地活用，把眉毛都寫活了。

這兩組小詩是詩人張默近年來的力作。「素描五題」曾選入八十年代詩選，「五官初繪」更曾被「樹人中學」詹玉華老師選作學生的課外教材。這兩組小詩的受人重視，可見一斑。

四

陳義芝曾說：「張默在今日詩壇上，相較於同時出發的瘂弦和洛夫，顯然令人有實至名不歸的嘆息」。的確，我們可從他詩作中展露的才華及功力看出，二十餘年來的張默是很委曲的，尤其是在現代詩不景氣的今天，除了要籌編詩刊、推動詩運，提攜後進這些繁忙的工作之外，還要能繼續不斷地創作出這種晶瑩的好詩來，陳義芝的嘆息是應該的。

中年一代的詩人大都封筆了，而張默對於繆斯眞摯熱情的祭拜，那種沉重而嚴肅的心境，是值得我們敬佩的。因此，我們對於永不變節的張默，期望也就愈高愈興奮了。

——初刊「詩人季刊」第七期，一九七七年一月

試析張默的「素描六題」

彩羽

張默的「素描六題」，包括「面顏」、「信」、「楓葉」、「窗」、「蘆葦花」，及「駝鳥」，而組成一個系列。

這幾首詩，經我先後品讀多次，在幅度上，它們是張默作品中最短的詩；但就表達上言，嚴格說來，它們的確能稱得上，是張默作品中，組織最嚴謹、使用語言最精純，而捕捉意象最準確的好詩。

現在，我想試列舉其原作，而一一加以論述之：

面顏

跳動的時間，永遠擺不平的時間
沿著我的灰濛濛的髮梢而下
哎喲，你的皺紋好深啊

短短的三行，一開始，就是：「跳動的時間，永遠擺不平的時間」。而時間之巨輪，總是不斷的向前躍動，又有誰能夠將它擺平呢？似乎生命全不由己地，在此一巨輪之下被耗損著。轉過來是：「沿著我的灰濛濛的髮梢而下」。不論你是英雄、帝王、公侯、將相，或者美艷如花的紅顏，我想誰都同樣經不起時間的考驗，而在如流的歲月裏，會變得雙鬢白髮，滿面蛛網。故成：「哎喲，你的皺紋好深啊」！

起初詩人用了「跳動」二字，緊跟著，又用了「沿著」二字，而使其成爲一種緩衝，須知就在此一緩衝之下，更顯示著一種莫可奈何的感覺，這是詩人，對人生經驗的體認，也是這作品的用心所在。

這個作品的微妙之處，妙就妙在詩人用的是，一種對話方式——我、你之表現。「哎喲，你的皺紋好深啊」！其中「哎喲」二字，又像是出自一般女性的口吻，而有了此語，則已形成一種關注，故知詩人企圖將此一作品，呈現在一有情的世界中。

此外，是詩人張默對生命的種種警惕與執著。

信

儘管是細細斜斜的幾行
它也細細斜斜地安坐在我的眼睫裏
怎麼撵也撵不走

你的細細斜斜的歌唱

這個作品，詩人巧用了「細細斜斜」四字，作爲其主題，以串通著全詩，同時，也暗示著那致信人的書信，工整、典麗與雅潔。

第二行：「它也細細斜斜地安坐在我的眼睫裏」，書信展現在眼前，本來是極自然的事，似乎沒有什麼好寫的，可是詩人卻用了「安坐在」三字之意象，則帶給人一種親切的寬慰與舒適之感。故轉接成：「怎麼攆也攆不走」的，手不忍釋之感。而後遂成其爲「歌唱」的，有如聆聽清歌之喜悅。

讀信的人有福了！

楓葉

數理著一條條鮮紅的脈絡
我發現我們同是落腳在地球的某一圈
你的眸子一直朝向北方
朝向我鄉我家的老屋
烹飪著我的鮮紅的瞭望

在葉落葭飛的時候，詩人看到楓葉紅了，而思鄉之情油然而生，彷彿楓紅也成了他自己體積上的一條脈絡，而同時，楓葉的零落，也是詩人的零落，此一齊物思想，便成爲：「我發現我們同是落腳在地球的某一圈」。

越鳥巢南枝，
胡馬依北風，

詩人以其「你的眸子一直朝向北方」，抒寫出物的習性。於是，觸景而情生，即刻絜絜道出：「朝向我鄉我家我的老屋」，進而便是：「烹飪著我的鮮紅的瞭望」。江山萬里心！這鮮紅瞭望，似乎就是詩人的「根」，這個作品，在一種急拍子的速度下，詩人便藉楓葉完成了他帶血的鄉愁。看來，眞是淒迷得很哩！

窗

四周都是風景
有一個小男孩漫不經心地騎在它的脖子上
東張西望

那裏有風景

這首詩似乎表現得有欠確切，我認爲「窗」作，至少可作兩種解釋，一是，這個小男孩，根本不瞭解風景，另外是，這個小男孩，在專注著那更遙遠一些東西。若以前者的觀點著眼，則這首詩不能成立，這裏試且以後者的觀點分析之。

「窗」作，詩人是在表現其兩代人的思想，較年長的一代人，覺得在窗的「四周都是風景」，而這小男孩卻對它們漫不經心，而心目之中，卻只有更見遙遠一些東西，所以，祗是「東張西望」，或者「那裏有風景」，詩人是寫自己內心之中，對下一代人的希望。其意義，正如A·紀德在「浪子回家」中，那一段對話：

——你給我開了路，想到你，我就會有勇氣。

——我應該敬佩你，你應該忘掉我。你帶什麼東西呢？

——你知道的，我是小兒子，沒有什麼家產承繼的。我出去，什麼也不帶。

然則，什麼也不帶，與詩人張默的——無視於眼前的一切東西，似乎是一種同樣的內含。

蘆葦花

禁不住一點點的微風
也毋須蜂群的播送

鏗然，把十一月的黃昏愈漂愈白

詩人一開始就很輕柔的寫著：「禁不住一點點的微風」／「也毋須蜂群的播送」，緊跟著用了「鏗然」，這兩個字，是兩個在音律上比較重的字眼，接著是：「把十一月的黃昏愈漂愈白」。

在季節上來說，蘆葦花泛濫著白色的時間，應該是深秋，即農曆九月——十月之間，這裏，詩人分明寫的是「十一月的黃昏」，又在「愈漂愈白」中，很技巧地用一「漂」字，而漂，是屬時間性的，因知此物到了十一月，它已經到達自然而然的枯落的時候，所以毋須「微風」／「蜂群」等因素，就會「鏗然」有聲地飄飛。

在時間的過程中，蘆葦花們亦形同生命，只等季節一到，會得自自然然地凋零，這作品，讀來自有一種肅殺凄冷之感。

駝鳥

遠遠的
靜悄悄的
閒置在地平線最陰暗的一角
一把張開的黑雨傘

這是一個意象的作品，但不是W.C.威廉斯的「紅色手推車」，也不是龐德的「地下火車站一瞥」，而是詩人張默用意象所描繪的一幅靜物，一幅遠眺時的風景——沒落的非洲地方的風景。

詩中，「靜悄悄的」／「閒置在」，是一種靜態，「地平線最陰暗的一角」，當然，是寫落後的非洲地方。除非是去動物園，其他地方，在大自然中，已經是少見駝鳥了。「黑雨傘」，不僅祇是駝鳥的意象，這其中的「黑」字，乃一含意深沉的字眼，想必另有其象徵意味，我想，還是把此一意味留給讀友吧。

詩人張默的「素描六題」，除了「窗」一首寫得比較薄弱，我不大歡喜之外，其他五首，我認爲都是詩人嘔心瀝血的上乘之作。

讀完張默的「素描六題」，我的總結是：詩人在這六個作品中，表現手法頗爲純熟、精微與準確。對意象的捕捉也恰到好處。詩人在這六個作品中，似乎一反過去的作風，而始終是表現最多，說話最少。

——初刊臺灣時報副刊，一九七八年十二月十五日

淺談張默的「楓葉」與「信」

菩提

陳義芝在「張默印象記」裏說：「他嘴上怎麼說，我就能清楚他心裏怎麼想……他心口如一，眞摯可親的言行，就特別得到青年朋友的愛戴敬仰了」。

在青年人眼裏，張默是這樣一個型貌，在熟朋友心裏他確實不是個善於心機的「謀」士。然而，他不是一個無主見，輕易改弦易轍的人。但前述他的那種爽利明快性格，卻使他的詩往往出現奇句，而不易捉摸。原因詩是帶著深沉的情感，與濃縮的觀照與讀者見面的。詩人如李白者大約屬於性格明朗，揮灑自如的一種人，他的詩也常常看到豪放膽識與奇逸雋美的才華。給人一種行爲與詩作相得益彰的感覺而留爲佳話。他的一首「遊秋浦白笴陂」曾這樣寫：

白笴夜長嘯
爽然溪谷寒
魚龍動陂水

處處生波瀾
天借一明月
飛來碧雲端
故鄉不可見
腸斷正西看

這首詩是寫他在「白笥陂」散步的感觸。詩意明白直接，自三四兩聯以後開始賦予詩外寓意。讀者可以自審自理內涵很明白。

如果，我們拿這首詩與張默的「楓葉」比，我們會發現它們有相近的地方。再推敲下去，古人的詩，與今人的現代詩，確有可以比較之處了。他們究竟誰好誰不好，不在話題之內，但他們表現一份共同情感時，卻產生了很大的差異——當然，這是指文字運用，與意象使用的問題。而且你能看出現代詩表現同一情景時，確實有刀銳鋒利，直逼人心的氣慨。

張默的「楓葉」，一開始就直訴其感受：「數理著一條條鮮紅的脈絡」，然後才訴及落腳在地球的某一圈——一種未知的迷茫感悽愴而來。他只用了數鮮紅的脈絡，便生動眞切的讓畫面突出起來。他無需「魚龍動陂水，處處生波瀾」的層層細訴，但他是在某一紅葉風景處則無疑，楓葉給了他感觸也無疑。而且這感受是近乎「癡」了的——如果不「癡」他何必「細數脈絡」。顯然這是爲著內心一份深沉濃重的情致所使然。因之那脈絡便不單單是脈絡了。它是江河，它是山川大地，它是故國風貌呀。它也是生命的脈絡，血管賁張的脈絡。而且，這「鮮紅」二字，在此著墨雖少，含義卻深。它是「血」的象徵，也是某種恐怖的暗示。稍微用心的讀者，不是更能想得細致完全嗎？

李白在最後一聯寫道：「故鄉不可見，腸斷正西看。」這是明確的白描，腸斷只是加深的那分情感。因爲有「天借一明月」說明他是在「他鄉」的月光下，因故鄉的不可見使人「腸斷」了。

「楓葉」的最後三行，用一直朝北的眸子代替眺望，「朝向我鄉我家的老屋」，句勢緊迫逼人。我鄉、我家、老屋六字，彷彿銅錘貫頂，句句狠辣鎚擊而來。它比起「故鄉不可見」不知增強了多少力量，它給讀者的感應與共鳴性，是驚心動魄的，是直透原始情分的。試問誰無老屋，誰無家？誰無鄉？

最後一句，產生了突然的騰翻變化，用了本文前述的兩個屬於「奇句」的——「烹飪」二字，教人慨嘆不已。

「烹飪著我鮮紅的瞭望」。烹飪看是輕鬆，也不若煎煮、煎熬來的有力。但烹飪二字卻廣泛了那煎熬性，烹飪是煎、炒、烹、炸、蒸、煮、燒的泛指詞。這樣形容，除了具有各種折磨之外，還多了一層任人「整治」的意味。無可奈何，無法自治無從自主的況味。此外，這裏所用「鮮紅」的瞭望，「鮮紅」雖與第一行同，含意已不同。這個形容詞不單單貼緊了「烹飪」的聯想，也表現了那種望眼欲穿的焦燒，眥裂眼穿，個中深切的情感眞逼得人喘不過氣來。

如果，把鏡頭拉遠了看，楓葉所指又何嘗不是一張地圖呢？既如此，他的象徵性就無需贅述了。

另一首四行詩——「信」，張默也表現了極美的意象躍動感。這也是他性格的一部分。

這首詩分二段各有兩行，前三行完全是寫實，也寫出對那封信安然處之的態度。對於一封很可能不太「如意」的（細細斜斜的幾行）信，表現了修養上的安閒，安適感。但再往下推演，這分素養的功夫卻表現出人意表。當那細細斜斜的幾行，到了怎樣撵也撵不走的時候，它竟變成細細斜斜的歌唱。這樣的變化不是普通人所能做到的。由此，也可以看出詩人在修養上，以及出自中國的固有文化的造詣與功力。他無異透露了道家的質樸，也流露了儒家寬厚與恕道。那是私人情愫的寫照，——一種寫實的美德。也是理想的彰顯——一項企許的實現，雖短短四行，（尤其以最後一行爲轉變樞紐）卻充份的顯示出詩人的才情詭異，變化不凡。這也可以證實本文前述，張默雖性格爽朗，詩卻因了對藝術的嚴肅要求而產生了格外的效果。讀者如肯留意其詩，不難發覺與其詭譎突變的奇處

——初刊「中華文藝」第一一一期，一九八〇年五月

賞析張默的「蜂」及其他

陳義芝

蜂

立於窗前，守候你的巡幸（註一）
爲何，竟似風一般的，虛無（註二）蹤影

我幻想著你，有毒的針，誘惑的翼
你該展佈你的智慧
穿梭於市街的長廊
少女的蜜汁（註三）究比花的高貴呵
爲何你竟悠悠然（註四）視若無睹

偷偷地我跟（註五）你至花圃至竹籬
你的火一樣的銳舌（註六）何其可愛

撫摸花束的柔體，吸取花蕊（註七）的精髓
你要它來滋養你，灌溉你，滿足你
而你也賜它以不竭的資源

此刻，願你來到我孤寂的心畔
傾你全生命之力，勇猛地給我一刺吧
即使擁抱永恆的死亡，我也瞑目（註八）

【注釋】

註一　巡幸：舊時稱天子之行動曰幸，例如天子至某地曰幸某地，愛某人曰幸某人。巡幸，即天子巡歷各地。
註二　虛無：此指空無、不見之意。
註三　少女的蜜汁：以花爲喻，則少女的青春活力、甜美笑靨、溫柔情性，予人之感都如蜜汁一般。
註四　悠悠然：閒靜無所謂的樣子。
註五　跟：跟蹤。
註六　銳舌：指蜂之口喙，是咀嚼和吸取食物的工具，能伸屈自如，形似尖長管子。
註七　花蕊：居花之中心，爲植物傳種之機關。

註八　瞑目：瞑，閉目。瞑目指死得安息。

【賞析】

「蜂」這首詩用的是一種出神的聯想法，表現作者對創作神思之渴望。本詩意象，爲文學與自然作了巧妙的結合；就自然而言，詩中的「你」指的是蜂；就文學而言，指的是靈感。第一行的「窗」既是開向自然的窗，也是開向心靈的窗。靈感豈是憑空守候就能得來？

第二節起，詩人展開有意識之追索。冀求靈感如有力的針刺，不懼其有毒；渴望形象鮮活如「誘惑的翼」。「展佈你的智慧」，爲的是要找出眞理；「穿梭於市街的長廊」，爲的是使詩的情感入世，具有人間性、現實性。

第三節以蜜蜂採花釀蜜象徵詩人之取材構思——自然不僅爲創作提供無盡的資源，它也揭示了創作之道。

末尾，直陳一個青年作家（張默寫作此詩時二十六歲）在藝術上激烈追求的情態，具有普遍性。

我站立在大風裡

我站立在風裡，頻頻與飛沙走石對飲

頻頻以修長的肢體亂舞
唱大風之歌（註一），吐心中之鬱
是初度（註二），我從沒有如此之歡愉

思緒是落在咆哮的浪尖上
滿眼的水域令我感知造化的茫然（註三）
我欲以全生命的逼力（註四）去親貼（註五）
　　去飛逸（註六）
　　去泅泳（註七）
舐舐（註八）暴躁的海特釀的鹹味
我心中綿密的森林與某些
潮濕的夜晚與某些
星星的爭吵
突然蛻化（註九）成無數條彎彎曲曲的游龍（註一〇）
我站立在風裡
滿身的血液如流矢（註一一）

一群一群連續急驟地飛出
讓它噴灑在一片未被鬆軟的荒土上
花跳躍
鳥彈奏
龍柏唱著發育之歌

我燃燒並且鼓舞
這個大風起兮（註一二）的節令（註一三）
自然的協奏曲（註一四）
劈劈拍拍地繾綣（註一五）於心靈的枝頭
噢，是什麼使它如此的
如此的深澈（註一六）如此的冷，以及
如此的遼敻（註一七）與迷離（註一八）
就是如此的遼敻與迷離
偏偏我是一株攀生千葉的巨樹
伸它粗壯的手臂
豐豐（註一九）而向上

在風裡，在深深發黏的風裡

我的豪興亦如童稚的眞摯

【注釋】

註一 大風之歌：以歌喻大自然之風嚎，兼有漢高祖「大風歌」豪氣干雲的象徵意義：「大風起兮雲飛揚，威加海內兮歸故鄉。安得猛士兮守四方！」

註二 初度：第一次。

註三 茫然：在此義近「茫茫」，形容廣大無邊，無從探知。

註四 逼力：強驅之力。

註五 親貼：貼切地親近。

註六 飛逸：飛奔。「國語·晉語」：「馬逸不能止。」

註七 泅泳：浮行水上日泅；潛行水中日泳。

註八 舐：以舌舔取。

註九 蛻化：蛇蟬脫皮變化。

註一〇 游龍：意念化的海浪景象。

註一一 流矢：飛射的箭。

註一二 大風起兮：

語出「大風歌」（詳注一）。兮爲語助詞。

註一三　節令：有紀念性的節日。這裡指時候。

註一四　協奏曲：一種樂曲體裁，著重在演奏技巧的表現。因它多半是由管絃樂隊伴奏，所以可說是集奏鳴樂曲、交響曲在一起的大曲子。

註一五　繾綣：纏綿不離之意。

註一六　深澈：深透到底。

註一七　遼敻：遼敻二字都是遠的意思。

註一八　迷離：模糊不清。

註一九　豐豐：豐，茂盛。豐豐疊字連用，更具聲勢。

【賞析】

「我站立在大風裡」，寫於澎湖，是張默甫入中年時期的生命之歌。讀這首詩，宜先了解澎湖的地理位置及自然天候。

據調查，澎湖群島由一百座島嶼組成，有百分之八十是無人島。其位置在本省西方海面，地處臺灣海峽中流，星羅棋布如泱泱藍海中的一掛翡翠。

澎湖雨量稀少，風力強大，每年除六七八月吹和煦南風外，其他時候皆爲勁猛之東北季風，尤其以十月至次年三月間最烈，最大風速達每秒二十公尺以上，如同颱風，風中挾帶大量的鹽分，將青綠摧成枯黃。澎湖婦女在風季都以布巾將全身裹得嚴嚴實實的。

大風在張默這首詩裡可以看作是人生經驗無情卻具意義之考驗。一開筆詩人就以「對飲」、「亂舞」和「歡唱」托出一顆飛揚的心，他追求遼闊的世界，在海浪的移情作用下，把心中的紛擾、鬱結、難決的爭執（「我心中綿密的森林與某些／潮濕的夜晚與某些／星星的爭吵」）一股腦兒蛻化成彎彎曲曲的游龍。

第三、四、五節，詩人表達在風潮中他願意灑血在待墾的荒地，燃燒自己、鼓舞自己，經深澈與寒冷的鍛鍊，茁壯成一棵迎風、擋風、以豐豐千葉傲然與風對抗的大樹。此詩氣象豪邁，境界也高，尤可貴者，有非常具體生動的演示。

駝鳥

遠遠的
靜悄悄的
閑置在地平線最陰暗的一角
一把張開的黑雨傘

【賞析】

「駝鳥」是一幅簡筆素描；「豹」則像一幅寫意畫。除了這兩種動物外，張默還寫過貓、雁、長頸鹿、鴿子、火雞。在他的動物詩裡，「駝鳥」的寫生筆法最特殊；「豹」的水墨意涵最豐富。

「駝鳥」四行，單線發展，客觀地描出一個印象：駝鳥休息時，頭、腳趴在地上，形似一把張著的黑傘。「黑雨傘」不是自然景物，因此有引人思考的人文性。傘中所包容的是白天奔馳的辛勞……黑傘而張開，猶如睡中有夢。讀者讀到這裡，再一回味前所揭示的「遠」、「靜」、「閑置」、「陰暗」，不期然就有了人生旅途的豐富聯想了。

豹

牠的內心的風景，就是望不盡的天涯
蔓草萋萋（註一），遮斷牠的瞳孔的去路
從空無（註二）的背後出發
世界還是空無一片

牠抖擻（註三）著矯健的身子
牠偵伺（註四）著自己的方位
牠撥弄著隱藏的欣喜
牠搖曳著心靈的風雨

橫在牠的腳下的，是一片
無端（註五）的空白，寒冷以及顫慄
當人類鼎沸（註六）著某些淒絕以及毀滅的吶喊
只有牠是不言不語的
唯一的醒者

【注　釋】

註　一　萋萋：草盛貌。
註　二　空無：呼應前所言「望不盡的天涯」，同指可供奔馳之地廣遠無際。
註　三　抖擻：振奮。
註　四　偵伺：探看。
註　五　無端：此處指無涯際。
註　六　鼎沸：聲勢洶湧如滾水之沸騰。

【賞　析】

「豹」不在寫森林之獸，而是藉豹的矯健靈敏特性，寫人心中那股騰躍的動力。特別指創造者，他一無憑依，從空無出發。去追求永恆，其內心世界正如一無盡的天涯。創造之途漫長，並不保證會有收成，很可能追逐了半天，到頭來，眼前的世界還是空無一片，目標仍在茫茫的遠方。

第二節寫創造者的特性，積極、樂觀、有理想，故雖有蔓草的阻隔，依然奮進。

第三節寫創造者在艱苦之途，清醒著、堅持既定的方向，不受盲目吶喊影響：「當人類鼎沸著某些淒絕以及毀滅的吶喊」，也唯有創造者冷眼見證。

全詩充滿動勢，雖簡短，卻是將人性拔高至聖智之境的佳作。

——初刊國語日報「古今文選」第六九二期，一九八八年十一月十二日

——再刊「不盡長江滾滾來」（中國新詩選註），幼獅文化公司，一九九三年六月

橫看成嶺側成峰

——論張默的四《峰頂》

大荒

張默的《恆寂的峰頂》發表已經五年了，我一直盼望有關的批評文字出現；我以爲「恆」詩投入詩壇，應該是一個重大的落體，產生相等的震動和回音。但迄今爲止，尙沒有一個批評家來批評它。我個人不擅批評，心有餘而力不足，故一直不敢動筆；誠恐落入「以麟爲麏」及「以雉爲鳳」的錯誤，而詒「執一隅之解，擬萬方之變，東向而望，不見西牆」之譏。此外，張默是我的好友，莊子說兩喜必多溢美之言，這是人之常情，設評論稍加揄揚，極易招致「私於輕重，偏於愛憎」的詬病。劉勰在「知音篇」第一句就沉重地說「知音其難哉」！正是警告批評之不易。

大約因此，我們的詩評家才對「恆寂的峰頂」作「嗑然」之笑，「釋之而不推」吧。

不過我仍願提出我對「恆」詩的欣賞。

「恆寂的峰頂」是四首詩的總題，也是第一首，第二首是「曠漠的峰頂」，其次是「繆斯的峰頂」及「峰頂的峰頂」，全詩共長三百三十餘行，由四個章節形成龐複的組曲，不但在張默的詩里，就是在當代諸詩人作品中，也是可數的巨構。縱觀張默的詩，在思想上屬於哲人式的沉思；在感性上，內斂而時時欲噴之而出的熱烈；在風貌上，給人一種瀟灑的，清癯的，抒情而純淨的印象。在「貝多芬」之前，張默的詩一直是獨奏曲，即使是合奏，也多是Concerto——他隨時都在表現那把豎琴或長笛。在「紫的邊陲」時代，李英豪說張默「由崇慕（高），驚嘆彼德勃如海轟然的建築，而在海中浮泛（廣），由浮泛而尋幽（深），由尋幽而靜思，由靜思而構成，由構成而發現孤獨的赤裸的自我」。這是張默生命成長的過程。在「恆寂的峰頂」這首長詩裡，張默同時表現了高、廣、深多種次元，它不是純純淨淨的Solo，而是「五色相宣，八音協暢」的交響樂。它是極具野心之作。顯然地，張默企圖在這首詩裡統攝一切——生命，詩和時代，而造出個人生命上第一座峰頂。

現在就我所能欣賞的，逐節分析。

四峰頂的第一峰頂「恆寂」，一開始就給時代畫像，我們的時代是怎樣的面目？它是淒涼的：

　　四壁閑蕩著瑟瑟的流水
它是破敗的：
　　尼采悲劇的鬍子自女牆的裂縫中走出
它是冷寂的：
　　敲敲這裡沒有什麼，又敲敲那裡……
它是虛偽的：

電影中的汾河灣

它是驚怖的：

被投在一百支燭光愛撫之下的壁虎的怪模怪樣的鬥姿

在這樣一個時代，能找到什麼好東西呢？沒有。所以他——

尋尋覓覓復又尋尋覓覓

緊接著第二小節，連用「空虛」，「空漠」，「空寂」三個強烈的疊句，說明這是「荒涼的冬天」。沙特登場了，沙特是孤寂存在的代表，「我將和你陶醉」，是把詩人自己置於和沙特同樣的地位，是怕孤寂的清醒，「色彩堆成的機械的肉香」並不好聞，相反，它使「靈魂升起與被壓擠的焦渴」。在這境況中，人不管有多熱情（火），多清醒（冰），一定會感到無能與衰弱，一如「頓失野性的獸。」

沉寂是這世界的唯一音響，當

行過飲過存在過

什麼迴響也沒有

詩人仍微弱地低唱傷悼之歌——

……一具具孤默的歌的胴體
在草澤中會晤死亡

死亡。死亡似乎是無可逃避的結局。威脅著生存的破壞力是如此之大，大得只要「一道命令，一具陰符」就「要把整個人類都窒息」！

本詩第三部份，是寫浩劫之後的洪荒；經過劫後餘生，痛定思痛，仍然是

天開天謝，地旋地止
以及　火熱的胸以及分裂的太陽
突被幽冥欻欻地驅走

多雨的眼睫
驚不走憂鬱之巨症

但「有人源來自迦太基」了（迦太基是早已堙滅了的古國），暗示有了復甦，「石濤的黃海松濤冉冉灑下一片清爽」，更進一步顯示藝術的再生。末了：

而緊握薛栖佛斯（好一個恆寂之子）
將滿天虛無劈成滿天火把

乃強烈表示，詩人要孤獨地以無比的熱情與耐力，以卡繆所刻意雕刻的荒謬形態，給世界希望。

第四部份是中國古老的沉思，

要是熾熱的都冷卻
要是空曠的都豐滿

不問自身將如何，「就把沉睡的毛孔豁然舒開吧」！如果水火相尅亦相生，那麼，在「空曠」之後或許就是「豐滿」。

第二峰頂是「曠漠」的，「從地之背面轉過來」，詩人如一顆「遠離灌木叢的星宿」，來到「一片荒蕪足跡的人性的寢土」。仍是「虛漠的長廊，悲劇的燈火，不凋的花圈」。但已有泉水。「琉璃的烏髮，楊柳的魔笛」，及「骷髏自草澤上狂越」。生命至少是蠕動了。詩人情不自禁地唱道：

生命曾是一股昂大的焦灼，鯨魚般的
呑噬著晚潮時腥濕的鹼味

這樣迫不及待的焦灼，是渴望寧靜，和諧，典麗和安適。作爲承受了深厚傳統的詩人，張默渴求的世界，無疑是「潑墨的沉雲」——既揮灑又厚重。張默在這兒給自己畫了張速寫像：

不著衣衫而衣衫自在
緊閉雙目而雙目深邃

這兩句可以當春聯貼在張默的書房門上。

詩人生命的成長，是複雜而曲折多變的，但最後必歸於心智的成熟與和諧。蔣捷的「虞美人」將生命分作三過程，是很貼切的。即「少年聽雨歌樓上」，「壯年聽雨客舟中」，「而今（老年）聽雨僧廬下」。張默寫「峰頂」時，不過三十幾歲，但已體會到要擺脫「思想上的奇裝異服」，而「逼使自己的靈魂化爲神奇的牧者」，這當然是亂世詩心常有的使命感，有了它，詩人乃顯得博大和純粹。如果說張默的「峰頂」已經「豪華落盡見純眞」，自然是過譽，但正像蔣捷，張默的成長過程也是三個。試看他對詩創作的體味：

第一杯是香噴噴的
第二杯是苦艾艾的
第三杯是熱辣辣的

這也許不只是張默個人，很多詩人都會有這種觀照吧？

由於生長的可能，詩人產生了信心，由信心產生野心。張默的野心是什麼？且聽他說：

踢踢銀河的背
敲敲月宮的門
再以戴奧尼息斯的百般狂喜
擲給世界以煥發的容光

他相信，只要「重唱、重唱、重唱、再奏、再奏、再奏」（創作方法論）

必將會晤山山的倒影
會晤鮮花的盛蕊

「繆斯的峰頂」是詩人祈欲攀登的最高的峰頂，也是詩人最大的野心，這兒的繆斯不僅僅是詩女神，也是愛情的象徵。而就愛情來說，張默像許多漂泊者一樣，青年期一直缺乏愛情的色彩，在

應該說的時候
沒有粉紅色的屏障以及半熟的香草
床第是生命的缺口

不是根本沒有，而是當「莊嚴的步履踏入春風滿面的觀音之淨土」——偉大的少年之戀才要開始，卻在漫長的抗日戰爭中幻滅了。另一方面，戀之失落，正好激起詩情。最初的詩所以是香噴噴的，也許起於追念小戀人的頭髮，睫毛及兒歌。

第二段是對繆斯的傾訴，憂鬱而堅決。

在藍色裡浸慣了的
聞不出什麼是寂寞
而
爲了要做繆斯眼裡的一騎士
我的歌艷得如炎炎夏午傾瀉的油彩

一般說來，我們早期的詩總是色彩濃艷的，希望用浪漫情調打動戀人的芳心；同樣，在缺乏自我裁判的情形下，我們也以這樣最能獲得詩女神的垂青。因此，在初晤後便「在詩意的純粹下」，設法抓牢繆斯的逸興遄飛的賦格的形象。

然而我們「常常被煩憂所糾集」，結果，戀愛或只是

看天，看海，看星星的病
看世紀與空間的決鬥
玫瑰與噴泉的再見

直到實寫大屯山，才脫離詩，而專寫愛情。

我是曠漠的子弟
你是繆斯的姊妹

故當心連心，手連手的時候，便幸福得：

思想裡找不到鉛塊
眼眸裡逸失了暗流

而終結仍是——

繆斯是盤坐在杏花村
不遠的庵裡

這是多麼傷感情，多麼戲劇化啊！「繆斯的峰頂」從頭到尾，完全是抒情詩的風格，抒情彷彿是一首單純的戀歌。全詩可用其中一句來描述：

二拍子，降B大調，終曲，中庸的行板。

最後的峰頂是「峰頂的峰頂」，這樣標題，並沒有特殊的意義，可能只是「無以名之」之下的題目。這首詩是全詩的總結。在這裡，說出創作的觀念及態度。

從孤獨的追求，經種種挫失，詩人感到自己如「負傷的山」那樣殘缺，如「懸吊著的慾望之蝶」那樣無可奈何，如同「空谷之音」那樣寂寞，如同「無頭的豹」那樣衝撞，如同「抵著牆壁的頭」那樣沒有去處。整個形態顯得——

蹌蹌踉踉，悠悠忽忽
凄凄切切，飄飄鬱鬱

但「空虛是圓鏡」，經過「不斷的瀏覽，不斷的尋覓」，終於獲得解悟。

余以海岸般的霹靂般的手
緊緊地攫住生之領域浩瀚無比的迴廊

於是——

彷彿來自另一世界的邊極
閃電、神明，如火的虹，深深地排解著

當他「捏住深深的哭泣」，當「雲推開天空而突現洶湧的輝芒」仍現出種種活潑生動的意趣：

鷹蹴，鳥躍，寂寞的鯖魚的眼睛
刺探著水的嫩綠的顏面

這時候，「遠離空寂的墓園」，詩人才第一次展現若有若無的笑容，問兩岸啼猿知不知道？

一片囂騷，一份形象和一首歌
演奏給孤獨的誰看？

最後，詩人直書胸臆，要寫那「寫不盡的現實與靈魂的側面」，要用十指「紡織一車車歡笑」，要寫無分界域的世界性作品：

且是八大山人的達達
且是馬蒂斯想念東方的筆

這時，成敗榮辱已無所縈懷了。因爲

你樹葉的語言，比珍珠還要響亮
比沉默還要轟動

總覽全詩，四峰頂實在就是現代人精神的展現，四個峰頂等於四個指標「恆寂的峰頂」寫殘破的孤寂感。「曠漠的峰頂」寫無迴避的歷史感，但人有創造歷史的權利。「繆斯的峰頂」寫詩與愛情之追求的挫敗感，但挫敗而不灰心，在這一章裡，隱隱顯示詩與愛情不可分，但難免衝突，故叮囑「姬姬（現實的愛情對象），別頂撞 Cybele（古腓尼基自然女神）」。「峰頂的峰頂」則是個人精神修煉的完成。張默如此，現代重要詩章亦無不如此。

張默的詩，主要風貌是純淨，眞摯與流動，四峰頂除各有特色外，更顯得豐繁，顯得意象紛呈。在語言動向上，也有很特出的試驗。

之一：矛盾語法：

要是夜被無情的火焰般的夜所干擾
及
藉夜在徘徊的豈祇是他的沒有影子的影子
及
向瞧不見也鑽不進的黑中之黑裡遁去
及
覆壓這千層萬層清明的暗冥

之二：岐意

且是八大山人的達達
及
我在複印你的寬闊的黎明

由於特殊手法的運用，詩乃產生魔術般的效果。此外，仍注重一貫愛用的音樂性，藉排比與重疊，使詩的節奏明快而鏗鏘有力。致全詩氣氛，無論輕重弛張，均顯得有彈性，而亦如天上白雲，舒捲自如。如果說張默以前若干作品是一峰一嶺，四「峰頂」則是千山競秀的大氣魄，大場面。說它「橫看成嶺側成峰，遠近高低各不同」，也許是很恰當的吧。

但「恆寂」四峰頂不是沒有瑕疵的，如果不是造語上的特色，至少我是不大贊成的。

第一、全詩人稱不統一，有的地方用「余」，有的地方用「我」，有的地方用「你」，又有的地方用「汝」。

第二、形容詞重疊使用，沖淡了詩的力量，如「長長的單薄的詩集」，「一切無意識的秘密的組合」。另外，某些句子過份省略，也使人難以捉摸，如「大海擱在咱的肩頭上茫然不語」，茫然不語的是海還是詩人自己？又如「我將去我將消隱我將不再」不再如何？讀者是很難加以補充的。

第三、過份使用自動文字。如「涅槃拋得遠遠」之後接「端午的菖蒲，夏至的榴火，且邀來鱗光閃閃的星河」，三者太缺少關聯了。

第四、有的地方有鐵錘下得太慢的現象。如第一峰頂「4」中之「左拉呀，莫內呀」等，使詩意鬆散。

總之，一般而言，短詩求精美較有可能，長詩求精美較不容易。「恆寂」四峰頂雖大諄中不免小疵，仍無妨爲張默詩生命上第一座巨大的里程碑，也是中國現代詩中一面唰唰而響的大旗。

——初刊青年戰士報「詩隊伍」，一九七〇年八月

——再刊「上昇的風景」，巨人出版社，一九七〇年十月

詩的外延與內涵

——以張默的《期嚮》為例

周伯乃

外延（Extension）與內涵（Intension）源始於哲學上對某種事物的概念之詮釋。譬如一部書，我們可以稱它爲哲學的、文學的、科學的、史學的、或者說它是英文的、中文的，而這些意義都是外延的。除此一部書必然有其紙張、印刷、文字、以及其所記載的內容和資料等等，這些內容、資料就是內涵的。再如我們看一座建築物，我們不但認識它是一座建築物的本身意義，如房屋、體育場、戲院，但我們同時也要透視其所構成這座建築物的鋼筋、水泥、沙石和磚塊。而我們說鋼筋、水泥、沙石是內涵的，而體育場、戲院、應該是外延的。

一個人，他的本身意義是外延的，而一個人同時也具有他獨立的人格、品德、學識和修養。而這些人格、品德、學識、修養……我們就可以稱爲內涵的。因此，我們說外延與內涵都是構成一個人的完整意義，並無不可。一首詩，就如一個人，它的存在，必然有其詩的外延力和內涵力。在德文裡有一個字Inhalt，可以同時被解釋爲內容和內涵力，而一首詩的內容是否能具有內涵力，這全賴於詩人本身的創造力。

詩的內容並不等於內涵力，但一首詩的內涵力必須有詩的內容。一首好的現代詩，常常遭到知識的誤解，就是因爲一般人只把它作爲內容的解釋，而忽略了它的內涵力的展示。例如張默的「期嚮」：（註一）

不斷生長，在綿延的萬山與萬山之間
如流的翅翼，撲撲自我們的半野
閃然降落
不爲什麼的雲，不爲什麼的時尚
捕食我的未經鍍過的紫
於思想的邊陲
嚐嚐被輾過與被喧笑過的餘韻
瞧我心中的眞神於焉蒞止

讀張默的「期嚮」首先我們就必須放棄其詩中的字義之詮釋，而抓住其詩中的意象之組合。第一句展示的外延和內涵的力量都非常強烈，他暗示著生命的不滅，歷史的綿延不息。個體的存有，就是歷史的伸展。「如流的翅翼，撲撲自我們的半野，閃然降落」，這裡的「撲撲」、「閃然」都是具有強烈震動力的動詞，像撼動一個宇宙般的使人怵目驚心。

不爲什麼的雲，不爲什麼的時尚
捕食我的未經鍍過的紫

我們常常看見人們用行雲流水比喻人生之變幻無常，以及生命之苦短，而詩人張默先是漠視行雲，漠視生命，漠視時尚的陋俗，但他也同樣感悟到被行雲、生命、時尚所捕食過的「未經鍍過的紫」。這裡的紫可能是象徵作者的生命或者愛情。

已不是髮，已不是柳樣的腰肢所能敵擋
床與世紀與風
紫堇三角蛇與花鼓
一切總是這樣，現代永無間阻
而我們流連在流連裡

美國現代小說家海明威（Ernest Hemingway 1898—1961）早年對他理想中的女人，總是從她的長髮中描出她的魅力。詩人張默用髮和腰肢來暗示女人的誘惑力，由女人聯想到床、世紀、風，這是一連串的意象的突現，讀者不難感出他詩內的張力。「紫堇三角蛇與花鼓」這是對這個年代的嘲弄，「一切總是這樣，現代永無間阻，而我們流連在流連裡」。

遠離人世的紛囂，萬有與寂靜蜂湧而至
它要在我們內裡築起燦爛的花房
陽光虛無與影子
棕髮步伍與烏鵲
從這無人之域，沒有聲響的聲響
滑過去。於是河川接住
　於是旅人冥憶
　於是花卉稱奇
而時間的眸子不識我們推進的一切
與及揮之毋忘的鬱戚
蒼蒼，如水上之浪，如舟中之鼠
如被壓榨於地底的奔湧之沸流
我把身子劈出，如寂靜在無回聲的空谷
總想擠掉一扇窄門
以之好讓我們築長長的路，挖長長的希冀
而希冀總是滿溢在鹹濕的淚裡

遠離人世的煩囂，是生存過現代機械工業所爭吵的噪音裡的人們，都有這種自我逃避的衝動。詩人也不例外，他總是企圖逃脫世俗的紛擾來孤絕自己。詩人的孤絕感是始自於其內心對世俗的漠視，對物質文明所壟斷的社會的內在抗拒力。

「萬有與寂靜蜂湧而至」這是詩人自我孤絕後所拾取的孤寂的世界。凡是稍具自我創造力的詩人，都常常擁有這樣一個自我孤絕的寂靜世界。在這個寂靜的世界中，他完成自我的建築，建築起燦爛的花房。

陽光虛無與影子
棕髮步伍與烏鵲

這兩句作者並沒有給出一個具象的形象，我們僅能從作者所創造的意象中感出一種形象的美。如果讀者一定要用具象的事物來解釋，可能是很失望的。

「而時間的眸子不識我們推進的一切」，這是詩人內心的獨白，說明他默默創造宇宙，「從這無人之域」中，他工作。他創造。他向著遙遙的理想的世界給出自己的能力，「把身子劈出，如寂靜在無聲的空谷，總想擠掉一扇窄門，以之好讓我們築長長的路，挖長長的希冀。」然而人生的路是遙遠的，是崎嶇的，要想築就這條長長的路，必須付出相當的代價，因此，詩人無限感慨地說：「希冀總是滿溢在鹹濕的淚裡」。

就是這樣，諸神不再回響
不再鳴應，不再凄泣
於偉大的萬山與萬有與萬樹的摺疊之中。

詩人一直企圖自層疊的意象中，給出世界的諸貌，他以「一步是一種聲音，流星雨閃閃自我們的腰際斬斷，迸裂，然後縫合。」今天稍爲涉獵過現代詩、或現代小說、甚至於現代繪畫的讀者，都知道現代作家們所企圖擊破的舊有形式，同時也苦心焦慮地努力於新的形式之拼湊、縫合。他們自傳統中走出，但他最後必然要回歸到傳統。他們走出傳統，是走出上一代人的傳統法則，而回歸到傳統，是回歸到自我的傳統。譬如他們抗拒了前輩作家們的舊有法則，但他仍然創造了他自己的法則，而他自己的仍然成爲一種傳統。

似來自一抹出產濃蔭的世界
參禪如典當佳麗般的纖俏
無爲富庶，任一切凝聚在深不可觸的眼中
　　任一切旋轉在闊大勁力的掌中
　任一切聆聽在謎樣笑渦的神面中
呼出。呼出。而期冀驚飛，頻撲

這一節的語言非常曖昧，我們很難讀出作者所要表現的意圖，反不如「天河傾倒行人，行人以濁髮探路」來得具有形象之完美。尤其是第六十三行「一眼草，一籃河究有幾多戲劇」中的「眼」字和「籃」字，用得不但曖昧，而且已近於虛設。

詩的語言的駕馭與運用，是詩人呈現意象最佳手段，一個詩人對意象的把握與呈現，語言的確切性是握有絕對的權力。一個詩人，如果失去了語言的駕馭力，也就失去了一切。在我國現代詩人中，最能駕馭本國語言的要算是瘂弦、鄭愁予、林泠、商禽諸人。張默在「期嚮」一詩中所把握的語言，一直沒有集中焦點。於是，他所呈現的意象是飄忽的，零亂的。

牽帶我們的心空，與風攜手
然山是無情地跨過，繾綣與鯨呑
欲爲宇宙的種種弧線撥開叉道
穿過慾望射透的重門
一切的金光，銀粒，都已爲大地之歌所糾集
說是糾集，說是震撼，說是成熟的石榴要情愛
然呼喚舉起毛茸茸的手，呼喚在記憶裡

「牽帶我們的心空」中的「心空」兩字，是作者刻意對現代詩的語言的創新，但創新不

是無的放矢。否則，任意創新而不能擊中讀者的心靈，這種創新是失敗的，像用久了的鬆緊帶，沒有半點張力。「與風攜手」形象很美，緊接而來的「然山是無情地跨過，繾綣與鯨吞」又出了語病。「繾綣與鯨吞」，能使人聯想到海上的漂泊的生活的孤寂與冒險，但「山是無情地跨過」，山能跨過什麼？山給人的印象是穩定、鞏固、堅強。而作者在這裡的立意可能是一個坐在火車、汽車、或者船上看見山一座一座地往後掠的直覺概念之展示，但這種展示非常牽強。就沒有「穿過慾望射透的重門」中的「射透」兩字來得有力，而又能給人新的形象。

殷野以巨大的紅掌醒示著黎明
人群如密雲般地陷落，騰起又綣縮
以千年巨樹擋住世界浩瀚的推展
塵砂瞪視著漠空
河渠渴望著春日
被逼扔出一切的我們與夫正在繁衍的子弟
嗳主嗳，該向何處咚咚地撻伐

這一節的形象較完美。作者以意象與意象的層疊，來組成其詩中的內涵力之擴張，殷野以巨大的紅掌推醒黎明，人們便從各個角落向城市密集，「騰起又綣縮」這是一個具象的形象，是對現代人所處的世界的匆忙與不定的鏤刻。「塵砂瞪視著漠空。河渠渴想著春日。」這是心象與心象所構成的內在張力，「塵砂」隱喻著乾枯、茫漠與愴涼。「河渠」原是擁有水的，但作者用「渴想著春日」來襯托這條河渠，因而使我們聯想到那道河渠也是枯渴的，它和塵砂一樣渴望著春潮帶來的雨水的滋潤，正如一個人，當他的心靈枯渴時，渴望著滋潤。

該向何處咚咚地挺進
一棄嬰，一蛇婦，以豪笑揣測宇宙的隱處
萬物都在譁變，拖長長爭吵的髮
而說這是眾意眾意眾意
具具模糊的面目是不是延佇在昨夕的鏡框上

「該向何處咚咚地挺進」這是連接前段的未完的意境，前面說出人生的枯渴、茫漠。而這一節作者仍然是採取自問自答的語態追問自己，我們該向何處挺進？這是很多人都感到難以處決的問號。「一棄嬰，一蛇婦，以豪笑揣測宇宙的隱處」，這是對世界的嘲弄，對這個無根無蒂的動盪的世界的嘲弄。作者以「棄嬰」、「蛇婦」來嘲弄這個年代，這個動盪的世界。這是很完美的意象之組合。不過，這一行在標點符號上如果改成「一棄嬰。一蛇婦。以豪笑揣測宇宙的隱處。」可能要更具內涵力。

去握有一個生命，去力逐一個願欲
我是我自己的
管他什麼遠古的西施，噯噯

自我尋覓，自我認定是這一代的最眞實的存在，也是這一代自迷失中躍出後所追求的最根本問題。作爲人，活著多少總被現實割離，但如何去握住一個生命，去追逐一個願望，只有倚重於自己，除自己以外一無可依，這是近半個世紀來，人們歷遭戰火的浩劫以後，所追尋到的結論。

「我是我自己的。」沒有什麼比這更眞實了，「管他什麼遠古的西施。」這種結構已全然地把握了整體的焦點，他道出了他所期嚮的是什麼。現代人，承受生存的壓力已愈來愈重了。如何能夠不被物質文明和機械工業所瓦解。迸裂。那只有緊握住自己，握住一個屬於自己的生命和願望。

張默的詩的外延與內涵力，構築在他不定的意象之組合中。他的表現技巧，近似法國本世初葉的新浪漫主義（註二）所表現的現實感與科學的觀察力，他一面抓住了實際的人生，但又不受人生的事實所約束。他描寫自然，但又不全然表現自然爲依皈。

現代詩的內涵力，一是構築在詩人高度的藝術的表現上，它不是一些直陳、說白的抒情詩所能展示的一種內在潛力。一個夠格的現代詩人，他不斷地吸取外界的豐富知識，然後加以壓縮和提鍊、使詩內產生一種生命力。而這種生命力是不受時空所擊敗的，它像一根札根在肥沃土壤裡的籐蘿，它只有愈長愈繁茂，經歷的時間愈久愈能蔓延到廣大的空間。因此，我們說詩的內涵力，是詩的生命力；而詩的外延力，是詩的生命向外蔓延力。我們確定一首詩的外延與內涵，必須從全詩的完整性去探求。一首詩無論它的內容多麼廣博，語言多麼豐富，意象多麼繁茂，形式多麼奇譎，它的完整性仍然是不可被割裂的，正如一座龐大的建築物，無論它在建築上多麼繁複，而它的任何一根鋼筋或一塊磚，都是不可抽離的。至此，我們說現代詩是存在於整體的和諧中，亦未嘗不可。它的整體的和諧，就是詩的外延與內涵的組合。

【注釋】

註一　見「中國現代詩選」第五六頁，全詩八十六行。一九六七年二月初版，臺灣高雄大業書店出版。

註二　新浪漫主義（Neo-Romanticism）是產生在本世紀與上一世紀的交縫裡的一個文學流派。他們眼看著浪漫主義的主觀、排斥平凡、因襲、規範、理智，而著重於狂熱、神秘、驚奇、空想等純感情的求美，以及現實主義的過份重視客觀性，一切以科學的實證爲基線，去正視現實，研究現實，剖視現實，把文學視爲科學的藝術，對現實社會現狀，皆以科學的法則去剖釋，把文學建築在科學的基礎上。這種過份尊重科學，偏於客觀和浪漫主義，過份重視情感，偏於主觀，同樣患著偏激的創作態度。於是保羅．鮑爾志（Paul Bourget），休斯曼（Karl Huysmans）等人提出了「靈底覺醒」的文學，這就是新浪漫主義的興起。

——初刊「現代詩的欣賞」②三民書局，一九七〇年四月

釋張默的「無調之歌」

李瑞騰

無調之歌（註一）

月在樹梢漏下點點煙火 ①
點點煙火漏下細草的兩岸 ②
細草的兩岸漏下浮雕的雲層 ③
浮雕的雲層漏下未被甦醒的大地 ④
未被甦醒的大地漏下一幅未完成的潑墨 ⑤
一幅未完成的潑墨漏下 ⑥
　　　　　　急速地漏下 ⑦
空虛而沒有腳的地平線 ⑧
我是千萬遍千萬遍唱不盡的陽關 ⑨

一

張默的「無調之歌」一詩發表在創世紀第三十期（六十一年九月），收入他的第三本詩集「無調之歌」（六十四年六月，創世紀詩叢），張默用此詩的詩題名其詩集，於此不難看出他的用心，在這裡，我希望能細細剖析這首詩。

此詩統攝六朝所謂「巧構形式之言」的詩（註二）在整體結構上的三要素：

㈠題材——自然物色。

㈡技巧——譬喻、類疊、頂眞等修辭形式的運作。

㈢題旨——感物詠志。

換句話說，從「體物寫物」到「感物詠志」的序列，請看下面的簡單表式：

①②③④⑤⑥⑦——體物寫物

⑧——感物

⑨——詠志

詩人「窺情風景之上，鑽貌草木之中」（註三），眼前物象經由這種凝神觀照而逐次交替疊變，從①到⑦自身自足的完整動態意象，便如銀幕上逐次展現的連接鏡頭，托顯出詩中「我」所立足的動態空間。

「體物」「寫物」的過程，在全詩短短九行之中佔有七行之多，這樣的比例，初時或許會被視爲有「頭重腳輕」的缺陷，而事實上聰明的讀者就很快能悟出，時間的細流在物象換易之中向前遞移，整個時間和空間交織而成的沉悶氣氛逐層加深。張默釀造這種氣氛，不只是達到「巧言切狀，如印之印泥，不加雕削，而曲寫毫芥，故能瞻言而言貌，即字而知時也」（註四）的效果，而且對於情境的烘托，由於各行意象之間的巧妙聯接以及七行都出現的「漏下」動詞所意味的下沉感，把詩中的內官情緒作了最客觀的投射，而在表樣上不著一字，卻能盡得風流，傳統詩話中所要求的「味外之旨」（註五）在前面七行是完全披露無遺了。

詩人在「體物」上是如此精細入微，在「寫物」上更是逼眞，高度的表現技巧，實際上是因爲他有效的操作多種修辭方式，諸如用譬喻辭格來描寫形容以表意以及用類疊、頂眞等辭格來設計優美形式。

由於這裡所用的譬喻除「潑墨」意象做爲一種隱喻，比喻黑暗的逐漸擴染整個空間之外，都是單純「方於貌」（註六）的物象形容，且按下不表，而類疊、頂眞在形式設計上達到最佳的效果，是有加以探討的必要。

我無法也沒有必要在這裡說明類疊和頂眞的修辭原理，讀者可以在一些討論修辭的書籍上去理解它們（註七）。我要指出的是，張默在①至⑦每行都使用了「漏下」二字，這是屬於類疊中的「類詞」（註八），分別被安置在各行間做爲兩個意象的銜接，對於實際外景來說，它被當作一種動態的形容，傳達出詩中流動的時間感覺，就整首詩的外在表樣來說，「漏下」被經營的位置是：

它無疑是條相當美麗的曲線，「曲線比較能引起快感，是大多數人所公認的」（註九），在這個逐漸下降的曲線，如桑塔耶納所說「有一種明顯的品質與價値——通常是一種獨特的美——本然的寓於它們的形式感知裡」（註一〇），緣由是它在性格上能使視覺經驗加上緊張成分，配合著詩意正是層層下壓，在文義格式之中正可明確覺察如上面所說過的「下沉感」，這種下沉的感覺到了⑦行「急速地漏下」已經達於終極，原先逐層下壓的急促的律動，至此戛然而止，彼時整個空間的物象全都隱入黑暗之中，無邊的漆黑遂逼著詩人於下行說出「空虛而沒有腳的地平線」，視覺作用全失，只能憑感覺去理會一切了。

以上所說是「漏下」七個「類詞」的操作在形式與節奏上的功效，至於①②行的「點點」疊字，則是較爲單純的形容，除了在詩一開始製造較爲輕快點的節奏之外，是沒什麼可述的了。以下說明「頂眞」辭格。

事實上這裡的「頂眞」是以「類詞」形式出現，只不過是因爲它是：前一句的結尾，來作下一句的起頭，而且在心理學上和美學上的基礎都和「類疊」不同，同時它和「層遞」之間經常被糾纏不清。

這首詩中，「點點煙火，點點煙火」「細草的兩岸、細草的兩岸」「浮雕的雲層、浮雕的雲層」「未被甦醒的大地、未被甦醒的大地」「一幅未完成的潑墨、一幅未完成的潑墨」，這種「聯珠體」（註一一）的「頂眞」格在意象的承續與傳遞之間做了最佳的媒體，對讀者來說，它造成一種物象在視覺中暫留時的多樣性感覺；對於詩來說，它是使得語氣一貫而下的功臣。而在時間的細流中，詩人的視境逐漸由點而線，由線而面，由面而至寬廣的空間，逐層擴展，情緒的緊張亦逐層加深，當然是上述修辭技巧以及意象，節奏的經營所達成的集體效果。

二

詩人在「體物」「寫物」上的大費周章，實際上是爲著⑧⑨兩行的「感物詠志」製造場景氣氛，鍾嶸詩品序中說「氣之動物，物之感人，故搖蕩性情，形諸舞詠」，物之所以能夠感人，端在於物象所呈現的面貌以及其在或動或靜中被感知成分的多少，透過個人諸種經驗的聚合所引起的聯想作用，使得外景與內情交融，那時是自然而然的有所反應，或形諸舞，或形諸詠，無非是言志罷了。所以說，感物是由外入內，詠志是由內而外，這種「外—內—外」的過程在合理的情況下完成，換句話說，必須合乎邏輯。

張默在⑦行完成寫物的作業恰到好處，把無邊的漆黑夸飾成⑧行的「空虛而沒有腳的地平線」，「空虛」是一種感覺，外在客觀景象的空虛，實際上正是內心境域的空虛，在描寫「地平線」使用了情緒語言正是由景入情的初步徵兆，原先埋伏在文義格式之中濃郁的感情已經完全凝聚，詩人知道，「感物」的具體外現已是時候了，於是彷彿是在長時期的壓抑之下的感情，凝聚後又向外四射了：

我是千萬遍千萬遍唱不盡的陽關

張默用了一個「暗喻」把譬喻母體：「我」的離情巧妙傳達，所使用的譬喻語「千萬遍千萬遍唱不盡的陽關」，雖經過多種夸飾—疊句「千萬遍」以及「唱不盡」的修飾語，卻無「虛而濫形」（註一二）之疵，重顯出詩中「我」離情的濃烈，原是無休止的漂泊，一次復一次的吟唱陽關，而今夜，在「空虛而沒有腳的地平線」，面對無邊黑暗，突然了悟自己是被吟唱千餘年的「陽關三疊」，是一支古老的歌，彷彿已被命定，生命內裡註定長期備受煎熬，張默於此是演出了一齣靜態悲劇。

「黯然銷魂者，唯別而已矣」（註一三），甘肅敦煌附近的「陽關」，打從唐代王摩詰唱出「渭城曲」之後，在騷人墨客詩詞中已被視爲特定意義的譬喩之詞，這無疑取來表徵別情的原因，而他更是巧妙得運用在「詠志」上，效果之驚人是不言而喩了。

三

我把這首詩歸到六朝「巧構形式之言」的詩，從「體物寫物」論到「感物詠志」，我無意強調它在形式美上的價值，因爲詩人所欲傳達的題旨是在這種形式設計中去體現，換句話說，內容包含在形式之中，將形式條分縷析之後，內裡所包容的東西也就畢露了。

而被納入「巧構形式之言」詩範疇的或多或少都具有古典山水詩的性格與構形，當然，就「寫物」著眼，「無調之歌」在「模山範水」上是和山水詩相類，可是這並不表示「無調之歌」就是山水詩或寫景詩，因爲它所蘊涵的悲劇意識是山水詩中少見的。在表現技巧上，相類於今日電影鏡頭的轉接手法（註一四），卻是可以在山水詩中找到許多例證。

在張默自已詩中，就拿「無調之歌」詩集來說，和本文所分析的表現手法類似的尚有：

露水橫過天空

天空橫過棕梠
棕梠橫過咱們的眼睫
咱們的眼睫橫過水鳥的翅膀
水鳥的翅膀橫過
一頁正在發獃的大地
——露水以及
測視夜晚看不見的雲層
雲層下黑越越的海
海以下茫茫的玄穆，與夫
——與夫曠野

上面的引詩至少已經牽涉到一個嚴重的問題，那就是修辭格中「層遞」與「頂眞」的差異性與共同性，這似乎是難以釐清的問題，容後日另撰文討論。

我的詮釋工作至此已算完成，我發覺不單是此詩，「無調之歌」集中的其他許多詩，都是很經得起分析，這當然是緣於張默能夠多方不斷地實驗，在以往的實驗成果中，本文所分析的「無調之歌」我相信是相當成功的，希望以後有機會探討我極喜愛的三首動物詩：長頸鹿、駝鳥、豹。

【註釋】

註一 原詩無編號，此處加以編號是爲了釋文分析方便。

註二 請參見廖蔚卿著：從文學現象與文學思想的關係談六朝「巧構形式之言」的詩，文分上下，分載中外文學三卷七、八期，六十三年十二月、六十四年元月，臺北。

註三 劉勰文心雕龍物色篇語。

註四 同上。

註五 司空圖「與李生論詩書」語，文見郭紹虞「詩品集解」附錄一，表聖雜文，臺北，清流。

註六 劉勰文心雕龍比興篇語。

註七 如陳望道的「修辭學發凡」、黃永武的「字句鍛鍊法」、黃慶萱的「修辭學」等。

註八 「類疊」的設計方式可分爲二：「類」和「疊」，指字、詞、句在文或詩中的反覆使用，所以又可分爲類字、類詞、類句；疊字、疊詞、疊句諸現象，類詞即指同一詞語在文或詩中的重複出現。

註九 朱光潛「文藝心理學」語，見該書附錄：近代實驗美學，第二章「形體美」，臺北，開明。

註一〇 桑塔耶納「美感」語，見該書「形式之美」章，杜若洲譯，臺北，晨鐘。

註一一 請參見黃慶萱「修辭學」第二十六章，臺北，三民。「聯珠體」的頂眞辭格是指在同一段語文中，有連續或不連續的幾句，另種頂眞辭格稱「連環體」，是單指在段與段之間使用的。

註一二 劉勰文心雕龍夸飾篇語。

註一三　江淹「別賦」語，文見昭明文選，卷十六，臺北，藝文。

註一四　請參見溫任平「電影技巧在中國現代詩裡的運用」，文載「比較文學的墾拓在臺灣」，古添洪、陳慧樺合編，臺北，東大。

——初刊「詩脈」季刊第四期，一九七七年一月

——再刊「詩的詮釋」，時報文化公司，一九八二年六月

聲韻學在新詩上的一項試驗

——《無調之歌》的節奏

陳啓佑

歷來討論新詩節奏的文章不少，但是以本文所使用的方法從事分析新詩節奏者，筆者則尚未見及。本文之主要目的，即在於提供一項實驗，冀盼對新詩之韻律能有眞確、深入、詳細的掌握，並與方家商量。實驗品是張默的「無調之歌」。

月在樹梢漏下點點烟火
ye˥˩ tsai˥˩ ʂu˥˩ ʂau˥ lou˥˩ ɕia˥˩ tiɛn˨˩˦ tiɛn˨˩˦ iɛn˥ xuo˨˩˦

點點烟火漏下細草的兩岸
tiɛn˨˩˦ tiɛn˨˩˦ iɛn˥ xuo˨˩˦ lou˥˩ ɕia˥˩ ɕi˥˩ tsʻau˨˩˦ tə· liaŋ˨˩˦ an˥˩

細草的兩岸漏下浮雕的雲層
ɕi˥˩ tsʻau˨˩˦ tə· liaŋ˨˩˦ an˥˩ lou˥˩ ɕia˥˩ fu˧˥ tiau˥ tə· yn˧˥ tsʻəŋ˧˥

浮雕的雲層漏下未被甦醒的大地
fu˧˥ tiau˥ tə· yn˧˥ tsʰəŋ˧˥ lou˥˩ ɕia˥˩ uei˥˩ pei˥˩ su˥ ɕiəŋ˨˩˦ tə· ta˥˩ ti˥˩

未被甦醒的大地漏下一幅未完成的潑墨
uei˥˩ pei˥˩ su˥ ɕiəŋ˨˩˦ tə· ta˥˩ ti˥˩ lou˥˩ ɕia˥˩ i˥˩ fu˧˥ uei˥˩ uan˧˥ tʂʰəŋ˧˥ tə· pʰo˥ mo˥˩

一幅未完成的潑墨漏下
i˥˩ fu˧˥ uei˥˩ uan˧˥ tʂʰəŋ˧˥ tə· pʰo˥ mo˥˩ lou˥˩ ɕia˥˩

急速地漏下
tɕi˧˥ su˥˩ ti˥˩ lou˥˩ ɕia˥˩

空虛而沒有腳的地平線
kʰuŋ˥ ɕy˥ ə˧˥ mei˧˥ iou˨˩˦ tɕiau˨˩˦ tə· ti˥˩ pʰiŋ˧˥ ɕiɛn˥˩

我是千萬遍千萬遍唱不盡的陽關
uo˨˩˦ ʂʅ˥˩ tɕʰiɛn˥ uan˥˩ piɛn˥˩ tɕʰiɛn˥ uan˥˩ piɛn˥˩ tʂʰaŋ˥˩ pu˧˥ tɕin˥˩ tə· iaŋ˧˥ kuan˥

本文使用國際音標來忠實記錄「無調之歌」語音的音值，絕非企圖標新立異。以語音分析中最小且最基本的單位：「音素」連合拼成的音節標注此詩的主要目的，無非爲了利於較縝密的研究，進而與節奏接觸並給予綦詳的討論。在討論之前，必須說明三個特殊標音現象。詩中「點」、「煙」、「線」、「千」、「遍」等字共同韻母（final）在理論上的音值應該爲ian，但實際發音時則是從舌面前、高、展唇元音i，滑到舌面前、半低、展唇元音ε，最後滑到舌尖鼻音n的位置：iεn，因爲聲隨韻母「ㄢ」的音值原來是an，其主要元音a的舌位極低，與i攜手結合，往往受到i的影響而形成元音的同化作用（assimilation），迫令a也跟著向高位移動，終於變成半低元音ε。第二個特殊現象是節縮作用（Syncopation），「雲」與「盡」的韻母「ㄩㄣ」、（ㄧㄣ）的理論音值應爲yen與ien，然而實際國語發音時，則變爲yn與in，發生音素e減少現象，主要緣故乃是發音之際舌尖移動次數多，相當麻煩不便，索性將e省略，使之趨於簡單，極有益於順口發音。第三個現象是變調（tone sandhi），這裡所指的變調屬於連音（liaison）變調，而非變調的另一類型：口氣語調。口氣語調是指通常人類說話，往往因口氣或者感情不同，而造成聲調調値變化，懷疑的口氣總是上升的語調即是極佳的實例。連音變調則是指在絲毫不夾雜口氣和感情的成分下，唸一個詞或句子，因爲前後音節環境迥異而促使詞或句子的字音聲調起種種蛻變，例如此詩中「點點」兩個上聲音節相連時，前一個上聲必須唸成陽平，亦即第二聲（2nd tone）：〈。針對這三種不尋常現象加以闡釋，一方面可避免讀者對筆者所標注的音值引起誤會；另方面，肯定正確的音值，尙足以消除下面從聲韻學出發而進行的音素次數統計的偏差，這便是以上不憚其煩地解釋三個特殊現象的居心所在。爲了避免零星散漫的不良現象，充斥於討論中起見，此章釐定三小節：類疊、元音、停頓，準備依序分別檢視它們的功能。

一、類疊

筆者嘗在「新詩形式設計的美學基礎：類疊篇」一文裡根據心理學理論，推知適當的「類疊」修辭格足夠令讀者印象烙深，感應力增強，進而催促一首詩頭尾相呼應，臻及完美統一的境界。非特如此，「類疊」尚具有一項重要功能：依賴反複與重疊兩種方式來謀求生動活潑的節奏。張默這首詩的「類疊」可以釐分文字的類疊和聲韻的類疊。必須釐清的是，文字的類疊一定同時具有聲韻的類疊的個性，在此詩中隔不定的距離分別出現的類字：「的」，共有十字之多，它們非但隸屬文字上的類，而且亦屬於聲韻上的類，即是現成的例子。又如兩度出現的疊字：「點點」，這兩個不隔一段距離出現的單字，非獨屬於文字的疊，尚且屬於聲韻的疊，其理甚明。但是聲韻的類疊，並不一定同時皆屬於文字的類疊，譬如「大地」一詞，聲母都是清不送氣舌尖塞聲，屬於標準的聲母的疊，亦即雙聲，但兩字意義及表面構造迴然不同；再如一些同音字，例如夏、下、嚇等，絕對可以造成聲韻的類疊現象，卻無法形成文字的類疊，英文的intension和 intention也有這種情況存在。

「無調之歌」中文字的類疊，俯拾皆是，順手拈來，類字「的」凡十見，「未」字四見，「地」亦四見；類詞「漏下」凡七見。而疊字「點點」共二見，疊詞「千萬遍千萬遍」出現一次。而「點點煙火」、「細草的兩岸」、「浮雕的雲層」、「未被甦醒的大地」、「一幅未完成的潑墨」，似類句又非類句，將它們歸入疊句範疇，它們皆各出現一次。誠如前所述，這群類疊字、詞、句在完成文字類疊的使命的同時，也輕而易舉地收到聲韻類疊的效果，由於它們的並置呈現或交錯配置，引起此起彼落的音樂感，給讀者非常良好的印象。

而聲韻上的類疊，應該可以釐分八個項目：

1. 雙　聲：樹梢、下細、雕的、的大、大地、未完、的地等。
2. 疊　韻：點煙、未被、潑墨、遍千等。
3. 近雙聲：甦醒、潑墨、盡的等。
4. 近疊韻：樹梢、梢漏、兩岸、浮雕、雲層、的大、完成、有腳、平線、千萬、萬遍、遍唱、陽關等。
5. 類雙聲：月、雲爲一組，漏、兩爲一組，細、下、醒、虛、線爲一組等。
6. 類疊韻：點、煙、線、千、遍爲一組，梢、草爲一組，樹、甦、速、浮、幅爲一組等。
7. 類近雙聲：空、關爲一組，醒、急、腳、千、盡、線等爲一組，被、潑、平、遍、爲一組等。
8. 類近疊韻：雕、幅、有、草等爲一組。

「甦醒」一詞，「甦」的發音部位屬舌尖前音，「醒」則隸屬舌面音，稍有區別，但異中有同，即是兩字的發音方法皆爲清送氣擦音，由於兩字起音性質相近，名之爲「近雙聲」應該無可厚非：「潑墨」兩字也不例外，在發音方法上，「潑」爲塞聲，而「墨」則是鼻音，於發音部位而言，無疑皆爲雙唇音。「近疊韻」也是基於這種因素而給予的稱呼，相連兩字韻尾性質相近或相同，換言之，韻母相近者，皆可由「近疊韻」這名稱來管轄。如「兩岸」的主要元音皆爲舌面低、前元音a，而且前者韻尾爲ŋ，後者爲n，都是陽聲鼻音，但同中有異，「兩」屬於舌根鼻音，「岸」屬於舌尖鼻音。「樹梢」一詞，韻尾皆由舌面高、後、圓唇元音u，歧異處在於主要元音ə的有無。唐鉞在「音韻之隱微的文學功用」（註一）一文稱這兩種他所發現的現象爲「半雙聲」、「半疊韻」，郭紹虞在「中國文字可能構成音節的因素」（註二）裡，也極力讚同這種說法的可靠性以及其音樂效果。

「類」這一個修辭格，尤其是乖隔一大段距離而出現的「類」，自然遠不及「疊」的效果優良，遠隔七行距離的類雙聲：「樹」與「是」，比起雙聲：「樹梢」兩字，呼應作用顯得十分薄弱即爲實例。這種說法並無一口否定「類」所帶來的節奏感的居心，例如類雙聲：細、下、醒、虛、線的頻頻出現，由於彼此相距不遠，頗能達到密切的呼應的目的，使讀者產生一種類似於「重逢」的喜悅，並且引發順暢無阻的節奏。職是之故，「類」必須在距離上，更確切地說，在空間以及時間距離上，作適當的理性約束，才有接近「疊」的效果的可能。

總括而論，文字和聲韻的類疊現象，不論是集中一處，或者均勻分散詩中各個角落，只要調節適度，皆能提供流暢自如、悅耳動聽的旋律，來討好讀者敏銳的耳朵。「無調之歌」在這方面技巧的運用，業已熟練，可以獲得優越的成績，則是無庸諱言的。

一、元　音

唐鉞於「音韻之隱微的文學功用」中指出：

> 凡兩個字所含的韻元（vowel）有相同的，若接連用他，可以叫做應響。

他臚舉一些實例：「長老（同含a）」、「別離（同含i）」等以及杜甫五言詩來加以說明，更進一步，體認「應響」有一種特殊的，比雙聲、疊韻還要深微的音樂性質，誠爲卓見。郭紹虞十分肯定這種發人所未發的獨到見解：

> 此說於音首尾之外再注意到音腹部分，亦極有見地，古人音節之妙，於這一方面也不能無關係。（註三）

此節的調查範圍，希望擴大至韻尾、韻頭部分，不僅局限於唐鉞所鑽研的韻腹部分。之所以只對元音（亦即唐鉞所謂的韻元）從事調查工作，而毫不考慮輔音（consonat），理由無非是在所有音素之中，元音的響度勢必較輔音更為強猛，這是聲韻學家一致公認的，其實，輔音只具備發音情況，實際上並沒有聲音可言。從調查結果，可以追究張默刻意遣用含有某些元音字眼的主要用意，以及由元音帶來的音樂效果程度的高低深淺。在此詩中紛紛湧現的a、ε、ə、e、o、u、i、y等八個元音，經過細心調查，得到下列的統計數目：

i：46
u：35
o：15
ə：19
e：8
ε：11
a：27
y：4

根據聲韻學家研究成果：低元音比高元音響亮，而後元音比前元音響亮，可以直接肯定極端元音i和y響度最低微，而u比i、y響度大一點，o又較u響亮一點。極端元音 a 響度最為宏大。ε、ə、o與e四個元音響度彼此相差甚微，它們皆介於u和a之間。這個道理非常淺顯，這裡只舉兩個例子解說，以概其餘。a屬於展唇元音，從聲門發出時口腔張開度最大，任何元音的口腔張開度無法望其項背，口腔大的自然比小的響亮。i是前元音，u是後元音，兩者舌面高度雷同，但後元音勢必比前元音宏大。（註四）所謂響度（Sonority）指的是聽覺器官感受各種聲音的敏銳度，又可稱盈耳度。響度最強的a出現次數佔整首詩字數（一〇三字）的四分之一強，這項千眞萬確的事實顯示張默大量運用含有響度最高的元音的字眼，藉以表達激烈煩惱的情緒。i和u的勢力亦極龐大，數目遠在a之上，但基於二者舌位最高，響度皆十分纖微，尤其是i，實在是所有元音中響度最小者，雖屢見不鮮，但絕對不能消滅充滿於詩中的a所製造的一片音響於萬一。自另一角度觀察，半數以上的i都以排頭身分聯合一個較其宏亮的元音，排列成先輕後響的「上升複元音」，更無疑迴盪於詩中的音響效果。這些元音泰半以複元音（diphthong）的姿勢出現。所謂複元音即是兩個或三個不同元音結合在一起的音韻型式。此詩複元音泰半以上升複元音的身分登場，例如ia,ua,uo,i，εi等，比比皆是，後一個元音響度皆較居前的元音猛強，唸起來有聲音逐漸高升，後來居上的感覺。上升複元音的數量幾乎等於響度愈來愈小的下降複元音（如ei,ou,au,ai等）的兩倍，職是之故，此詩洋溢一片強烈而豐饒的聲響，而詩中濃郁得不可壓抑的悲愴情懷，便仰賴這一片聲響而爆發得淋漓盡致。站在另一個立場，出現次數居前五名的a、ə、o、u、i等五個元音，接二連三地呈露，拋頭顱，灑熱血，達成以「反複」方式獲取音樂性的任務，委實是造成此詩音樂美感濃厚的不可或缺的主力因素之一，何況這首詩的統一性的促成即得力於它們，豐功偉業，不能磨滅。

三、停頓

這首詩主要而又適當的停頓（caesura）位置如下：

第一行：梢、火

第二行：火、岸

第三行：岸、層

第四行：層、地

第五行：地、墨

第六行：下

第七行：下

第八行：線

第九行：遍、遍、關

根據語音學家實驗的結論：濁音比清音響，擦音比塞音響，邊音比塞音響，而鼻音又比邊音響，足見鼻音在輔音中響度雖未領先，起碼也在前四名之內。而在此詩十六處停頓中，屬於嘹亮的陽聲鼻音韻尾的共有八字之夥，正好佔三分之一，這八字：岸、岸、層、層、線、遍、遍、關，同時又是前面所述的「應響」，押這一類性質相近而又饒有響度的韻腳，充分顯示張默獨運的匠心。這些在統一中有變化的韻腳的存在，不但能夠暗示廣袤遼闊的空間，尚且將人與巨大時空對比之下而勾起的淒楚心境，全盤托出。善作激情沖擊以震撼讀者心靈，無疑是張默的主要藝術特色，此詩自亦不例外；而具有陽聲鼻音韻尾的韻腳頻仍，無非是形成這種特色的因素之一。更進一層分析，由於停頓與間歇所捎來的節奏，加以這些音色相近的韻不斷地重複所引起的急速律動，頗能協助讀者捕捉美學上的快感。另外不容一筆抹煞的是，除了作爲「停頓」的八個陽聲鼻音字，此詩字裡行間尚容納二十五個陽聲鼻音韻尾字。黃永武先生在「談詩的音響」（註五）一文，舉詩經魏風碩鼠一詩爲例，證明「句中有韻」的節奏、氣韻非常迫促，良有以也，實爲相當明確的見解。張默「無調之歌」正是這項顚撲不破的理論的實踐。這群爲數二十五的「句中韻」，十分密集，最能釀造急疾的節奏，不辱使命地配合「急速地漏下」的空間動作和心態。另一個必須附帶言及的優點是，末行十四字之中，連續遣用尾音爲n，m，ŋ的陽聲鼻音字，如千、萬、遍、唱、盡、陽、關等，竟然高達十字之多，這些響度頗高的陽聲鼻音韻尾字最適於渲染激昂悲愴的情緒，同時還能表達遼敻的時空，一箭雙鵰，這是「聲象乎情」與「聲義同源」等聲韻學理論的發揮，相信有造詣的聲韻學家皆會舉手讚同。

善於口才者，平常談吐之間，基於適可而止的停頓，以及母音、子音的重複，情感的調節，音量的強弱，業已能產生動人心弦的節奏。而此詩愈進一步地，再溶合前面三節所提到的諸種技巧，無疑地，更能臻及高度的審美效果。這首詩雖題爲「無調」，實則「有調」，從上述的剖析，足以證明這點。

【註釋】

註一：此文收入唐鉞著「國故新探」，臺北，商務。

註二：參見「語文通論」一書，頁二〇四，臺北，華聯。

註三：同前註，見頁二〇五。

註四：參見羅常培著「漢語音韻學導論」，頁三十七，臺北，九思出版社。

註五：參見黃永武先生「談詩的音響」，此文收入其大著「中國詩學：設計篇」一書，臺北，巨流，六十五年十月版。

——初刊「創世紀」第四十九期，一九七八年十二月

——再刊「渡也論新詩」，黎明文化公司，一九八三年九月

——三刊「當代臺灣文學評論大系」新詩批評卷，正中書局，一九九三年五月

現實觀的探求

——以《最後的》一詩為例證

林亨泰

前面所舉的瘂弦「深淵」與洛夫「石室之死亡」可能是比較特殊的例子，但，即使如此屬於較複雜而難懂的詩例也好，仍然不難看出他們對現實的積極態度以及具有較廣乃至較深結構之現實觀的。那麼，就這一點而言，其他現代詩的情形又怎麼樣呢？現在，再就張默「最後的」這一首詩作爲探討的對象。

最後的

戀愛光
像螻蟻諦視著人類
這是一個小小的問題，在起始
思想被投入陰森森的夜

聲音迴旋於無限的幽冥
　即是憂戚，已不知憂戚
　　即是焦慮，已不知焦慮
哦，戀愛吧，而且應該忘卻最後的時辰

似奇異的插曲般地
一絲絲的風，昇自我的心底
它要歸向奧尼爾
　以至迢迢的未來

所以我已察知
　死的冥寂
　　靈魂的覺醒
　　　古戰場的悲愴
那是一個什麼樣的時刻
　骷髏是旌旗
　　荒塚是凱撤

　　夜在做著莊嚴的晚禱
這是一個什麼樣的時刻
那會完成的，也許永不完成的
不祇是訴說
對其將生命，當作是早現的曇花
我已不畏失去，藝術正是一切
這是一個小小的問題，在起始
雖然世界一片虛幻
而我已獲得
　　空虛就是充實

《創世紀》第十二期可以說是多采多姿而具有紀念價值的一期。張默這首詩也是發表於這期詩刊上。不過，張默卻把拯救自己的事列爲自己詩業上的重要的項目，這一點完全不同於前述瘂弦與洛夫等的作品。就張默來說，自我才是唯一自己寫詩的眞正對象與眞正題材，他總是喜歡在「我」這名義下完成他自己的詩，例如「所以我已察知」「我已不畏失去」「

而我已獲得」等，因此他的詩作品可說具有他自己完整的自我輪廓。尤其最難得的是精神處於危機的時候——如「思想被投入陰森森的夜／聲音迴旋於無限的幽冥／即是憂戚，已不知憂戚／即是焦慮，已不知焦慮」，此時「我」立即就向自我發出拯救自己的呼喊來：「哦，戀愛吧，而且應該忘卻最後的時辰」，甚至說：「那會完成的，也許永不完成的／我已不畏失去，藝術正是一切」。他認爲戀愛（亦即藝術）能夠彌補他所失去的一切！因此這種心境遂也能夠領悟出：「這是一個小小的問題，在起始／雖然世界一片虛幻／而我已獲得／空虛就是充實」，因而他的「自我」就這樣獲得解救了。或許有人認爲「空虛就是充實」是矛盾而不合道理、玩弄詭辯乃至虛無主義的一種想法。其實詩中所想塑造的危機感不能跟散文中抽象地談論危機的情形同日而語的。想像力中的危機感只是企圖以詩爲救濟自我而發生的一種緊張感，亦即以詩人的自我意識與想像力塑造出來的痛苦的表象物。所以它不但是一個具體的角色而且也是具有現實觀之內容的。同時，詩人一向是唯一被容許可以對那種虛無縹緲的對象進行孤注一擲的賭注。我們應該知道，詩與小說是各有分野。

——初刊「詩學」第三輯，成文出版社，一九八〇年四月

——再刊「創世紀」第六十五期，一九八四年十月

從「無調之歌」到「變奏曲」

古遠清

張默（一九三一—），本名張德中，安徽無爲人，南京成美中學畢業。一九四九年三月來臺，一九五四年十月，與洛夫、瘂弦在左營發起籌組「創世紀」詩社，刊行「創世紀」詩刊迄今。著有詩集「無調之歌」、「陋室賦」、「愛詩」、「光陰·梯子」，詩評集「無塵的鏡子」及散文集「雪泥與河燈」等多種。另主編「六、七、八十年代詩選」、「現代詩人書簡集」、「現代女詩人選集」及「中華現代文學大系」（詩卷）等十多部，並擔任國內各種詩獎評審委員，對推展臺灣現代詩運起了主導的作用。

無調之歌

月在樹梢漏下點點煙火
點點煙火漏下細草的兩岸
細草的兩岸漏下浮雕的雲層
浮雕的雲層漏下未被甦醒的大地

未被甦醒的大地漏下一幅未完成的潑墨
一幅未完成的潑墨漏下
急速地漏下
空虛而沒有腳的地平線
我是千萬遍千萬遍唱不盡的陽關

——一九七二年九月十七日右昌

此詩題名爲「無調之歌」，然而它並非信手拈來，隨意鋪陳，沒有主調，祇不過是作者從一句到七句體物寫物時，用墨如潑，而到了最後感物詠志時，卻惜墨如金，只用了兩句。這兩句話雖少，然而卻是理解這首詩主調之關鍵。從「空虛而沒有腳的地平線」看，好似是寫地平線無邊無際，但仔細體會，這是寫人的一種心情。此人行無固定的目標，一天到晚不停地走，不停地流浪，心中感到非常空虛。這一猜測，有下一句「我是……陽關」爲證。陽關，即寫送別、離別的古代詞曲「陽關三疊」的簡稱。最有名的詩句該算是王維的了：「勸君更盡一杯酒，西出陽關無故人。」

由於抒情主人翁是無休止的漂泊者，所以，他看到的景物不是暗淡無光，就是「未被甦醒的大地」與「未完成的潑墨」之類。一方面由於他沒日沒夜的流浪，另方面也由於清朗的陽光本不屬於他，所以作者才選用了一系列的夜行景色去反映他面對黑暗時產生的空虛心情，這是再恰當不過的了。

此詩節奏輕快，簡直使人聯想到瘂弦某些詩作的調子。但語言卻較費解。拿第二句來說，作者的本意是說點點煙火籠罩著兩岸的細草，細草的兩岸有著浮雲的倒影，但作者偏不這樣直說，爲的是追求音韻效果和引起讀者的回味。「漏下」一詞也不易把握，如把「漏下」理解爲「落下」，顯然不通。理解爲「漏洩」和「隱約可見」，可能較合作者的原意。作者之所以反複使用這個詞，爲的是反映抒情主人翁內心境界的空虛和煩惱，讓一種寂寥和煩悶的氛圍籠罩全篇，收到「梧桐更兼細雨，到黃昏點點滴滴。這次第，怎一個愁字不得！」的藝術效果。

這首觸景生情的詩，和作者另一首詩「露水以及」一樣，其構思均起於夜而終於大地。其層次排比可用下圖表示：

月→煙火　　煙火→細草

細草→雲層　　雲層→大地

大地→潑墨

從修辭手法來看，這裡用的是上句與下句緊密銜接的項眞格。作者不僅這樣用了，而且讓上句與下句之間有轉接和傳承的關係，這就使作品的構思顯得縝密和完整。

駝鳥

遠遠的
靜悄悄的
閑置在地平線最陰暗的一角
一把張開的黑雨傘

——一九七四年八月七日內湖

作者從十四歲（一九四四年）時起就讀了冰心的許多小詩，對他以後的創作產生了重要的影響。他還於一九八七年出版了「小詩選讀」一書，更可見其對小詩的偏愛。「駝鳥」雖然沒出現在「小詩選讀」中，然而它堪稱是小詩創作的典範。它短到只有四行，其容量卻不是這四句話能說明的。把頭小頸長、翼小不能飛的駝鳥比作「一把張開的黑雨傘」，意象新穎，眞可謂是晶瑩剔透，但這還只是形似。雨傘張開而被閑置，且「閑置在地平線最陰暗的一角」，這才是神似，即寫出了作者對所謂「駝鳥精神」的鄙視。在作者看來，人應活得有價值，應轟轟烈烈幹一番事業，不應遠離人世間，靜悄悄的閑暇地打發日子；更不應像駝鳥那樣沒有勇氣面對生活和接受來自不同方面的挑戰，遇到困難或挫折就採取逃避政策。

此詩像一幅色彩鮮明、線條清晰的素描，它的內涵豐富而飽滿，很耐人咀嚼。

變奏曲

某些楊柳輕輕飛上吾女的額
某些炊煙輕輕飛上吾女的唇
某些蟬聲輕輕飛上吾女的耳
某些桃花輕輕飛上吾女的顋
某些企鵝輕輕飛上吾女的鼻

某些噴泉輕輕飛上吾女的眼
某些波浪輕輕飛上吾女的眉
某些胭脂輕輕飛上吾女的腳
某些秋千輕輕飛上吾女的腰
某些陶器輕輕飛上吾女的背
某些薔薇輕輕飛上吾女的手
某些山巒輕輕飛上吾女的髮

某些某些之後是　吾女
被時鐘雕刻著的

一座永遠青青的象徵

——一九七二年一月二日右昌

此詩給我的第一個印象是比喻和排列的奇特。不管是動物還是植物，是風景還是器具，均一一飛上「吾女」身上的各種部位，看似不用匠心，隨手寫來，其實作者還是花了許多選擇和推敲的功夫的。比如寫飛上顋的桃花而不用李花，是因爲有「人面桃花」的成語在。但如用人面桃花去形容「吾女」的漂亮，就顯得老掉牙，改換桃花飛上顋的角度寫，便給人耳目一新之感。用秋千去形容「吾女」腰的纖細，用噴泉去形容「吾女」眼睛的明亮，用山巒去狀寫「吾女」頭髮富於變化的曲線，同樣顯得準確、生動，使人感到美不勝收。

一行行的「飛去」，從五官各個部位一直寫到腳，讀著誦著，人們心中難免嘀咕，我倒要看一看，看他「飛」到那裡去！因爲這一行一行「飛」來「飛」去，弄不好容易呆板，使讀者厭倦。但張默沒讓自己一直「飛」下去，而在下一段中用壓縮法給全詩做個「總結」，形成高潮，而這「被時鐘雕刻著的一座永遠青青的象徵」的少女讚美詩，終於完成。讀到這裡，讀者得到了滿足，驚佩詩人的善放與善收的技巧終於奏了效。

此詩第一節的「豆腐乾」式的排列，與聞一多所提倡的「節的勻稱，句的均齊」完全一致。其中「輕輕飛上」一句，像飄然的緞帶一般，將兩種不同性質的對象綰連在一起。這首詩從詩型上看簡直像是一幅美麗工整的圖案，這又合乎音樂的原理了。因爲所謂音樂，就是聲音的圖案。（瘂弦「爲永恒服役」）

飲那綹蒼髮

讀著讀著，深深地讀著
您的七十六歲的肖像
那眼角兩側長而細的魚尾紋
那滿頭的白雪
流溢著幾多的思念和滄桑
聽不見您遙遠的叮嚀，已經卅個寒暑
那不是一萬多天嗎
時間的步履彷彿是很輕緩的
像您慈愛的手，把我們從襁褓中搖大
哦！母親
不管歲月如何無情的消逝
不管現在我們怎樣的蒼老

也許我們能活過一百歲
也許五十年後
我們的屍骨比嚴冬的霜雪更冷澈
然而，母親，您永遠，永遠是
輕拂我們墳前的蕭蕭的白楊

歲月是沒有顏色的
歲月是阻擋不了什麼的
哦！母親，在您的身畔
我願永遠化作一具小小的木乃伊
靜靜，靜靜地吸吮您心底的聲音

一九七九年張默從香港傳來的消息得知大陸行年近八十的老母仍然健在，不禁驚喜萬狀，涕淚縱橫。他的鄉愁由此擴大，並意外地帶來一次創作的高潮。這首詩，便是他壓抑了卅多年鄉愁的總爆發。

此詩第一段描寫自己看到老母肖像後引起的激動心情。不說「看」，而曰「讀」，且是「深深地讀著」，可見詩人看的不是一張普通的照片，而是從照片引起對人事滄桑的深沉思索。「白雪」與「流溢」相配搭，好似不通，但白雪原來是水變成的，再加上作者熱淚的滲透，所以用「流溢」去形容並沒有什麼不妥，何況前面還有「魚尾紋」一詞做舖墊。第二段寫雖然有一萬多天無法聽到慈母遙遠的叮嚀，但母愛仍把自己從襁褓中搖大。値得注意的是詩人將「卅個寒暑」加以強調，具體化爲一萬多天，說明自己雖身在異鄉，但仍日夜思念故鄉，思念親人，總嫌時間過得太慢，無法盼到團圓一天的來臨。第三段讚嘆母愛長存不滅，即使自己辭世了，母愛仍會像墳前的白楊輕拂。本來，一般人得知多年不通音訊的親人健在時，感情會像山洪爆發一樣傾瀉而出，但張默不然，面對鄉愁這一傳統主題，他淒切而冷聲地面對自己的悲劇，不是想到今後活得更開心而是想到身後事，即把這一意外喜訊用悲劇的形式表現出來，把這種大喜過望的題材當作客觀的藝術來處理，由此可見作者詩藝的老成練達。末尾「木乃伊」的比喻，所強調的仍是這種從海外傳來的喜訊，所帶來的濃重悲劇意味。說「歲月是阻擋不了什麼的」，可正是這沒有顏色的歲月，阻擋了他們卅年的團聚。一想到此，怎能不使詩人愛恨交加，悲喜糾結。

此詩感情深沉，明朗曉暢，不似張默早期某些作品難懂。這也說明經過人生的大悲慟，張默的詩風變得更爲冷凝而深沉。

——初刊臺灣新聞報「西子灣」副刊，一九九〇年九月廿三日

導讀張默的「哲人之海」

蕭蕭

一、

深深　向無緣的黑暗逼進
一曠古的哲人，一未被認可的
重濁的地界
　　　在摸索
　　　　在摸索
　　　　　在摸索
（伸手不見五指，我們的航程是多麼的黯鬱）
那些船，桅杆星羅棋佈地，城牆般的船
吊在我的心上

像一串串憂戚，永無著落的，惹人愛憐的
以及沒有顏色的
　就是星，永遠地引導著我們

我們像發現了什麼，到底是我們尋獲了什麼
這沉重的難以名狀的完全沒有音量的負荷
我們努力奔赴，以畢生之力，衝破這層層
燃燒的黑暗

　　遠方有海，舞以髮辮的迎接我們
　　　舞以波浪的沐浴我們
　　猶之那星，不變方位的星
　　猶之情人，細吮並不陌生的我們
水波在靜靜地開放，泛著十字的漣漪
深深　向無根的藻草侵入

她的小手是纖纖圓圓而柔美
沒有惦記，沒有逸樂，沒有祝福
我們已離夜，黑暗向我們道著再見
猛抬頭，又是那星
遠遠地伸展著我們

二

這世界與不是這世界
這景致與不是這景致
如虹。

三

沒有波浪沒有睡眠沒有疲乏沒有驚奇
遠遠的海瞪視著我們
洞簫起伏在天的中央
吹一曲八月之歌

她說這是冒險的季節
讓我們的眼角膜不再觸及
那些破銅爛鐵，那些蒼白的魚腥味
與及那些沒有甲骨的波紋
而藻草是婚媾過的
而鏽了的歲月對我們將不再是教育而是死亡

早早就想散離她了
在這圓舞的圓舞裡

【導讀】

在現代詩推廣運動的過程中，有三個人的力量不可忽視，第一位是覃子豪，覃先生對於詩的解剖，評論，不遺餘力，最早以實際而可行的寫作方法示之後學。第二位是張默，張默設計詩的活動，編印詩刊、詩選、及一切有關詩的資料，均有極好的成果。第三位林煥彰，編寫近三十年新詩書目，其功亦偉。三位中要以張默的涵蓋面及影響力最爲深廣，而且還在持續進行中。現代詩推廣運動如有些微成績，張默自有一分功勞。

張默的詩如其人，具有充沛的生命力與衍展性，從一個意象推演到另一個意象，迅急而有力，好像一個呼吸迫促的跑者，當讀者目不暇接之時，他又跑過了一站。

「哲人之海」是他早期的作品，具有三十歲年輕人的旺盛意志，也有深沈的思考。

第一節長至七段二十七行，第二節三行，第三節兩段十二行，都足以說明不拘形式，任由情思發展的充沛導力，如水遇坎而盈，遇懸崖而成瀑布，遇谷而成溪，也有可能擇地激噴而爲泉。當然，這種形式的不定也說明了當時掙脫格律後的實驗痕跡。

「哲人之海」可以說是沈寂之航，「航程是多麼黯鬱」，詩的開始是三個深沈而黑的意象，面對的未來是「無緣的黑暗」，此地是「未被認可的重濁的世界」，而人則是「曠古的哲人」，哲人自非英雄、美人，其屬色當然也是代表理性的黑色，哲人就在這黑色的重圍中向前探索。而賴以航行的「船」卻像憂戚吊在心上，如城牆般拒絕著我們的航行，成爲我們憂慮之事。

我們的負荷是沈重的，途中如有尋獲，並不足以減輕我們的負荷，我們努力奔赴，要衝破這層層「燃燒的黑暗」，黑暗而以「燃燒」爲飾詞，令人有急欲衝出的不耐感。在黑暗中，有一顆星領導著我們，這是理想的象徵，這顆星具有永恒性，永遠領導著我們；具有穩定性，方位不變；甚至於有親切感，如情人，如遠方之海迎接我們，海、星、情人，都指向同一個理想。我們在沈寂中出發，沒有惦記，逸樂和祝福，是一次「純理性」的探索，割絕一切的情牽意掛。

最後一句是「那星遠遠地伸展著我們」，旅程仍是漫長的，我們有引頸期盼的固執。這是第一節。

第二節以「虹」象徵不同世界與不同景致的諧和，虹的形成是晴與雨的交界，光與暗的疊合，陰與陽的互補，閃現在外的則是和柔的七彩。虹橋可以擔任接連、諧和，使之相得益彰，我們正要從此過渡到彼。

最後則以平靜的航行繼續向前，遠遠的海瞪視著我們，洞簫昇起，說這是冒險季節，要遠離「破銅爛鐵」「蒼白的魚腥味」「沒有甲骨的波紋」「鏽了的歲月」，在圓舞的圓舞裡，終將抵達「哲人之海」，那是人生理想中寧靜的境界，平和的海。

——初刊「現代詩導讀」①，故鄉出版社，一九七九年十一月

張默的「長頸鹿」

——讀詩札記之廿一

辛鬱

在臺北動物園的盡處
在被團團圍住的高高的鐵欄杆之內
一頭斑爛奪目的長頸鹿
怡然的昂首，且揚著
長長的
前蹄

有時，牠倘僂著自己身軀的
最突出的部份
任前腿儘量下壓，下壓
彷彿以千斤之力

把大地踩成
一座酒泉

然後，牠又極欲狂奔
以其輕快的醉步，污染每一寸時間的沃土
牠的眼裡是無限的遼闊
牠的眼裡是無限的伸長

張默，本名德中，安徽無爲人，民國十九年生。在中國現代詩壇，張默不僅以他精美的作品建立地位，更是一位推展詩運的健將。二十多年來，他一直是「創世紀詩刊」的靈魂，瘂弦曾說：「如果沒有張默，也就沒有『創世紀』的出現，那麼，中國現代詩的發展史就得改寫了。」這話是不錯的，張默不僅是「創世紀詩刊」的發起人，也是一位主要的掌舵人：爲「創世紀」的出版，他曾經多次進出當舖，並經常的向人籌錢，而在約稿方面，他更會在四小時內連發兩封限時信，非逼使你交稿不可。當然，他煞費心機爲「創世紀」整容，這分刊物的編排是第一流的。

在這裡不談「創世紀」對我國現代詩的功過得失，且聽我表一表張默其人。他是個急性子，事情到手，非一下子辦成不可，但是，他很少忙中出亂子，在處理事務方面，確屬高手。

請看他辦這次「亞洲作家會議」的聯絡事務，處處顯得有條不紊，怪不得彭歌先生要在「聯副」的「三三草」上公開表示感激並贊揚。再看他辦「中國現代詩獎」，從徵稿到頒獎，除了評審方面，許多複雜的事務都一手包辦，能力眞是驚人。然而，請千萬別誤會張默只是個辦事務、編刊物的能手，他是一位道地的詩人，作品堅實、豐富，更可貴的是，他有不爲外力所動的執著的獨創精神。

張默的詩觀是極易被大家瞭解的，他強調詩的嚴肅性，因此，從事詩的創作，乃是一項莊嚴的人生事務，更因爲寫詩是莊嚴的工作，他特別強調獨創性的重要。不錯，張默確已以自己的作品，證實了自己一貫的主張，因此，他不爭一時的名利，而願將自己精心創作的詩，留給時間去考驗。

個人對張默的詩，有以下二個印象，一是在語句的經營上，善於製造氣氛，使語言的彈性豐富而具活力；二是在意念的表達上，不拘於一格，而是多樣性，多方面的，所以他的詩意象繁複，展呈了旺盛的想像力。

「長頸鹿」一詩，是張默詩作極爲特殊的作品，他以動物爲對象，生動的刻劃了長頸鹿的形象。然而，這隻「在臺北動物園的盡處」的長頸鹿是可哀的，因爲牠「有時，牠佝僂著自己身軀」，「牠又極欲狂奔」；牠的可哀是失去了自己的土地——那蒼莽廣闊的原野，因此，透過詩人的觀察，那長頸鹿的眼裡「是無限的遼闊」、「是無限的伸長」——牠多麼想奔回自己的原野，讓無限伸長的道路，證實牠的腳步是多麼輕快。只是，現今牠被圍在「高高的鐵欄杆內」，牠唯一能做的，是「任前腿儘量下壓，下壓」「彷彿以千斤之力」「把大地踩成」「一座酒泉」。可是，牠的這一本能的作爲，在詩人的眼中卻「污染每一寸時間的沃土」。於是，我們不難明白，詩人所唱的是一首長頸鹿的哀歌，由此，我們也感悟文明對於自然生物的傷害，已到了十分嚴重的地步。

詩的表現有多樣性，借物喻事是其中之一，張默的「長頸鹿」，便是在這方面表現極爲成功的作品。

——初刊青年戰士報「詩隊伍」，一九七六年六月十四日

白色的釀製

——試析張默的《飲那絡蒼髮》

彩　羽

近幾年來，張默在詩風方面，似乎也像極大多數的中年以上的詩人們一樣，基於對我國傳統文學的鄉愁與回歸，已經有著一種非常明顯的轉變，觀其作品，我們便知，他已由過往的沉雄，而趨於輕淡，再由過往的過分現代，而趨於古樸的抒情。

他構想的企圖，似乎要在意象與意境之間，舖就一張地毯，好讓那些，打那兒經過的人們，適時去撿拾一些纖麗輕柔，透澈玲瓏，美如珠玉似的極端精巧的句子。其詩作，如：

怎麼撵也撵不走
你的細細斜斜的歌唱

這就是詩人在，閱讀著美麗的信件時的，心靈中的映像：「信」。又如：

你的眸子一直朝向北方

朝向我家我鄉的老屋
烹飪著我的鮮紅的瞭望

這是他以血煮淚，那帶血的鄉愁中的：「楓葉」。再如：

禁不住一點點的微風
也毋需蜂群的播送
鏗然，把十一月的黃昏愈漂愈白

這是他田園風景中，「把十一月的黃昏愈漂愈白」了的：「蘆葦花」。如此探索窮源，以上這些美麗精巧的句子，似乎都是，詩人張默自我邁向一新旅途的開端。現在，我們不妨，再就其作品，來作較深一些的，更進一步的探究。

新近，張默獲得一幀，太夫人從大陸故鄉，經千般輾轉中所轉寄過來的玉照，詩人面對著這幀，已近老耄之年的母親的肖像，而遊子思親，基於人倫之情，故遂成詩作：「飲那綹蒼髮」一首。此作，已由詩人畫家沈臨彬配圖，曾發表於本年十二月十六日中國時報「人間副刊」。

詩人生逢亂世，骨肉離散，內心眞摯之情，哭吐於紙墨。該詩，有血有淚，感人至深，自非一般詩作可比。茲因作者創作動機，係由玉照之中，慈親滿頭蒼髮所導至引發，故我想以「白色的釀製」爲題，對該作之內涵詳加論析，藉以饗諸讀者與同好。試且錄其原作如后：

飲那綹蒼髮

讀著，讀著，深深地讀著
您的七十六歲的肖像
那眼角兩側長而細的魚尾紋
那滿頭的白雪
流溢著幾多的思念和滄桑
聽不見您遙遠的叮嚀，已經卅個寒暑
那不是一萬多天嗎
時間的步履彷彿是很輕緩的
像您慈愛的手，把我們從襁褓中搖大
　哦，母親
不管歲月如何無情的消逝

不管現在我們怎麼的蒼老
也許我們能活過一百歲
也許五十年後
我們的屍骨比嚴冬的霜雪更冷澈
然而，母親，您永遠，永遠是
是輕拂我們墳前的蕭蕭的白楊

歲月是沒有顏色的
歲月是阻擋不了什麼的
哦，母親。在您的身畔
我願化作一具小小的木乃伊
靜靜、靜靜地吸吮您心底的聲音

昔見諸我國古典文學中，痛其父母的，莫過「陟岵」「鴇羽」。念其父母的，又莫過如「蓼莪」一篇。這些詩篇，均爲千古孝思，至情至性之作，幾乎一字一淚，扣人心絃。每讀詩至：「哀哀父母，生我劬勞。」誠未嘗不三復流涕。

今讀張默的「飲」作，讀至「也許我們能活過一百歲，也許五十年後，我們的屍骨比嚴冬的霜雪更冷澈，然而，母親，您永遠、永遠是輕拂我們墳前的蕭蕭的白楊。」像這樣一種超越了所有的時空的母愛，又豈能不無同感！

「飲」詩，全詩共分四節，凡二十二行。是詩人顧影情生，一時感念之作。所謂：「筆以曲而愈達，情以婉而愈深。」作者在整個作品中所表現的，幾乎全詩沒有一個高昂的句子，沒有一句過分情緒化的語言，即使是一感嘆語或轉接詞，都用得非常適當。試看其中的一個「哦」字吧，也是選用「哦」，而避免其用「啊！」看來，眞是謹愼又謹愼地，僅採一種溫婉輕柔而且低沉的語調，如此纖纖細細地默默抒寫，而讓情感自然流溢於字裡行間，能表現這樣一種溫婉、淒迷、古樸的抒情詩風，委實不是一件易事。

第一節，幕布一啓，就是：「讀著，讀著，深深地讀著，您的七十六歲的肖像」，以其「讀著」的意象，串連起「魚尾紋」、「白雪」、「流溢」、「思念」、「滄桑」等等，物像、事像與心像，則使其閃現一個非常鮮活的「情感貌」來，使人看了卻有如一幅生動的畫幅。如其作一詞面上的解釋，「讀著」的意象，是一喻詞之意象，是看或者察顧之喻詞。「白雪」，是「白髮」的意象。「流溢」，用在此處，可作逆流而上講。似乎「思念」和「滄桑」，才是主旨。是「白雪」的因，也是「白雪」的果。在這裡，我要對「讀著」二字，來作更深一層的探討，古人對讀的要求，是口誦心惟。而詩人在這裡所用的「讀著」，實含有「捧讀著」之意。設若是「捧讀著」，一旦通過讀者的心靈，則不難閃現一種所謂「感覺爲的想像」來。再由此一想像，則會逐漸閃現出一種映像來，再經由此一映像，則會使讀者能見出更多的事態，或者是諸如一雙微顫的手，一顆輕悸的心，甚至熱淚等等。然則，詩之所以爲詩，則功效在此。

第二、三、四節，詩人也採用著同樣的手法，在表現這整個的作品。就一整體言，「飲」作本來就是前後呼應，不可從中切斷來談的。就其作品的型態言，這首詩的確頗有些類似李商隱的「夜雨寄北」，詩人似乎，也同樣是在將其焦點，集中在好幾個不同的時空之反覆運用上。

第一節中，詩人將「卅個寒暑」，轉說成「一萬多天」，彷彿時間與空間，即作了一次次變更與調整，再經「彷彿是很輕緩的」，最後一行，再乾脆，將自己置身到「襁褓中」的時間，以及「搖大」的搖籃中的時間。

第三節，將「能活過一百」推展到「五十年後」，而後再以下面三行：

我們的屍骨比嚴冬的霜雪更冷澈
然而，母親您永遠、永遠是
輕拂我們墳前的蕭蕭的白楊

就這樣，詩人已將母親的慈愛，投入一永恒的時間與空間。則言其死後，自身仍在那超越了時空的母愛的溫撫之下庇蔭。

第四節，這尾聲部分，詩人乃在作一全孝的企圖，以：「歲月是沒有顏色的」起，再呈「歲月是阻擋不了什麼的。」最後則是：「在您的身邊，我願化作一小小的木乃伊，靜靜、靜靜地吸吮您心底的聲音。」

這裡，詩人企圖化自身爲一具小小的木乃伊，而朝夕侍奉在母親身邊，去聆聽她心靈深處的聲音，「心底的聲音！」大有一種「戲彩娛親」之感。

爲人子者，當飲水思源，詩人張默的「飲」作，實係我國五千年來深宏悠久文化道統中的孝思之作。其爲人子之哀痛者，樹欲靜而風不止，子欲養而親不在。今詩人張默，親在而離散，致使未能侍奉於膝前，觀其作品，表現得如此細緻、渾圓，在時空觀念中，又似乎超越了任何限制，彷彿時間以前，和時間以後，均屬一永恒的時間。讀來，委實熱淚盈眶。

——初刊臺灣新聞報「西子灣」副刊，一九七九年一月廿二日

至情的孺慕

——淺談張默的《飲那綹蒼髮》

向明

今年暑假全省公私高中聯招時，南北兩大都會的聯考試題中，同時出現了兩則以現代詩為材料的國文試題。先是七月八日高雄區公立高中聯考國文科閱讀測驗題中，有詩人張默寫的「飲那綹蒼髮」。緊接著七月十二日臺北區五專聯考國文試題的閱讀測驗部份，有詩人周夢蝶的詩「天窗」。現代詩早就入選國中課本當教材了，但是上面這兩首詩並非部訂的國文教材，而竟然被主考單位的命題先生找來測驗學生的閱讀能力，就具有不凡的意義。至少這意味著現代詩已經爲教育界的人士所接受，學生們也應該像讀其他文學作品一樣，普遍接受現代詩的薰陶。這眞是現代詩作者辛苦許多年來一點差強人意的安慰。

本期擬先就張默的這首「飲那綹蒼髮」作一淺近的瑣談。並按慣例介紹一下作者張默先生：

詩人張默本名張德中，安徽省無爲縣人，民國十九年生。自民國卅九年起服役海軍達二十年。民國四十三年十月與洛夫，瘂弦結識，在左營創辦「創世紀」詩刊，從此即爲這分詩刊的褓姆，守護神。而今這分詩刊不但繼續按時出版，而且更形豐富茁壯，成爲現時臺灣最具氣派的一本詩刊，其中大部份的辛勞都是張默所付出。

張默曾出版五冊詩集，分別是「紫的邊陲」，「上昇的風景」，「無調之歌」，「張默自選集」以及「陋室賦」。散文集一冊「雪泥與河燈」。詩論集三冊「現代詩的投影」，「飛騰的象徵」以及「無塵的鏡子」。而張默更是一個編書的能手，計有「六十年代詩選」，「七十年代詩選」，「八十年代詩選」，「中國現代詩論選」，「現代詩人書簡集」，「剪成碧玉葉層層（女詩人詩選集）」，「感月吟風多少事（百家詩選）」及「七十一年詩選」等。至於作品入選的選集，除上述各書外，早自民國四十六年由墨人，彭邦楨主選的「中國詩選」，以迄最近出版的「亞洲現代詩集」第二輯均有他的作品。

目前，張默仍主編「創世紀」詩刊及「中華文藝」月刊。詩壇如有什麼活動，祇要他參與，在他悉心策畫，全力以赴的行動下，無不辦理得圓圓滿滿。故洛夫說他是現代詩的「行動派」，實不爲過。

現在開始淺談這首用來測驗國中生閱讀能力的詩「飲那綹蒼髮」。原詩如下：

飲那綹蒼髮

讀著，讀著，深深地讀著
您的七十六歲的肖像

那眼角兩側長而細的魚尾紋
那滿頭的白雪
流溢著幾多的思念和滄桑
聽不見您遙遠的叮嚀，已經卅個寒暑
那不是一萬多天嗎？
時間的步履彷彿是很輕緩的
像您慈愛的手，把我們從襁褓中搖大
哦！母親
不管歲月如何無情的消逝
不管現在我們怎樣的蒼老
也許我們能活過一百歲
也許五十年後
我們的屍首比嚴冬的霜雪更冷澈
然而，母親。您永遠，永遠是
輕拂我們墳前的蕭蕭的白楊

歲月是沒有顏色的
歲月是阻擋不了什麼的
哦，母親，在您的身畔
我願永遠化作一具小小的木乃伊
靜靜，靜靜地吸吮您心底的聲音

張默這首詩寫於六十七年九月十八日。同年十二月十六日發表於中國時報人間副刊。收入他的第五本詩集「陋室賦」。在「陋室賦」的前記裡，張默曾有這樣一段文字：「出版這部詩集，在心境上和前幾部絕然不同。自從前年五月（按係六十八年五月），由香港家兄處輾轉獲悉行將八十的老母尚健在人間，眞是驚喜萬狀，涕淚縱橫，不能自己。收入在本書中的「飲那絡蒼髮」和「風雨之書」，就是獻給她老人家的。今生咱家最大願望，是希望有一天能看到她老人家，躺在她的懷裡，重溫一下兒時的記憶。卅年的阻隔，眞是太久太久了。難道這不是廿世紀中國人最大的悲劇，每每極目西望，不見金陵，不見老娘那佝僂的身影，那麼就讓無數次的長夜，那恍恍忽忽的殘夢，把我帶到她老人家的身邊吧！」從這裡我們可以知道張默這首詩是眞眞實實的有感有因而發，絕非一般泛泛的思親情緒的宣洩。

青年論評家詩人蕭蕭在他所編的「現代詩入門」一書人物篇中，對張默的創作路向有如下的論定，他說：「張默的詩，擅於感性抒情之作，拙於理性、知性，有強烈的生命力貫串詩中，詩的節奏明顯而不斷地擊響著。」這種看法，就詩論詩，無疑是非常中肯的。尤其我們從這首「飲那絡蒼髮」的高密度思親情緒中，所身受的衝激和感動，就足以證明張默在至情感召下所能發揮的筆力。

這首詩的第一段寫作者仔細端詳多年不見古稀慈母照片時的驚詫，因爲思念和滄桑已在母親的眼角兩側留下「長而細的魚尾紋」，頭上已蕭蕭白髮。第二段描述輕緩的時間步履遠隔了慈母的叮嚀，也使人從襁褓中成長。第三段是寫母親的永恒，即使有一日自身屍骨比霜雪更寒，仍有母愛似白楊在墳前輕拂。第四段則寫詩人對慈母的孺慕之情，無懼於歲月的阻擋，此身化作木乃伊也要永遠吮吸母親心底的聲音。全詩句句作緊密搭扣，形成一種一氣呵成的氣勢。無文字的賣弄，亦無句法的花俏，意象的取用亦平易近人。我想如果拿來在大庭廣衆之下朗誦，定可感人盈眶的熱淚。

這首詩發表後，居住在臺中的詩人彩羽，曾以「白色的釀製」爲題作過詳盡的分析，於六八年元月廿二日發表於高雄臺灣新聞報的西子灣副刊。六九年四月蕭蕭編著的「中學白話詩選」亦曾將這首詩收錄，並作淺近的講解。蕭蕭在文末並稱「這是一首至情的詩，希望父母仍然健在的人，能因爲讀此詩，將心中的孝思具現爲實際的關懷。」我想高雄區公立高中聯考主考當局選了這首詩來測驗考生的國文閱讀能力，想必就是響應蕭蕭的這段呼籲吧？願天下的遊子都來一讀這首詩。願天下的人都孝順他們的母親。

——初刊臺灣新聞報「西子灣」副刊，一九八三年九月一日

詩爲情感的自然流露

——析張默《蒼茫的影像》

張漢良

我從安徽來
應知安徽事
故鄉啊，您那細碎的步履
是否悄然跨過牛鈴盈耳的昨日

我知道新羅的雪崩會劈開一條路
瘦瘦的白楊的枝柯
紡織著這批異鄉人太多的渴想
自我們微露酡紅的酒意裡
自我們擎起冰凍的水聲裡
自我們絞殺語言的節奏裡

自我們傳遞體溫的凝視裡

時間，還是那麼緩緩的走著
漢城的天空與安慶的天空究竟有些什麼差異呢
要不是太平洋的波濤
要不是鴨綠江的易色
我們會在洞庭湖畔
以道地的無爲話唸您的詩

今天，我們把您送的手帕擰了又擰
泉湧的淚水好重啊
故鄉，您的根鬚伸向何處
請輕輕染織我蒼茫的影像

張默的「蒼茫的影像」爲作者一系列旅韓詩鈔的第一首。此詩之作，據張默說，有一段因緣：「民國六十五年十一月卅日的中午，韓國女詩人金良植，曾假漢城定食館設宴款待『中國現代詩人訪問團』，席間，金女士朗誦了她在『韓國日報』發表的『噢，朋友們』一詩，以示歡迎之忱。該詩大意是：『歡迎你們到韓國來，我知道你們分別來自湖南、浙江、安徽和天津，從我們這裡有一條捷徑，可以直接通你們的家園，但是你們現在回不去，我送給你們每人一條手帕，輕輕擦乾你們的眼淚，相信有一天你們一定會回去的。』金女士唸完了詩，我們十個人無不異常激動，紛紛灌以韓國老酒，回來後特寫此詩，用以回贈金女士。」

根據作者這段附記，本詩屬唱酬之作的應景詩（occasional verse），再加上詩中的兩個私人典（personal allusion），它的普遍性應相當有限。實則不然，本詩用意特深，也最感人。作者的用情與作品的感人，本屬文學傳播行爲中的兩個範疇。前者涉及媒介放送者與訊息的關係，換成普通話說，即作者對素材的態度；後者涉及媒介接受者（讀者）接受的情況與反應。兩者之間本無必然關係；有時作者用情不儘然爲讀者接受，除非媒介本身處理成功，使得訊息充分傳達給讀者。以下的討論針對訊息的處理情形，看它是否具有溝通放送者（作者）與接受者（讀者）的功能。

本詩「用情特深」這句話，可分若干層次說明。第一，張默早期寫詩偶喜用典，大多爲西洋典故，有時難免「隔」，甚至流入不切己的濫情。如「默想與沉思」中：「隱隱地，我微覺著／布羅溫斯在升高，塞爾脫在茁壯」；又如「沒有軌跡的雲」中：「這裡栽一朵薛西佛斯的雲／這裡再栽一朵波特萊爾的雲／那邊栽一朵蔣·高克多的雲／那邊再栽一朵昂利·米修的雲」云云。這兩個例子在作品的文義格局內固然具部分有機功能，亦頗能表現浪漫異國情調（Romantic exoticism），但並非有絕對的必然性。「蒼茫的影像」中亦用二典，嚴格說來不是作為暗喻的「據事以類義，援古以證今」（「文心雕龍」事類篇），亦即俗謂的暗喻典（metaphorical allusion），而係具有起情或「興」作用的私人典，它們分別為首句的「我從安徽來」（按：張默為安徽無為人）與四段的「手帕」意象。這兩個私人典說明了本詩的緣起基於令人感傷的眞實經驗。

第二，全詩的「情」境與主題——鄉愁與垂淚——便建立在這兩個典實上。因此第一段緊接著「我從安徽來」出現的是一個修辭的轉呼法（apostrophe），為浪漫主義的人喜用的擬人法變奏。這個轉呼法有兩個作用：㈠把故鄉擬人——由「步履」這部分代全體喻（synecdoche）表示；㈡它跨越了空間，把故鄉召喚到敘述者的眼前來。這個今天的故鄉又使敘述者透過聯想把時間切斷，回到昨天的故鄉：「故鄉啊，您那細碎的步履——是否悄然跨過牛鈴盈耳的昨日」。「手帕」這私人典於末段出現，它成為「拭淚」的換喻（metonymy），因為兩者有因果連續關係。垂淚的原因是鄉愁，於是本詩結束時，故鄉的意象再現，再現的方法又是修辭轉呼法：「故鄉，您的根鬚伸向何處／請輕輕染織我蒼茫的影像。」

歸納前兩段的討論，本詩使用了兩個私人典，分別在首段與末段。正由於是私人典，才使敘述者神傷，進而在首、末兩段各用一擬人的轉呼法，召喚出故鄉。本詩的起興為私人典，其主題為鄉愁，而主題的呈現竟然正好由典實帶出，使得首尾啣接，完美無缺。

以下談感人的效果。或者有人會說：這終究是個人經驗，用情固然深，感人卻未必；換言之，本詩缺乏普遍性。讀者也許注意到，本詩分為四段，剛才僅談到首尾兩段，未涉及二、三段。現在來談談。首先從本詩的地理意象來說。一、四段的地理意象祇有故鄉，是個人象徵。但二、三段異國意象出現：二段首句便是「新羅」，三段有「漢城」與「鴨綠江」。這說明了詩人的鄉愁經驗是在異國產生的，而異國的鄉愁正是人類普遍的情緒。此外，二段第三行更顯示出鄉愁經驗不是個人的，而是共有的：「這批異鄉人太多的渴望」。接下去作者用了一連串原始歌謠的平行句法，其節奏與語調是原始咒語式的（incantatory），一方面表現情緒的強烈與激動，一方面更傳達出一種部族式的感情。至於敘述者的個人經驗已傳達給衆人，正如本段末行所示：「自我們傳遞體溫的凝視裡」。第三段末行「以道地的無爲話唸您的詩」，如附記所示，這位詩人即送手帕的異國女詩人。她這個異國意象作爲三、四段的過渡，引導出末段的手帕意象與鄉愁主題，正如一段的故鄉轉呼出現後，引導出二段首的異國意象「新羅」。根據上面母題與意象公佈的情形看來，本詩嚴謹的結構基於交錯配列法（Chiasmus）：一、四段對位，二、三段對位，這個看法甚至可由詩行的排列方式佐證，不再辭費。

一般說來，唱酬應景詩不易成功，個人經驗更不易討好，但本詩爲例外。張默文如其人，詩作最具生命力的自然節奏，本詩之所以成功，正如華滋華綏（William Wordsworth）所謂：「詩是強烈感情的自然流露。」

——初刊臺灣新聞報副刊，一九七九年五月十八日

——再刊《現代詩導讀》

試析張默「西門町三帖」

熊國華

天橋

那是黑鴉鴉的
一群螻蟻
在蠕動嗎
誰擋著誰的軀體
誰踩著誰的去路
發自無數個
群體的
無聲的吶喊
企鵝般地
蜷縮在
枕木與鐵軌的高處

且一邊諦聽
而又
微微的呼吸

電影街

彩色的河
在兩岸塵煙的氳氤裡流動
你說，咱們的李小龍
　會比紅胡子矮小一截嗎
縱使沒有怵目驚心的皇天后土
我還是要踏著
一顆顆晃蕩的人頭
拎著一部
酸甜苦辣的現代藝術史
遁入一片波光瀲灩的
　　明天

服飾店

扭呀扭的
那些半截衣袖的斷臂殘肢
還在向貪婪的夜街深深張望嗎

所謂一九八一年的巴黎春裝
不過是一九七一的再版
新潮是設計家的詭計
一會兒大翻領
一會兒小褶裙

俺的哲學最好是
統統脫得一絲不掛
讓一面牆摟著另一面牆
閃閃地起舞

一九八一年三月二十日

《西門町三帖》寫於一九八一年三月二十日，是張默詩歌創作中現實性較強的一組作品。「西門町」是臺北市鬧區，電影街、商店林立，十分繁華熱鬧。詩人攝取了天橋、電影街和服飾店三個特寫鏡頭，作爲八十年代初期臺灣社會的剪影，表達了自己對社會、對人生和對藝術的看法、態度和追求。

《天橋》在對社會現實的諷刺中流露出對卑弱者的憐憫與同情。詩人首先從遠距離的角度對天橋進行了描寫：

那是黑鴉鴉的
一群螻蟻
在蠕動嗎

「黑鴉鴉」形容其多；「螻蟻」指螻蛄和螞蟻，一般用來代表微小的生物，比喻力量薄弱和地位低微的人。這裡可能指天橋上聚集的那些乞丐、孤兒、流浪漢、做小生意的、賣藝的和來往的行人。臺灣從六十年代中期開始逐步實行工業化，一反過去重農輕商的心態，使工商業得到迅速發展。工業化帶來的巨大資本積累，使八十年代的臺灣社會成爲高度消費的工業社會。城市經濟在高度發展的同時，也給農村經濟帶來了巨大的沖擊，並引起農業社會的解體和蛻變。那些失去土地和破產的農民，以及嚮往都市生活的農村青年，紛紛離開世代居住的故鄉而湧入城市謀求生路。但城市並不完全像他們想像的那樣美好，他們中的許多人只能流落街頭，在天橋上像「黑鴉鴉的一群螻蟻」一樣拚命地掙扎「蠕動」。在都市叢林中，他們是「沒有臉」的芸芸衆生，高度消費的社會和商品經濟，逐漸腐蝕了他們的靈魂，他們被物化和異化，人際關係極爲自私和冷漠，爲了個體的生存，他們「誰擋著誰的軀體／誰踩著誰的去路」，勾心鬥角，爾詐我虞，進行著激烈的生存競爭。這種競爭不是個別的少數的現象，而是「發自無數個／群體的／無聲的吶喊」，滲透到臺灣社會的每個階層和各個領域。儘管天橋上的芸芸衆生，只能像「企鵝般地／綣縮在／枕木與鐵軌的高處」，但他們仍然「且一邊諦聽／而又／微微地呼吸」，焦急地等待、希冀和企望著通向未來的新的列車的到來。

「天橋」從字面上可以理解爲「天上的橋」，或者「從人間通向天上仙境的橋」，帶有美好的意味。而現實中的天橋，卻是「黑鴉鴉」的「螻蟻」在互相踐踏、殘殺和掙扎。作者以《天橋》爲題，本身就是一種強烈的反諷，同時也蘊含著詩人善良的願望和深厚的同情。

《電影街》表現了詩人對中西文化的衝突和對藝術的看法與追求。詩人首先將電影街比喻爲「彩色的河」，使人想起夜晚五光十色的霓虹燈和各類燈光廣告。「氳氤」形容煙或氣很盛。「在兩岸塵煙的氳氤裡流動」，可能指電影街放映的那些烏煙瘴氣的西方影片。臺灣在實現工業化的過程中，大量引進了西方的先進技術和管理方法，同時也不可避免地要受到西方文化的巨大沖擊，從文學藝術到生活方式都大有全盤西化的趨勢。在「外國的月亮也比中國圓」的社會風氣下，西方的一些格調不高的驚險、色情影片和錄像被大量引進，幾乎占領了臺灣的影視市場。對這種不正常的社會現象，詩人是十分不以爲然的，他憤憤不平地問道：「你說，咱們的李小龍／會比紅鬍子矮小一截嗎」？李小龍是臺港武打片超級明星，以眞實功夫和內在的男子漢氣質受到廣大影迷的喜愛和傾倒，中國功夫也因他拍的大量功夫片而風靡世界。若以武功而論，李小龍自然不會比「紅鬍子」矮小一截。在中西文化的比較和衝突中，詩人的態度和傾向是十分明朗的。就拿詩歌來說，張默雖然受過西方超現實主義的影響，但他卻並不主張全盤西化。「早在鄉土文學論戰之前，張默就提出了『現代詩歸宗』的口號。所謂『歸宗』，就是主張中國現代詩人要歸向中國傳統文學的列祖列宗，『詩宗』社（一九七〇）的創立，就是最具體的行動表現，張默就是其中的主流人物之一」（瘂弦《爲永恒服務——張默的詩與人》）。張默力主向傳統文化回歸，東方風格和中國意境是張默在藝術上的主張和追求。他充滿激情地寫道：

縱使沒有怵目驚心的皇天后土
我還是要踏著
一顆顆晃蕩的人頭
拎著一部
酸甜苦辣的現代藝術史
遁入一片波光瀲灩的

明天

《皇天后土》是臺灣一部有名的電影片名。「波光瀲灩」與前面「兩岸塵煙」的烏煙瘴氣形成鮮明對比，意指風格澄明、意境優美的中國藝術。詩人立足於現實，寄希望于「明天」，表現出對中國傳統文化的喜愛和不可動搖的信心。

《服飾店》由女性時裝而生感慨，流露出詩人對一切虛僞的厭惡和對眞誠相待的友好關係的嚮往。這首詩共分三節。第一節寫服飾店的商業模特。「扭呀扭的／那些半截衣袖的斷臂殘肢／還在向貪婪的夜街深深張望嗎」，服飾店爲了招徠顧客，給被擺成各種姿勢的模型套上各種時裝，但在詩人眼裡卻是「扭呀扭的」，難看得很。商業性的夜街被認爲是貪婪的，那麼「向貪婪的夜街深深張望」的那些「斷臂殘肢」也無疑是貪婪的了。這裡明顯地流露出詩人的厭惡感。

第二節寫對時裝的看法。「所謂一九八一年的巴黎春裝／不過是一九七一的再版」。巴黎是世界服裝行業的中心，領導世界時裝新潮流的巴黎春裝，更是以設計新穎、風格多樣、色彩繽紛、質料考究和做工精細而著稱於世，「再版」的情況是極少的。那麼作者這樣說是不是失之偏頗呢？其實，詩人不過是借題發揮，我們也沒必要去刻舟求劍了。「新潮是設計家的詭計／一會兒大翻領／一會兒小褶裙」，大翻領和小褶裙可使女人的胸部和大腿袒露一部分，以增加女性的魅力。設計家爲了達到自己的目的，總是花樣翻新，千方百計地用「新潮」去吸引和蒙騙顧客。如果我們聯想到當今世界政治、軍事、經濟和商業舞臺上的各種現象，詩人的這種看法不能說是不深刻的。

第三節借時裝模特之口發表議論。「俺的哲學最好是／統統脫得一絲不掛／讓一面牆摟著另一面牆／閃閃地起舞」。所謂時裝服飾，都不過是爲了盡量美化自我，或者掩飾某些缺陷。在詩人看來這都是虛僞的，還不如「統統脫得一絲不掛」，去掉一切僞裝和花樣，而以眞實的本來面目相見來得痛快。「牆」這一意象，一般代表阻隔、障礙和冷漠。讓兩面牆摟在一起跳舞，則意味著隔閡消除，友好地親密地交往和共處。聯繫到海峽兩岸的現實，詩人的這個願望不僅是美好的，而且符合歷史發展的潮流，代表了全體中國人民的共同願望！

白色祭

——讀張默《初訪美堅利堡》

汪智

潛化憤懣，深藏酸楚，默立於馬尼拉海濱美軍基地美堅利堡，遙想二次大戰中犧牲的數萬將士，高天、碧海與悼念者同聲慟哭，淚眼迷離。遠接天地之交的一望無際的白色的僵踞冰凝的十字架，把世界晶結成白色。此刻，神駐目凝於此的佇立者，或許已不是詩人張默，而是《初訪「美堅利堡」》的讀者了。離距英傑之逝近半世紀，離張默這首詩的完成亦屬遙遠，但心有所繫，情必有鍾，讀者亦似與張默相伴「初訪」，心馳美堅利堡，在「排山倒海的白」色中哀祭。

白色，在《初訪「美堅利堡」》中有意的變量多多指。它可指十字架、墓地、美堅利堡，又可指陣亡，爾後另具新解。「從來不知道自己是白色」中，數萬「自己」，曾優遊自在，不是爲最終「被刻成十字式」「碑石」存在於人間。正是那場侵略戰爭的非人道和殘酷，才有了這十字架、墓地、美堅利堡，才有他們的陣亡犧牲和這令人心顫的白色。兩句詩，三組時空跨越：詩人「初訪」之時與美堅利堡；數萬將士由有生命的數萬「自己」，或先或晚變成「白色」之時，與太平洋戰區之行處彼處：數萬「自己」們「不知道」竟變成「白色」之前那永戀的青少年時代，與他們各自的生活空間。張默由「白色」落筆將其一其三兩組隱匿於審美視覺的空無之中。

詩人沒有正面寫戰爭，不見塡膺式的義憤和陳辭中的慷慨，卻望那「一尊尊的／木立／對望／喋喋／以及無緣由的被栽在一行行的僻靜裡」的「碑石」泫然低泣。反諷中的克制陳述作爲詩的取象、造境手段，顯現了獨特的個性色彩與思辨力量。明明是橫禍飛來，卻回以「從來不知道」般的故作淡漠：分明是生陪屠戮，卻化爲「無緣由的被栽在」式的尋常。忿視怒叫息於筆底，大智若愚，給讀者留出片片心田，以待更強撞擊。

第二段當視爲本詩抒情主體。「對你們說些什麼好呢」，預示藝術走向仍爲反諷。「名字」原本不朽，「戰史」更是壯麗，「稚氣」的「臉」亦曾俊美天眞，詩人不走筆於逝者之叱咤與訪者之奮勵，卻以三個「無非是」疊加思悼者的無可奈何。請讀：「名字」在「俯首」間「默記」，「戰史」「複印」時「驚心」，頗具神采的「臉」被「速讀」——訪者的心懷只作靜寂中的默識，敏感的讀者該爲先烈情屈了。那麼，這一層詩意何在呢？兩句矛盾修辭點明了內涵。一句是「我們這些活夠了幾萬幾億幾兆秒的過客」：數之龐然與量詞之瞬忽反意，暗示著生者自知爲「過客」，不過於世間匆匆而行，蹤跡了無，以何面對逝者？另一句是「發霉的輝煌與不巧」，修飾語和中心詞相背，雖是指「五角大廈」，然竟至使其「發霉」，使「輝煌與不朽」在「檔案庫裡唏噓」，這一驚人的歷史遺忘不僅只「五角大廈」吧！身處如此世風世態中之生者，何以面對無邊的觸目驚心的白色？

羅門有詩《美堅利堡》是生命主題的詩化，是人類的良知對戰爭的聲討：「美堅利堡是浪花已塑成碑林的陸上太平洋／一幅悲天泣地的大浮雕掛入死亡最黑的背景／七萬個故事焚毀于白色不安的顫慄」。

洛夫有詩《白色墓園——訪菲律賓美軍公墓》。詩人於「後記」中言及：「第一節以表現墓園的實際景物爲主……第二節則以表達對戰爭與死亡的體悟爲主」。詩人吟詠的是「遠方逐漸消失的輓歌」，那是由于「玫瑰枯萎之後才想起被捧著的日子」。

蕭蕭有詩《美堅利堡》，無限傷惋地道出：「陌生的三萬六千兩百七十九個名字／都曾是溫暖的女子／閨夢中熟悉的臉」。詩人的感情流外化爲「一萬七千兩百零六支利劍，向著天／怒吼：／戰爭爲什麼只能讓人的臉發白？」

「美堅利堡」會有一天變作人們凝定型的思惟，成爲人類歷史上一個獨具含義的指代，像神女峰、望夫石、像夏威夷、巴丹半島、諾曼第。

「美堅利堡」會有一天完成潛變，變作詩思原型，像杜鵑、青鳥、像橄欖枝、風信子。

這是一個頗具深意的思考，需感謝張默，他的詩投入心湖，思之瀾因之湧蕩。在《飲那絡蒼髮》一詩中，張默說：「歲月是沒有顏色的」。沒有顏色的歲月給人類以萌生、養育、教化、智識，給了一切。她完成了給予，隨即無息地離去。人類在歲月中收穫一切，擁有了一切，人類歷史即歲月歷史。

低首於美堅利堡的現代人，或者說已淡化了人類精義的現代人，莫忘記，美堅利堡是無求於你們的，她已爲你們奉出一切，眞至「沒有顏色」，在白色中去離。美堅利堡是不甚記掛自己的。她「從來不過問」，「以及一排排的遼遠／不論橫的縱的／甚至方向感也逐漸／在地平線的彼端緩緩傷逝」，因爲她太衆多，太廣袤，太豐厚，太無窮無盡。

「默記」於碑前，「複印」「戰史」於墓側，「速讀」一張張瀟灑俊逸的「臉」的現代人，莫忘記，「沒有顏色」的白，又是曾有一切的，可曾記得它是萬紫千紅奇光異色的多彩世界的總合。當它全景式地總現於美堅利堡的她，她是不會忘記曾「完成了給予」所留下的一切。她會以至純至美的白，尊嚴無懼的白，「無垠的」、「連天的」、「排山倒海的」白，「恣意地」把人間「一起呑沒」，重驗人間的「贊歎幽怨與榮枯」，對人間以重新給予和再造。

——初刊世界論壇報副刊，一九九一年十月廿日

滿目雪景映故園

——讀張默的《春川踏雪》

王宗法

一九七六年歲末，詩人張默隨臺灣詩人訪問團到漢城訪問，適值千里冰封、萬里雪飄之際，「雪」成了他們此行詩作的一個中心。張默回臺後得詩五首，其中三首不脫雪字，兩首完全寫雪，《春川踏雪》即是其中短小、含蓄的一首。春川乃一小鎮，離漢城約二小時車程。張默一行于一九七六年十一月二十八日由東道主陪同，驅車來此品茗、賞雪，此詩即記此行之感受。但詩不是作于賞雪的現場，而是寫于回臺後的十二月三十日之夜，因而不是當衆即席抒懷，而是別後獨自回味——回憶一個月前那一個難忘的日子、那一趟難忘的旅程。然而，詩人張默在內湖家中燈下之「憶」，僅僅是那一個月前的春川之行麼？讓我們先看看詩裡所寫的吧。

全詩共三節。第一節寫景——一幅典型的嚴冬圖：

刺骨的寒風

旁敲側擊我的斑剝的肌膚
一群群古樸的枝丫伸著
嶙峋的小手
去撿拾撒落在冰河裡的歲月

朔風凜冽，那光禿禿地裸露在寒風中的樹枝，因其無葉無綠且其樹皮皺裂，呈現出蒼老古樸之態，但那一支支硬倔倔地伸出的枝丫，雖失去春天的柔美，卻像一只只堅強粗糙的小手，在與刺骨的寒風抗爭，彷彿要極力抓回被嚴冬摧殘得枯萎凋零的生命，追回春光融融、青春充盈的日子。這當然是映入詩人眼中的嚴冬圖，是外面的「冷」與內裡的「熱」相爭相搏、春秋代序的生命之歌。「冷」其外表，「熱」其內心。誰的內心？自然界運行的內在律動吧！君不見冰層之下的潛流麼？冰層之上的大地亦復如是啊！可見，表面看去，不過是一幅單純的朔風圖，骨子裡早已注入了詩人內心的激情。「冷」的自然表象，掩蓋不住「熱」的生命躍動。至於這片冬景，究竟是春川小鎮的一瞥速寫，還是漢城至春川的一路素描，讀者已無心顧及了。無具體時空詞匯、片語的限指，則使這一節的自然景象描繪抽象化、普泛化，從而具有更大的概括性，使讀者飛越文字本身符號性之障，激發思緒飛向文字之外更廣大的空間。假如你是一位生活閱歷較豐富的讀者，你決不會把這一節詩所描繪的風景僅僅看作一個春川，而必然會產生聯想——想起自己曾經有過的冬季踏雪的體驗，從而由眼前有限的外象，進入心中無限的內象。所以，這一節詩句的凝縮和簡略，因其意象的典型性，不但未使詩情枯窘，反而激發起讀者聯想的活力，飛向景外之景，進入詩境之外的空間外延領域——閱歷愈豐富的讀者，這外延的領域也就愈廣大。

如果說此詩的第一節側重于客觀外象的描繪，帶有泛指性；那麼，緊接著第二節便溶內象于外象之中，具有明確的限指性：詩人在春川踏雪的感受。這感受是雙重交迭在一起的——現實的、幻覺的，眼前的、過去的，視覺的、聽覺的：

我曾經款步在春川道上
雪花無聲
四野無聲
那裡還有縈繞耳畔的北國的蟬嘶

首句中的「曾經」，因是事發後一個月的追憶，是時間的自然陳述，別無深意。而那個「款步」，則是一種特殊心情的寫照，不可等閑視之：本來，四野寒風敲擊肌膚，大地冰封雪凍，直覺寒氣逼人，一般情況下，誰不望而卻步呢！然而，我們的詩人卻是興致勃勃「款步」而行，恍若徜徉于日暖風和，春光融融的江畔小路似的，這是爲什麼？原來，詩人張默乃安徽無爲人氏，這一年已年屆四九，離開大陸老家已經二十七個年頭了。換句話說，他在無雪的臺灣不見家鄉天寒地凍的雪景剛好是現在生命的五分之三，多麼漫長的歲月啊！而這種漫長，在游子思鄉的心理上，又該是何等沉重！正由於這個緣故，詩人視寒風如無物，喜滋滋直奔春川，一下車便「款步」踏雪，那種欣欣然、樂滋滋以至手舞足蹈的歡快形象，從一個「款步」的悠然、恬適的神態中表現得活靈活現。由此可見，這種對著刺骨寒風的欣然「款步」，就不只是春川雪道本身的魅力所致了。正因爲這樣，這種「款步」而行，也就不止是欣賞異國春川的雪景，乃是因爲潛在的心理因素即追蹤記憶中故鄉風貌的鄉戀之情所致。因此，與其說詩人是在款步欣賞春川的雪景，無寧說是錯把春川當無爲，一下子忘情地沉緬于再見故鄉似的喜悅大潮之中。不言而喻，這一寒風之中不常見的「款步」，再好不過地表達了此時此境詩人難以言訴的一腔眷戀故鄉之情。精煉至極，也傳神之極，簡直找不到可以替代之詞了。

有了這一層了解，便不難理解下面的「雪花無聲／四野無聲」了。這種萬籟俱寂的靜謐之感，可作兩種解釋：一是眞的，什麼聲音也沒有。當萬里冰封雪蓋之際，水不流、鳥不飛、路無行人，眞是「千山鳥飛絕，萬徑人蹤滅」，聽不到一點聲音，自是置身雪野的一種獨特感受，特別是在無風的凌晨、黃昏或夜半踏雪獨行，除了自己的腳步聲之外，似乎一切都睡著了一般，空曠的雪原凝固著無邊的寂靜，可謂寫得眞切。二是走神，不是四野沒有聲音，而是自己走著走著，不知不覺走進了自己記憶中的另一片雪景之中去了，走進自己的幻覺之中去了——身在春川道，神在故園行，哪裡還聽得到周圍任何音響呢？！可見，此時無聲勝有聲。那聲音不是聽覺上可辨的只是心靈上可感的：像長江大浪奔流在詩人的血管裡，像黃河飛瀑轟鳴在詩人心弦上。正由於這樣走了神入了幻、身在此而心在彼，詩人於無聲中聽到了那裡（「北國」）的蟬嘶！或許有人要問：怎麼冬天還聽到蟬嘶呢？從詩人所處的現實情境看去，的確不可思議，迹近荒誕囈語。然而，當你明白了這是出現在詩人「走神」、「入幻」之際的一種意識流式的聯想，你就不會覺得莫名其妙了。這裡的邏輯不是理性的，而是感性的：詩人由眼前的雪景油然聯想到故鄉的雪景，從而進入記憶中的故鄉之境，由雪景而春景而夏景，乃至鳥鳴蟬嘶，就是合情合理、自然而然的了。可見「那裡」即故鄉，而「蟬嘶」不過是因感情上的走神引起聯想的產物而已，而且僅僅是一種象徵物，遠不是這一聯想活動的全部內容。這不既體現了此時此境詩人春潮般的感情的邏輯，又充分發揮了詩歌藝術一石三鳥的技巧功能麼？所以，這一節充分運用了動（「款步」）與靜（「無聲」）、視（「雪花」）與聽（「無聲」）、現實（「四野」）與幻覺（「蟬嘶」）的交錯對比，極其含蓄凝煉地抒發了詩人「腳踏春川雪，心馳神州景」的特殊經歷與感受。詩味雋永，節奏迭宕，在外象與內象的交溶中演出個人內心如瀑如濤的鄉戀之悲劇。

至此，《春川踏雪》在抒情上，似乎達到了一個高潮，讀者從抒情主人公如醉如痴的沉迷情態中，深深感受到他對故鄉的赤子之戀。然而，故鄉在望，詩人卻是身無彩鳳雙飛翼，只能異國對景暗馳情，豈不令人沮喪？果眞如此，這首詩也就不免落套了。張默畢竟是臺灣詩壇的一名驍將，不僅有熾熱的詩情，而且有可羡的詩才，特別是在這首不尋常的懷鄉之作中，的確表現出獨到的藝術本領：不在人們習以為常的抒情高潮中落幕，而是另出新招，在感情進入高潮之際突然來了一個轉折，把讀者的目光引向一個新的視角、新的目標、新的境界：

正當我小心數著
自己踩過來的深深的雪印
猛地回首
只見一個鶴髮的長者巍然佇立
去垂釣異國夢裡的寒江

這是全詩的最後一節。對上一節而言，它有兩個轉折：從走神、入幻到數著自己留在雪地上的腳印，是一個轉折——從幻覺轉入現實；從猛地回首到只見鶴髮長者去垂釣，是一個轉折——從寫實轉入象徵，化入柳宗元那首著名的《江雪》之意象，暗示讀者：「我」今天盡管踏雪異國，明天或許就能踏雪故園裡，或謂今日之「夢」，不就是明天的現實麼！……應該說，在靠近祖國大陸的春川踏雪，心動神馳之餘產生如此美好的希望，那是十分自然的。事實上，從那時以來，取道歐美、日本或香港回大陸探親的臺灣同胞一年比一年多起來了，不知張默先生是否以自己的努力實現了這一美好的希望？

讀罷《春川踏雪》，從外界冷冽的寒風到內心熱烈的激情，從冷、熱交織的鄉戀到象徵暗示的希冀，層次分明而搖曳多姿，詩情豐沛而含蓄凝煉，雪景的表象之美與鄉情的內在之美，相映生輝，渾然一體，和諧地融匯在短短的十四行詩句中，而其中半數詩句的最後一字均爲平聲，音節凝重，讀起來頗有詞的味道，有效地強化了全詩重在抒情的特點，可謂匠心獨運。

生命·時間·詩

——論張默兼評新作《時間，我繾綣你》

沈奇

在時間的路上
詩是永恆的伙伴
——張默·〈詩的隨想〉

一

在時間的長河之岸，人有兩種樹立自己紀念碑的方式：一是通過自己的創造物，塑造起自己生命價值的雕像；一是通過歷史所賦予的機遇，加上自身特具的稟賦，經由對創造型人物的支助與扶植、對創造性事業的參與和投入，從而最終在他人的或群體的紀念碑上刻下自己的名字。

有人一生只專注於前者——那是超凡而孤弱的、天才型的生命之旅；

有人一生只專注於後者——那是入世而眞誠的、英雄式的生命之旅；

前者更多地依賴於天賦，所謂上帝的驕子，那是非努力可以達到的；

後者更多地依賴於熱情，所謂全身心投入和獻身精神，那是非努力而不可達到的。

前者是本能的自覺；

後者是理性的抉擇。

對於一般創造型人物，二者居其一則足慰平生而無憾了。但對於那些更優秀的人們來說，則可能兼而具之——那是既入世且出世，既代表著個體生命價值又代表著一個優秀群體價值的、聖徒式的生命之旅！

詩人張默，正是這樣一位同時樹立起兩種紀念碑的歌者。

在臺灣當代詩壇，張默可謂有口皆碑。作爲詩的創作者，他已有七部詩集問世，其中不乏立身傳世之作；作爲臺灣現代詩運的推動者，在早期「橫的移植」之潮頭初起中，有他的英姿。在作爲《創世紀》詩派的創始人之一，力推「超現實主義」詩風中，有他隆隆的腳步。在鄉土文學論戰之前，是他提出了頗有詩學意義的「現代詩歸宗」的口號，並成爲《詩宗社》的主流人物，從而最終被詩界同仁譽爲「詩壇火車頭」；作爲詩刊的創辦人、文學刊物的編輯人，他是《創世紀》詩刊的主要創辦者，其近四十年的歷史中，有三十多年是他一人主編的。同時還先後主持《中華文藝》月刊、《水星》詩刊等編輯工作，且每有至功；作爲文學新人的培養與扶植者，更不知有多少後起之秀得益於他，如沐春風而沾灌終生；作爲出色的詩編選家、詩評論家，他則有十七種編選集、三種詩評論集爲詩壇所稱道。

由此，歷四十年之詩歌活動，張默已成爲一種具有特殊價值的詩歌現象。在他的血管裡，似乎不曾流過一滴其他的血，一切都表現爲純粹的詩的火焰，從不會旁涉到詩燃燒不到的地方。這種充滿殉道精神的現代聖徒式的生活方式，已經有了某種超詩、超詩人品質的存在——不是單一尋找詩，而是在尋找一種眞正的、完全的詩的生命存在——第二生命的存在。作爲詩的價值，張默有他的局限性。作爲詩人的價值，他則幾乎趨及完美的程度；他不是最優秀的詩人，但無疑是最重要的詩人——就這一點來講，張默在當代臺灣詩歌史上的地位是獨在的、誰也無法替代的。也許，若干年後，當作爲詩的張默和作爲詩人的張默合二爲一個詩性文本時，我們會從中發現更多更有意義的閃光之處。

二

包括詩在內的一切藝術創作，在本質上是純然個體的活動。但作爲文學藝術的整體發展，則還同時依賴於另一種驅動力，即作爲創造者群體的不同組合而發動或促進的文學運動所產生的強大推動作用，使之不斷繁榮而不致中斷。

詩人的歷史感由此提出——尤其在當代，在整個人類加速度地向物慾和即時消費的漩渦中沉淪，所謂「文化」已被商品擠壓到一個難以苟活的角落時，這一點尤其顯得重要。現實的窘迫是，對於兩岸詩人來講，皆已不再是什麼耐得住寂寞耐不住寂寞的問題，而是如何處理作爲人的生存與作爲詩的生存的問題。《藍星》詩刊的再度停刊，撐持十年之久的《年度詩選》的被迫停辦，已爲進入九十年代之臺灣詩壇敲響了警鐘。在大陸，所謂第二次商品大潮的洶湧而來，正使包括詩在內的所有嚴肅文學面臨一次最嚴峻的挑戰。儘管眞正意義上的文藝復興根本就未成爲現實，而短暫的「蜜月期」已然過去——兩岸詩歌都面臨著一次新的出發。

深入研究張默獨特的、聖徒式的詩人形象的現實意義正在於此。在危機重重的現時空下的文學大環境中，很難想像單憑詩人個體的、孤寂而閒適的存在，能爲現代人類找回那個失去的家園、詩的居所！

「我將追索的或許是那朝朝暮暮的撞鐘人」（註二）這句發自詩人肺腑的詩句，爲張默自身，也爲所有現時代的詩人們，提出了一個強者詩人、亦即聖者詩人的人格形象。詩，這是我們與生命簽定的協議，是我們眞正內在的生命方向，亦是我們最後的避難所和棲息地——失去即意味著死亡！這裡是聖地、是淨土，文人相輕的祖傳老病在這裡已成爲罪惡而必須根除。我們只能相重，只有我們自己能看重相互的存在。需要的是赤誠、寬容、理解和更多的投入——更多眞正的撞鐘人靠緊在一起，守望在這最後的營地，把詩之鐘撞得更響！

詩，已不僅僅是天才歌者的宣洩、詩性靈魂的自慰，詩已成爲「撞鐘人」的「私人宗教」——重要的已不是那偶爾的創造物，而是朝朝暮暮將那神聖的鐘不停敲響的創造精神和創造過程——當幾代詩人正同時在艱難的跋涉中走到二十一世紀的門檻前時，我們從詩人張默匆匆前行的身影中感受到的，正是這樣簡明而又深沉的啓悟——他和許多詩人最大的不同，乃在於他一直「關心詩更甚於關心他自己作爲詩人的名聲或者作爲詩人的形象」（T·S·艾略特語），他深知詩比詩人更重要、更偉大，而「在藝術和詩裡，人格確實就是一切」（歌德語）。

三

按照T·S·艾略特的理論劃分（註二），張默主要是一位中年詩人——有長途跋涉的腳力，持續不斷的發展，相當的變化能力，同時不失去自我的特性——多樣性而不是完美，以及滯後的成熟。艾略特在對大詩人葉慈的評價時指出：「事實上，只有很少幾個詩人有能力適應歲月的變嬗。確實，需要一種超常的誠實和勇氣才能面對這一變化。大多數人要麼死死抓住青年時期的經歷——所以他們的作品就成了早期作品毫無眞情的仿製品—要麼乾脆拋棄激情，只用頭腦寫作，浪費空洞的寫作技巧。還有一種甚至更壞的誘惑：愛尊榮，成了在公衆中才能顯示其存在的公衆人物——掛著勛章和榮譽的衣帽架，行爲、言論，甚至思想、感受都是按照他們以爲公衆是那樣期待著他們的去做。葉慈不是這樣的詩人：或許這就是年輕人更接受他的晚期詩作的原因……因爲在年輕人眼裡他是這麼一位詩人：他的作品保持了最好意義上的青春，甚至在某種意義上，到了晚年他反而變得年輕了。」（註三）

正是這樣——僅就詩歌藝術來講，比起洛夫、瘂弦等並肩而起的詩友們，張默不得不等待一個晚來的成熟。

這種「等待」無疑曾長久困擾著張默的創作，乃至成爲一種「焦慮情結」。由此我們方能眞正理解何以張默曾那樣狂熱地投入「超現實主義」的詩歌實驗；對此，已有不少評論家談到，且大多只是從當時的文學大背景和時代因素論及。筆者則認爲，至少就張默來講，那是一次無充分準備的、帶有一定盲目性的、且主要出於內在焦慮鬱積而尋求外在開啓的、「突圍」式的實驗。這實驗對張默日後的創作不無好處，但對於骨子裡主要屬於傳統型的創作主體來講，它造成了又一次的背離和延誤。極富現代主義意味的性情外在和審美情趣（不但寫現代詩，還畫現代畫），與相對傳統的人格內在和價值取向（在生活中及詩活動中的傳統文人風格），在張默身上奇妙的共存而又爭鬥乃至撕扯，從而使「焦慮情結」愈演愈烈而難以消解。走出「超現實主義」，又投入「現代詩歸宗」的實驗，以及對詩歌活動的全方位、全身心投入等等。在所有這一切的背面，都隱含著一種尋求突破、尋求超越的心理動因——一種對生命的焦灼和緊迫感。

求新、多變、專心而勤勞，以堅忍不拔的毅力向前代詩人挑戰同時又向同時代詩人挑戰……在這種焦灼的追尋中，一方面練就了作爲詩人長途跋涉的腳力，作爲詩的穩固上升的內質；一方面卻又總是難以企及預期的成就和完美。心態超前而詩力滯後，在「焦慮情結」的迫抑下，總是習慣於把新奇、醒目的意象當作追求的主要目標，而忽視了詩中整體精神的健全、飽滿和昇華，忽視了人格主體與審美取向的諧調共生——這正是全面理解包括張默在內的一批臺灣現代詩人，其作爲詩的存在與作爲詩人的存在有一定差異的焦點所在——在一批年輕詩人身上，此點更顯突出，其原因在於他們的「焦慮情結」中更多了與前輩詩人的抗爭和與大陸青年詩人的抗爭而益發迫抑，其全面論述有待另文展開。

四

這種差異，對任何一位以詩爲生命歸所的嚴肅詩人，都無疑是一個極爲嚴峻的考驗。「焦慮情結」有其上面所說的負面效應，也同時具有激活新的創作能力的正面效應。關鍵看發生在怎樣的詩人身上。在弱者詩人那裡，它常會斷送其藝術生命。而在強者詩人那裡，則可能反而會將一個並非天才型的詩人推舉到超乎本身才力的更高成就。

詩，在張默是一種許諾——對生命的許諾，對生活的許諾，對友人和歷史的許諾。按張默自己的話講，是「對生命的掙扎、擁抱與企盼」。張默不是天才型的詩人，但在其生命的本源中，確有一種詩的原生質的東西，鼓促著他對這種「詩的許諾」報以始終不渝的熱忱投入，同時在這火熱的情懷深處，還持有一份理性的散淡，使他具有適時的自省。張默喜歡兩種色調，其一是紅色—「楓葉是我最喜愛的植物之一」，顯示了詩人對燃燒、熱情、成熟、榮譽等的渴求；其二是藍色——「我對藍色有出奇的好感」，顯示了詩人對純正、高遠、寬廣、澄明的認同。正是從這兩種心理色彩中，我們尋找到作爲強者詩人對「焦慮情結」反抗和消解的可能性，同時重新理解到他對詩歌創作和活動全方位投入、乃至旁顧甚多不惜影響其創作的心理機制。

許諾／焦慮／企盼／掙扎，由此構成張默整個詩創作的主體意象：時間意象。生命／時間／詩，在張默永遠是三位一體的東西；所有的許諾均落足於詩的許諾，而所有的焦慮又源自對時間亦即生命的焦慮。無論張默是否意識到這一點，以及在其詩中對此表現了多少，時間意象始終是其內在的發軔點，並展開爲三個層面：

其一，對逝去之時間的追憶——由此生成作爲詩人的歷史感、使命感、鄉情、遊子情結，和作爲詩的內在的傳統約束及古典意味；

其二，對此在時間的張揚——由此生成作爲詩人的生命感、參與意識、持續的熱情、青春活力，和作爲詩的外在的求新多變、無所不容以及現代主義傾向；

其三，對未來之時間的超越——由此生成作爲詩人的宗教感、殉道精神、理想主義，和作爲詩的深沉、厚重、漸趨澄明、曠達、理性的本質特徵。

縱觀張默四十年的詩思脈絡，對時間／生命的追憶（還鄉歸宗）、張揚（現代精神）和超越（終極關切、神性意識）一直是充溢其中的原生意象。只是這位如逐日者般追趕時間的歌者，似乎總未能眞正靜下心來爲他的這一主體意象寫部大作。然而這意願肯定是時時在心底滋生著的。從浪漫抒情的青春歲月，到意象繁複的中年之旅，以至澄澈無我的斜陽漫步，一支關於時間的詠嘆調在詩人的心弦上久久顫動——他應該將它寫出來，那將是他詩性人生的一次莊嚴的總結和一次新的出發，那將是一首完整地、濃縮地、深沉地展現他這顆蒼老而又年輕的詩性靈魂的大詩：主題，依然是「對生命的掙扎、擁抱和企盼」；色調，依然是紅與藍；意象，則必然是——時間。

五

一九九二年夏天，六十三歲的詩人張默，在一度沉寂之後，終於寫出了他進入成熟期後最爲重要的作品——組詩長卷〈時間，我繾綣你〉（載《創世紀》詩刊一九九二年冬季號，以下簡稱〈時間〉）。全詩共四十節，暗合詩人四十年的詩路歷程。每節六行，字數不限，亦可各各獨立成篇。共計二百四十行，可謂宏篇巨製。

時間，我錘鍊你
一把劈風鑿火的石斧
不自覺地掂掂，千斤若鵝毛
許是生命的擔子，沉重如昨
回首，日月在我的眉睫間舞踴
眺望，世界在你的髮茨中開花

這是〈時間〉的開卷題詩，在組詩中列第二十一節，僅從詩人賦予這節詩的位置看，便可知它的分量。實際上，整部作品的主體意象和菁華內蘊，已凝結在這短短六句之中。四十載風風雨雨，一萬五千個日日夜夜，愛詩、寫詩、編詩，以詩的生命追趕飛逝的歲月，以生命的詩譜寫時間的編年史，如此匆匆，彈指警雷一揮間，而「生命的擔子」亦即生命的許諾，仍「沉重如昨」。這自然是另一種「沉重」——收穫的沉重、使命的沉重、新的企盼的沉重、詩的沉重——「朝朝暮暮的撞鐘人」是幸運的，他將時間撞成生命的樂章、詩的花環，他將血與火的年代撞成詩與歌的篇章，給生之苦樂一種詩意，讓人保持人的本質，讓精神生命的昇華成爲一代人取得的最高成就，讓渴望不朽的幻想成爲最終的慰藉——回首，是詩的舞踊串起了坎坷坷陰陰晴晴的日月；眺望，是詩的花朵守望著死於非死的未來之彼岸——無憾的人生，無悔的歲月，詩人老了，但青春的熱情如舊，晚來的成熟中，老了的詩人還給生命／時間一個溢光流彩的許諾！

僅僅六句的題詩，已使人如臨大海，如登高山，其內在的大氣底蘊透紙撲面，以至兩肋生風，超凡脫俗。而當我們讀完整部組詩，回頭再領略這六句題詩，又會發現它潛藏的提綱挈領的作用。原來詩人在這裡以濃墨重彩大寫的手法，有意將創作主體勾勒成一位雕塑家的形象，而整部作品，則正是由四十塊意象塊石雕鑿而成的大型浮雕組詩，從而對詩人四十年的詩性生命／時間之歷程，進行了全方位、多聲部的詩型解讀，成爲張默漫長的詩歌創作生涯中一個不可多得的里程碑，更爲臺灣現代詩殿堂增添了一部頗有分量的精品大作。

六

一切對詩的解讀都是對詩人生命的解讀。生命/時間/詩，這一橫貫詩人一生的主體意象，在這部帶有心理自傳性質的〈時間〉組詩中，得到了最集中、最充分的展現。組詩題以「繾綣」，透露了詩人經四十年之詩路跋涉後的蒼涼疲倦之感，以此回首，逝去的歲月如奔如瀉，其中幾多浮沉、幾多得失、幾多苦樂，此時，均化爲詩的煙雲紛紜於心宇。

首先湧至筆端的，自是那一縷縈繞大半生的故土鄉情，那一闋「千萬遍千萬遍唱不盡的陽關」（註四），到了凝凍成「一方頭角崢嶸的巨石」，任怎樣浮想雕鑿，而「俱是灰褐褐的影子」（《時間》之一），其遊子深情，還鄉苦願，再次成爲生命/時間之繾綣的發端。逝者逝矣，失者失矣，斜陽餘暉中，尚有詩慰平生，酒暖衷腸！按下鄉愁，詩人從時間的暗影裡找回詩「之二」、找回酒「之三」，狂飲高歌。怎奈這詩裡酒裡依然是「黃山的奇松」、「三峽之翻滾」、「濃蔭蔽天的萬里長城」（暗喻民族之根），是「絕塵超逸的黃庭堅」、「淳眞高古的米芾」（暗喻文化之根），眞是才下心頭，又上心頭，剪不斷，理還亂。終歸是難掩赤子之心，一方面爲兩岸乍明還暗的狀態隔海浩嘆（之四），一方面又將這段痛楚的歷史置於時代大背景中，爲臨近世紀末的環球風雲變幻發出無奈的感慨（之五）。

對故土、時代這些生存之外部局限的追思是表象的，渴求突破這種局限而爲之奮爭的過程方是生命存在的本眞。於是，在自我調侃的心境裡，時間化爲「一堆窸窸窣窣的落葉」，在「萎謝」與「攀升」亦即死與非死的思考中，詩人作出了「或許是那朝朝暮暮的撞鐘人」的人生選擇（之六）——時間的主題意象由此卓然而立。

組詩一到六節，如潮頭初起，聲勢奪人。此後（自第七節起）則放開閘門，橫溢漫流，成鏡湖、成飛瀑、成潭、成沼，靜動張弛、詠嘆諷喻，高旋低迴，令人目不暇接，心醉神迷。

隨著詩思的展開，詩人或「搓揉」時間如「一束朝秦暮楚的藻草」，頓悟「永恆與璀璨，原不堪一握」（之七）；或「放縱」時間如「一匹佼佼不群的野馬」，檢討「至愛的路」程中失誤與徘徊（之八）；或「風流」時間如「一瓢煙波浩瀚的活水」，欣慰在智慧的導引下，生命「如一朵朵淨潔的蓮花」，且歸一「自由自在的如來」（之九）；或「怫鬱」時間如「一隻古拙斑剝的破瓦缽」，「走不出自己設定的方圓」（之十）；忽而明快，「燭照」時間如「一廊笛韻琴音的童話」，遂借安徒生的嘴，自問「黃昏的天幕該用什麼顏色打底」（之十一）；忽而低沉，「幽微」時間如「一蓬重重疊疊的倒影」，伏案頭而懷天下，操心「莫非人間的喜劇永遠在連環的悲劇中打轉」（之十二）；忽而垂首，「婉轉」時間於「一疋景隨情移」的刺繡，幾多心血凝注後，於不捨之捨中欲放下倦手（之十三）；忽而振衣，「切割」時間以「一柄寒光閃爍的名劍」，幾多奮爭苦鬥後，仍心繫征程，不甘「就此休手，獨坐空城」（之十四）；於是壯懷「突兀」，激揚「一莖橫七豎八的春夢」，任一同春過夏過迷亂過熱狂過的詩之伙伴們如秋果般纍纍纍的詩句掛滿夢的枝頭（之十五）！

——往事如夢，而夢依然在詩裡；詩即時間即生命，天若有情天亦老，唯有詩點燃著我們「不知老之將至的雙眼」（之十六）……

詩行至此，已入化境：

時間，我攀登你

一座蒼蒼烈烈想飛的遠山

燦然，闖入我的視矚

任輕薄的身軀在虛無縹緲的域外揚升

尖拔高聳，一排排鶴立的岩石挾著松姿的晚雲

令我不得不摘下一肩瘦瘦的巍峨，半節蕭蕭的傲骨

——〈時間〉之十七——

三位一體的生命／時間／詩，在這裡——在晚雲夕照下、蒼烈遠山前，悄然裂變爲生命／虛無——詩——永恆／時間。

死亡的意象由此切入：「所有的出出入入，俱將化爲一隻靜止的花瓶」，而詩仍在，只是有了幾分禪韻、幾許空明；對死亡的反抗轉化爲認同，詩神與死神握手言和，「繾綣」爲「一幅迤邐絕俗的長卷」（之十八）……

七

按一般詩思，這幅「長卷」到此似可捲軸，然而對詩人張默來說，那將是違其生命本質的斷裂——是的，生命是終歸於虛無的，但又是經由實在的；時間是永恆的，但又是瞬間可握的。而詩更將使我們變虛無爲實在，化瞬間爲永恆——生命／時間／詩，依然是三位一體，隨不泯的詩魂，再現輝煌。

在向更深部展開的詩思裡，不老的詩人由「一勺稻穗成行的薄暮」出發，時而「暢然款步梵谷的畫域」（之十九），時而「急急奔向酸楚的從前」，再次陶醉於「語言的嫩蕊」、「俊彩星馳的意象」（之廿）；仍有力「錘鍊」時間，不畏「生命的擔子，沉重如昨」（之二十一），仍有心「追逐」時間，儘管常「拎著一尾清清冽冽的夜，如絮」（之廿二）；難耐好奇，時時想「驗證」時間的「形影如何彩繪」（之廿三），也喜「逍遙」，「在落絮如雨短笛輕吹的牛背上」「神閒氣定」（之廿四）；而人生畢竟在征程，壯心如雁陣，「在空空渺渺的天幕上行走／不沾惹陽光與塵土，不細數風暴與山嶽／喃喃靜靜，啣著一枚小小的奇蹟／交給無聲且不倦怠的翅膀去完成」（之廿五）。

多麼虔誠的詩路歷程，多麼超拔的生命形象——他以哲人的風骨「羽化」時間，「往抵達不到的傲岸的巓峯／擲出一圈圈心靈的白浪」（之廿六）；他以赤子的情懷「溫暖」時間，溫暖「包穀的臉」、「銀杏的臉」，「管它是否來自同一個母體」（之廿七）；他「敲擊」

時間（之廿八）、「剪貼」時間（之廿九）、「審判」時間（之卅），而終歸在對中華文化的歸宗認祖之深情中，「東尋西覓」、「一筆不苟」、「如出一轍」（之卅一、卅二、卅三），且更感兩岸「黃皮膚」式的「鉤心鬥角」和同樣黃皮膚式的世紀末反文化遊戲，爲今日之中國文化的生存與發展造成何等的困境，乃至憤然喝問：「看你鬼精靈還能祭得出什麼新招」（之卅四、卅五）。

從二十七節到三十五節，在近十節的篇章裡，詩人於生命／時間／詩的母題裡連連注入文化的意象，並在三十六節中予以最深切撼人的表現：

時間，我渾圓你
一棵沒有年代的巨樹
我撫摩，有一些刻痕，像　山
我挖掘，有一些紋理，像　海
我縱橫，有一些氣韻，像　經
而你層層爆裂，酷似一根根急欲再生的斷柯

以精衛之魂，再造文化；以女媧之魄，渾圓歷史——這是怎樣的抱負，何等的氣度！生命／時間／詩的主體意象，深化爲生命／文化——詩——時間／歷史的大詩史詩境界，這正是包括張默在內的一代詩人們心路歷程的眞實寫照，而「斷柯再生」的意象則無疑是對現時空下中國文化命運最精警的詩性界說。

全詩最後四節，詩人瀰天澈地的詩思終又落潮於故土鄉愁——這最後出發，也是歸宿，是一代臺灣詩人無以消解的命運——「我們從那裡來？我們向那裡去？我們是誰？」這一世紀性的命題在張默們的身上顯得分外凝重深刻！

對文化的再造，對歷史的渾圓——這一未竟的使命已成爲生命的支撐而欲罷不能，而作爲生命的歸屬，那一雙如楓葉般「鮮紅的瞭望」之眼（註五），終還是投向故有的家園——「穿越」時間，老而未老的詩人又回到那「一畝綻放眞情的泥土」，一顆心爲「鋤草的聲音，犁田的聲音，牛群汲水的聲音」激動如「久久未被敲打的皮鼓」（之卅七）。可這樣的歡情又能有多少？如煙似夢，歸來醒來，仍舊是「悲風望洋撫物，百川湍激如矢，流向不知名的遠方」（之卅八）……

而心依然不甘。沉浮在時間的汪洋裡，一顆自稱早已「習慣飄泊的靈魂」（張默語），「已不堪千噸萬噸泥土的重壓／已不堪淒風苦雨無情的腐蝕」，發一聲最後的吶喊「天啦，人哦，你還要把俺折騰到何年」（之卅九），並將最後的「遠眺」依然投向那「千萬遍千萬遍唱不盡的陽關」——

時間，我悲懷你

一滴流浪天涯的眼淚
怔怔地瞪著一幅滿面愁容的秋海棠
嘉峪關之外是塞北，秦嶺以西是黃河
我遨遊，一遍又一遍，我丈量，一寸又一寸
啊！且讓幾億兆立方的滾滾黃土，寂寂，把八荒吞沒

——〈時間〉之四十

這是世紀的悲懷，這是人類的愁腸。在又一個世紀末，所謂「鄉愁」早已不單單是黃皮膚式的了——上帝死了，精神的「荒原」上，無數的靈魂在飄泊，「無家可歸狀態變成了世界命運」（海德格爾語）；人類自己放逐了自己，自己掠奪著自己，甚至連自然也已成爲掠奪的象徵——家園何在？也許只有在詩人的心底裡，還存有一星返歸家園的燈火。而時間依然是時間，慾望、榮耀、驕傲或沮喪以及企盼，一切都歸於寂滅，歸於空茫，唯有詩存在著，也許，那是我們橫渡世紀、抵達彼岸的唯一的諾亞方舟？

——在詩人黃鐘大呂般的〈時間〉之尾聲中，我們聽到的是這樣的餘音……

八

對任何一部文學作品的解讀，都可以是多種方式的。詩人張默的這部〈時間〉長卷，首

先震撼筆者的，是其整體意義上的深度和其內在的詩歌品質，故取被動投入而摒客觀審視，以感覺爲主，解析爲次，隨波逐流，形成以上初步的、散文式的解讀。其中難免有曲解誤讀之處，尤以線性有序的流程披閱組詩，實已犯大忌，微力如此，且算一種方式，或可引發其他論家的深入剖析。

僅從全詩的結構來看，這是一部眞正意義上的組詩，同時具有史詩的氣韻和大詩（長詩）的儀式。組詩的概念多年來被搞得十分混亂，大多數所謂組詩，皆有生拉硬扯、虛張聲勢之嫌，徒有其表，不得要義。實則組詩常常比長詩難寫，而既具組詩要素，又兼融長詩、史詩之特質，尤爲難得。〈時間〉長卷爲我們提供了一個範例，本來，著力於這樣宏大深廣的題材，似該順理成章、一瀉千里地傾注爲長河大江般的、交響樂式的長詩樣式，而作者卻將之處理爲組詩套曲，在四十節各自獨立而又相互滲透的篇章中，運用明喻、暗喻、象徵用典、宣敘、層疊、反射、衍生、濃縮、跨跳、交叉等多種手法，多觸點、多角度、多側面、多層次地圍繞生命／時間／詩這一主題意象展開詩思，收到外看有型（有序），內看無型（無序），心凝而形釋的藝術效果。打開來看，四十首精短的小詩，有如四十處或深或淺的湖泊，各得其所而又斷連有趣。又似四十顆或明或幽的星子，各含內華而又交相輝映；合攏來看，則如一派水系，浩浩蕩蕩，煙深波渺。又似一團星雲，翻翻滾滾，雲蒸霞蔚。其間意象或典雅、或崎嶇、或靈幻、或幽邃、或壯闊、或峭拔、或清麗、或冷峻，佳句疊出，氣象非常，令人時時擊節嘆服。

如此，組詩的結構，史詩的氣韻，大詩的儀式，既保留了短詩簡潔、典雅的品質，又具整體構架所蒸騰的恢宏氣勢，「骨骼英挺，如黃山的奇松」「詞藻雅致，如棲霞的楓葉」（註六）——對於一向苦於追求完美的張默來說，或許，這正是他所想要實現的？

當然，這樣的一種結構，也有它不利之處。尤其本詩限定每節必六行，無疑是自縛（實際上詩中許多長句已顯憋屈欲以跳脫）；若單一小詩作縛，自有收神凝氣之效，用以大詩巨製，則難免傷元神滯大氣。加上每以「時間，我××你」這同樣的起首句連貫之於四十節，造成閱讀心理上的倦滯，也削弱了語音張力，影響韻律的暢流。設想假若作者不拘此小束，完全放開詩情，隨遇而形，大則大章，小則小節，或江河湖海，或溪流飛瀑，而大構架上仍以組詩整合行之，或許會另添一番氣象吧？

總觀全詩，其六、九、十七、二十一、二十五、二十六、三十六、四十等節堪稱上品精華，抽出來單獨看，各個生輝，放進全詩中更起中堅作用。個別節詩則失之語言的沾滯以及過於理念，有些意象也顯熟套。部分詩句似可再作精鍊，比如第二節中三、四、五起首三個「它的」就完全可以去掉等等。

頗有意味的是，整部作品詩思廣披博及至時間、生命、鄉情、友情、藝術、宗教、文化、歷史、環境、戰爭，乃至政治等等，卻唯獨沒有涉及到「愛情」，這其中的玄機，恐唯有詩人自己解說了。

九

九是個好數字，大數，功德圓滿之數。

一九九二年之夏的詩人張默，也可謂功德圓滿。以「一肩瘦瘦的巍峨」，以「半節蕭蕭的傲骨」，長途跋涉，上下求索——在對時間長久而深情的「繾綣」之中，詩人張默終於還給生命，還給早已與其生命融合爲一的臺灣詩壇和詩壇的老伙伴們，一個無憾的許諾！

T·S·艾略特說：「如果到了中年，一個詩人仍能發展，或仍有新東西可說，而且和以往說得一樣好，這裡面總有些不可思議的東西。」

是什麼呢？

是眞誠與智慧，以及持久的愛心與努力。

從這部〈時間〉長卷中，我們看到了這種努力的結果：相對於張默以往作品中的缺陷，一些可資彌補的新品質在此出現了，且由於生命底蘊的更趨深厚和博大，生發出新的意象，新的語言光澤。我們甚至可以預期，憑著這種繼續上升的藝術力量，詩人必將有更成熟、更優秀的作品問世，而作爲詩的張默和作爲詩人的張默之間長時間存在的差異，也該由此而彌合。

時間是公正的，「每個人都會被記住，但每個人的偉大程度是與其期望成正比的」（基爾凱郭爾語)——

出發的日子已經很久遠了
時間的岩石上終於鬱鬱葱葱
就這樣，寫著、回憶著
大鳥般地鳴唱著——
生命之外，是另一種生命的
生成和永存……

——一九九二年十二月二—九日寫就於西安東郊「非悟齋」
——一九九三年八月發表於《書評》雙月刊

【註釋】

註一 〈時間，我繾綣你〉第六節詩句。
註二 尼采《查拉圖斯特拉如是說·四·片斷》。
註三 T·S·艾略特《葉慈》·《艾略特詩學文集》，國際文化出版公司一九八九年版。
註四 張默〈無調之歌〉詩句。

註五　張默〈楓葉〉詩中意象。

註六　〈時間，我繾綣你〉第二節詩句。

註七　同註三。

在時間之上旋舞

——評張默長詩《時間，我繾綣你》

熊國華

時間和空間，是運動著的物質和生命現象的存在方式。人類的生命，只能在時間中才得以存在和顯現。對時間的感悟和體認，實際上意味著人類自我生命意識的覺醒和提升。然而，時間所具有的無始、無終、無聲、無色、無味、無相的特性，又使古往今來的思想家、科學家、文學家感到迷惑不解，進而孜孜不倦地探尋時間的奧秘。

古今中外以時間爲描寫和吟詠對象的文學作品，多不勝數，其中又以詩人爲甚。屈原、陶淵明、曹操、張若虛、陳子昂、李白、杜甫、蘇軾……都有過抒寫時間的傑出紀錄。西方古羅馬詩人盧克萊修的《物性論》，文藝復興時代莎士比亞著名的十四行詩，現代派詩人艾略特的《四個四重奏》，都留下了對時間的哲人式思考。在中國現代詩壇，抒寫對時間的感受的詩句和短章也很多，但專以時間爲吟詠對象的抒情長詩，尚未多見。著名詩人張默的近作〈時間，我繾綣你〉（註一），無疑給我們帶來了新的驚喜。該詩長達二百四十行，堪稱中國現代詩史上抒寫時間的巨製和傑作。

從哲學上來說，時間指「物質運動過程的持續性和順序性」（註二）。它和空間一樣，是無限和有限的辯證統一。就宇宙而言，時間無始無終，是永恆的、抽象的；但就某一個別事物和生命現象而言，時間又是有限的、具體的。因此，用詩的形式來抽象地討論時間，勢必顯得空泛，只有落實到具體的時間範圍，才能顯示實有的意義。張默在〈時間，我縲綣你〉的題記上寫道：「獻給同我並肩走過血與火年代的伙伴」。這些「伙伴」，也就是他在詩的「後記」中再次強調的「是紀念咱們這一群並肩走過五、六十年代的坎坷歲月，現在是六十歲左右猶在詩壇打拚的老伙伴」。我以爲，這是幫助我們理解這首長詩的一把「鑰匙」。一九四九年共產黨接掌大陸，張默和數以百萬計的大陸人背井離鄉來到臺灣，形成了二十世紀中國歷史上最龐大的放逐社會。國府雖然存活，人民卻飽受思鄉之苦。從此，鄉愁成爲一種流行病，瀰漫在臺灣島的空氣之中。幾十年的兩岸對峙，幾十年的鄉愁煎熬，當年二十歲左右的張默們，如今都已年逾花甲、兩鬢斑白。時間啊時間，叫詩人如何不感慨萬千，望天長嘆！我們由此可知，〈時間，我縲綣你〉所要表現的乃是一種貫穿著鄉愁的放逐主題和對時間的慨嘆。

人從出生到死亡，是一個命定的旅程。時間對人的生命具有絕對的權威性。人如何才能擺脫時間的限制和命運的捉弄，以求得心靈的自由和精神的超越，而走向無限與永恆，是無數詩人所渴望和追求的最高境界。也許正是這種崇高的意念，激發了張默企求駕馭時間和反抗命運的雄心。他對「時間」大聲說：我浮雕你、朗誦你、狂飲你、彩繪你、鯨吞你、調侃你、搓揉你、放縱你、風流你、怫鬱你、燭照你、幽微你、婉轉你、突兀你、滄浪你、攀登你、繾綣你、物色你、膜拜你、錘鍊你、追逐你、鑑照你、逍遙你、守候你、羽化你、溫暖你、敲擊你、剪貼你、審判你、感嘆你、淅瀝你、蕭瑟你、吸吮你、折疊你、渾圓你、穿越你、躲避你、遠眺你、悲懷你……這一系列代表人類對時間的宣言和挑戰，不僅從不同層面和角度表現了詩人對時間的複雜感受，而且也構成了這首長詩卓絕的超越意識和內在的震撼力。

然而，時間畢竟是抽象的。張默對時間的慨嘆，是通過時間的空間化和意象化處理來完成的。這是這首長詩的一大特點。詩人把漫長的思鄉之情，轉化為「連綿千里的敦煌」、「濃蔭蔽天的萬里長城」、「秦關漢月」、「渤海揚波」、「涇渭分明是黑也是白的邊界」、「桃柳接天的老屋」和「栽秧拾糞的童年」；把深厚的故國之戀，轉化為「絕塵超逸的黃庭堅」、「淳眞高古的米芾」、「凌萬頃之茫然的赤壁」、「放浪形骸之外的蘭亭」，還有「淒淒切切的秋歌」和「疏疏落落的雁陣」。這種刻骨銘心、夢縈魂繞的鄉愁和對中華歷史文化的思慕讚嘆，抒發的乃是一個深受民族傳統文化薰染的放逐者熾熱的愛國情懷。對歷史的梳理，必然觸及現實的傷口。詩人寫道：

時間，我吸吮你
一具花花綠綠的臉譜

以鼻子爲界碑
右邊，曾經是一個命令一樣動作
左邊，現在是金銀遍地鉤心鬥角
巧就巧在大家同是黃皮膚，怎樣區分彼岸與此岸

詩人對社會現實的關注與批評，建立在同屬一個民族血緣的大背景上。兩岸的對立，被濃縮爲一個「臉譜」的右邊與左邊。這種高度的藝術概括，深刻而警醒！人間的悲劇，來源於相互猜疑、敵對和戰爭。詩人將放逐的心境由己及人，擴展爲對人類命運和世界局勢的悲憫與關懷：「今夕何夕，烽火從貝魯特吹到南斯拉夫／莫非人間的喜劇永遠在連環的悲劇中打轉。」這種對戰爭的唾棄和對和平的嚮往，已超出了種族、國界的範圍和政治上的狹隘偏見，昇華爲一種博大的情懷和崇高的理性，其光源來自詩人人道主義的愛心。面對人類生存狀態的荒謬，詩人焦慮不已，內心「層層爆裂，酷似一根根急欲再生的斷柯」。他有時也想學中國古代的莊子，試圖躲避現實矛盾，但揮之不去的鄉愁和兩岸對峙的實景，又使他欲逍遙而不能。雖然近幾年兩岸可以探親和互訪，但是放逐的命運並沒有得到根本的改善和解決。隔海相望的凝視，使詩人在長詩的最後兩節悲憤地寫道：

時間，我遠眺你

一截牛頭馬面的陶俑
已不堪千噸萬噸泥土的重壓
已不堪淒風苦雨無情的腐蝕
已不堪生前死後，一律恭恭敬敬地站著
天啦，人哦，你還要把俺折騰到何年

時間，我悲懷你
一滴流浪天涯的眼淚
怔怔地瞪著一幅滿面愁容的秋海棠
嘉峪關之外是塞北，秦嶺以西是黃河
我遨遊，一遍又一遍，我丈量，一寸又一寸
啊！且讓幾兆億立方的滾滾黃土，寂寂，把八荒吞沒

放逐者的悲苦心境和被壓抑的情懷，在這裡得到了淋漓盡致的抒發。對時間的無奈和虛無，使放逐詩人墜入瞬間的空茫，頗有唐人「念天地之悠悠，獨愴然而涕下」（註三）的悲慨。李文（Harry Levin）曾經指出：放逐作家以「失卻的空間邁向無所不在的時間，以隔離作爲身材的基座」（註四）。簡政珍教授則進一步論證道：「空間的錯失即是時間的錯失。若時間已

無特定的年歲日月，人反而能一窺永恆。書寫將時間空間化，放逐作家的存有在書寫空間展延……放逐文學並不能解決放逐者的客觀情景，但放逐作家以書寫『瞬間』超越放逐而變成反放逐。」（註五）這也即是海德格所謂「對墮落的時間的短暫性的報復精神」（註六）。以上論述，都可以作爲張默這首長詩的最好詮釋。

值得指出的是：張默所抒發的放逐者的悲吟，絕非個人情緒的宣洩，而是代表了幾百萬放逐者共同的心聲；他所書寫的放逐悲劇，也不僅僅是個人命運的悲劇，而是一個時代集體放逐的悲劇。因此，〈時間，我繾綣你〉的放逐主題，便具有了深廣的社會意義和恆久的美學價值，而成爲一個放逐時代「集體意識」的藝術象徵，是融匯了鄉愁詩的集大成之作。

這首長詩在藝術構思和表現手法上，也頗有值得重視之處。詩人突破了以往長詩以寫人敘事爲主的傳統模式，代之以純粹的抒情，極大地增強了詩質的稠密和純度。該詩共四十節，每節皆爲六行，字數多少則不限。分開來看，每節都是可以獨立成章的精緻的小詩；合起來看，又是一首氣勢恢宏、舒捲自如的長詩。節與節之間，貫穿著放逐主題和情感起伏流動的線索。可以說，這首長詩採用的是一種並列排比式結構，每節的首句都使用「時間，我……你」的固定句式，一連四十個排比，以詩節並列的形式出現。這種並列排比式結構，打破了物理時空的順序和限制，按照詩人的意識流動和創作意圖重新剪輯和組合人物、事件與景物，時而大陸，時而臺灣，時而歷史，時而現實，時而神話，時而夢幻……意象的大幅度跳躍和時空的錯亂、定格、復現，很好地配合和表現了放逐者的鄉思、時空錯失和身分的難以確認，做到了藝術形式和放逐主題的有機統一。

除了整體上的並列排比，詩人在詩節內部也大量使用了並列排比，形成了一種大環套小環、層層疊現而又變化多端的結構方式。請看第十五節：

時間，我突兀你
一莖橫七豎八的春夢
揮揮手，不繫之舟，揮揮手，鹽呀，給我一把鹽呀
揮揮手，死不透的歌，敲打樂，九宮鳥的早晨
揮揮手，無言的衣裳，揮揮手，湘繡被面
揮揮手，同溫層，灰燼之外，以及一具空空的白

這裡並列引用了林泠、瘂弦、沙牧、余光中、周夢蝶、商禽、向明、辛鬱、洛夫、周鼎等多人的詩題和名句，領之以「揮揮手」的排比重複句式，頗有向過去的時間告別的意味。每一次重複，都使人好像看到不同的詩人出現，揮手，然後淡出。然而，揮手之間，留下來的仍是不可化解的鄉愁和對生命的一長串嘆息。

總的來看，這種外部與內部、整體與局部的多層次的並列排比結構，在藝術效果上造成了一種磅礴的氣勢，顫弦般的節奏和回環往復韻律，整齊而有變化，嚴謹而不失恢宏，熔古

典小詩的神韻和現代長詩的灑脫於一爐，自成一體。雖然少數個別詩句有點牽強和略欠準確，但仍展現了張默令人欽佩的詩藝和深厚的藝術功力，集中代表了張默的藝術風格，較好地實踐了他「為永恆服役」的藝術主張。

——初刊「創世紀」第九十二期，一九九三年一月

——再刊臺灣新聞報「西子灣」副刊，一九九三年二月二日

【註釋】

註一　該詩見《創世紀》詩雜誌，一九九二年十月，第九十、九十一期合刊。

註二　《辭海．哲學分冊》，上海辭書出版社，一九八〇年版，第五十六頁。

註三　陳子昂〈登幽州臺歌〉。

註四　Harry Levin, Refractions: Essays in Comparative Literatrue (New York: Oxford University Press,1966),P. 66.

註五　簡政珍〈放逐詩學——臺灣放逐文學初探〉，《中外文學》第二十卷第六期第十三頁。

註六　"Who Is Nietzsche's Zarathustra?" in The New Nietzsche? Contemporary Styles of Interpretation, ed. David Allison (New York: Dell,1977),p. 73.

附錄一

張默作品評論索引

一、詩作評論篇目

作者	篇名	發表刊物（期別）	年月
祁雪	關於「紫的邊陲」	香港「中國學生周報」	一九六五年五月七日
一信	試評「紫的邊陲」	「中國新詩」月刊	一九六五年
于還素	小評「紫的邊陲」	公論報「書評」版	一九六五年
瘂弦	簡介「紫的邊陲」	「新文藝」月刊	一九六六年
李英豪	從「拜波之塔」到「沉層」	「批評的視覺」詩論集（文星書店出版）	一九六六年一月
柳文哲	笠下影：關於張默	「笠」雙月刊第三十二期	一九六九年八月
周伯乃	詩的外延與內涵——以張默的「期嚮」爲例	「現代詩的欣賞」（三民書局）	一九七〇年四月
大荒	橫看成嶺側成峰	「上昇的風景」詩集	一九七〇年十月

——論張默的四「峰頂」 (巨人出版社出版)

沙　穗　關於張默　「暴風雨」詩刊第三期　一九七一年九月

莊　原　「上昇的風景」及其他　忠義報副刊　一九七二年七月

劉　菲　五湖煙景有誰爭——論張默的詩　「創世紀」第三十九期　一九七五年一月
「詩心詩鏡」詩評集 (傳燈出版社出版)　一九八九年六月

涂靜怡　從「無調之歌」談起　「秋水」詩刊第八期　一九七五年十月
「怡園詩話」(康橋書店)　一九八二年十月

陳義芝　從時間巨齒的隙縫中跨出來——論張默詩集「無調之歌」　「創世紀」第四十四期　一九七六年九月
「現代詩導讀」批評篇 (故鄉出版社出版)　一九七九月十一月

辛　鬱　張默的「長頸鹿」　青年戰士報「詩隊伍」　一九七六年六月十四日

劉　菲　論「無調之歌」　「創世紀」第四十四期　一九七六年九月
「詩心詩鏡」詩評集 (傳燈出版社出版)　一九八九年六月

趙天儀　評介「紫的邊陲」　「裸體的國王」 (香草山出版公司)　一九七六年六月

李仙生　玲瓏剔透小論張默　「詩人季刊」第七期　一九七七年一月

李瑞騰　詮釋張默的一首詩：無調之歌　「詩脈」季刊第四期　一九七七年一月
「詩的詮釋」詩評集　一九八二年六月

作者	篇名	出處	日期
		(時報文化公司出版)	
洛　夫	無調的歌者 ——張默其人其詩	臺灣新生報副刊 「幼獅文藝」月刊第三〇四期	一九七八年六月廿四、五日 一九七九年四月
碧　果	詩是呼之欲出的眞摯 ——兼介張默及其自選集	臺灣新聞報「西子灣」副刊	一九七八年九月
楊昌年	張默的「無調之歌」	「新詩品賞」詩評集 (牧童出版社出版)	一九七八年九月
彩　羽	試析張默「素描六題」	臺灣時報副刊	一九七八年十二月十五日
姜　穆	張默的詩天地	文藝月刊	一九七八年十二月
彩　羽	白色的釀製 ——析張默「飲那綹蒼髮」	臺灣新聞報「西子灣」副刊	一九七九年一月二十二日
辛　鬱	讀「張默自選集」	民族晚報副刊	一九七九年四月八日
張漢良	詩爲情感的自然流露 ——析張默「蒼茫的影像」	臺灣時報副刊 「現代詩導讀」第一冊 (故鄉出版社出版)	一九七九年五月十八日 一九七九年十一月
蕭　蕭	愛國詩選註 ——張默的「鐵馬・想開」	「幼獅文藝」月刊	一九七九年八月
蕭　蕭	導讀張默「哲人之海」	「現代詩導讀」第一冊	一九七九年十一月
蕭　蕭	詩壇的牧者：張默	「中學白話詩選」	一九八〇年四月

（故鄉出版社出版）

林亨泰　現實觀的探求——引張默「最後的」一詩爲證　「詩學」第三輯（成文出版社）　一九八〇年四月

蕭　蕭　深情不掩，陋室可賦——小論張默詩集「陋室賦」　「愛書人」半月刊　一九八〇年四月二十一日
「現代詩縱橫觀」詩評集（文史哲出版社出版）　一九九一年六月

文曉村　評析「溪頭拾碎」　「新詩評析一百首」（布穀出版社）　一九八〇年四月

菩　提　淺談張默「楓葉」及其他　「中華文藝」月刊第一一一期　一九八〇年五月

劉　菲　靜觀張默的回歸——「陋室賦」詩集讀後　「創世紀」第五十三期　一九八〇年九月
「詩心詩鏡」詩評集（傳燈出版社出版）　一九八九年六月

落　蒂　導讀「飲那綹蒼髮」　「中學新詩選讀」（青草地出版社）　一九八一年四月

沈留平　張默的兩首散文詩　香港時報「文化與生活」　一九八一年九月九日

向　明　至情的孺慕——談張默「飲那綹蒼髮」　臺灣新聞報「西子灣」副刊　一九八三年九月一日

陳啓佑　聲韻學在新詩上的一項試驗——「無調之歌」的節奏　「渡也論新詩」詩評集（黎明文化公司出版）　一九八三年九月
新詩批評卷（正中書局出版）　一九九三年五月

作者	篇名	出處	日期
落　蒂	請輕輕染織我蒼茫的影像	臺灣日報副刊	一九八七年九月二十一日
瘂　弦	爲永恆服役——張默的詩與人	中華日報副刊 「愛詩」詩集（爾雅出版社）	一九八八年七月二十二日 一九八八年七月
洛　夫	豐沛與淨化——張默小評之一	「愛詩」詩集（爾雅出版社）	一九八八年七月
鍾　玲	動感的詩篇——張默小評之二	「愛詩」詩集（爾雅出版社）	一九八八年七月
張漢良	自然的流露——張默小評之三	「愛詩」詩集（爾雅出版社）	一九八八年七月
淡　瑩	眞誠的披瀝——張默小評之四	「愛詩」詩集（爾雅出版社）	一九八八年七月
李瑞騰	整合與汲取——張默小評之五	「愛詩」詩集（爾雅出版社）	一九八八年七月
侯吉諒	梧桐細雨的深處——張默的「愛詩」談片	中華日報副刊	一九八八年八月七日
蕭　蕭	現代詩註——張默的「家信、夜與眉睫」	「文藝月刊」第二三一期	一九八八年九月
陳義芝	張默詩選註——「蜂、豹、駝鳥」等四首	國語日報「古今文選」第六九二期	一九八八年十一月十二日
陳義芝	鐵琶銅板	「聯合文學」月刊第五十二期	一九八九年二月

古繼堂	關於張默 ——評張默詩集「愛詩」	「臺灣新詩發展史」 （人民文學出版社出版）	一九八九年五月
李元洛	爲永恆服役的選手 ——臺灣詩人張默詩作欣賞	「創世紀」第七十六期 山西「名作欣賞」第三期 「寫給繆斯的情書」 （北岳文藝出版社出版）	一九八九年八月 一九九〇年三月 一九九二年八月
蕭　蕭	他鄉與家鄉 ——讀「光陰·梯子」	中央日報副刊 「光陰·梯子」詩集 （尚書出版社出版）	一九九〇年二月二十七日 一九九〇年六月
古遠清	從奔放到冷凝 ——張默詩作賞析	臺灣新聞報「西子灣」副刊	一九九〇年九月二十三日
劉登翰	張默論	「臺港文學選刊」 「創世紀」第八十四期	一九九一年 一九九一年七月
熊國華	赤子之心 ——評張默的母愛詩	臺灣新聞報「西子灣」副刊	一九九一年五月十三日
熊國華	回歸傳統·融匯中西 ——論臺灣詩人張默的詩路歷程	廣東教育學院學報（第四十期） 「創世紀」第八十五、六期	一九九一年六月 一九九一年十月
汪　智	白色祭 ——讀「初訪美堅利堡」	河南安陽「文化報」 世界論壇報「世界詩葉」	一九九一年七月 一九九一年十月二十日
安　文	露水橫過天空	河南安陽「文化報」	一九九一年七月

向明 熊國華 張默詩作鑑賞 「臺灣新詩鑑賞辭典」(北岳文藝出版社出版) 一九九一年十二月

李元洛 古弦新奏八題——談張默「黃鶴樓」及其他 「臺港文學選刊」(第六十一期) 一九九一年十二月

王宗法 滿目雪景映故園——讀「春川踏雪」 安徽某大學中文系教材 一九九二年

熊國華 放逐者的回眸——評張默長詩「時間，我繾綣你」 「創世紀」第九十二期 一九九三年一月
臺灣新聞報「西子灣」副刊 一九九三年二月二日

沈奇 時間・生命・詩——評張默長詩「時間，我繾綣你」 「書評」雙月刊 一九九三年八月

李元洛 繁英在樹——讀張默詩集「落葉滿階」 「創世紀」第一〇〇期 一九九四年九月

熊國華 閂住永恆的不朽——試論張默的「貝多芬」 「幼獅文藝」月刊 一九九四年八月

二、專訪、詩評、編選評論篇目

金風 熱情忘我的播種者——詩人張默訪問記 「幼獅文藝」月刊第二六四期 一九七五年十二月

李天養 巴山夜雨剪燭時——專訪詩人張默 「興大法商」第三十六期 一九七七年六月

陳義芝 楊　亭	水流般的牧者 ——詩人張默訪談錄	「明道文藝」月刊	一九七八年六月
莊麗鳳	訪詩人張默記	「三重工商青年」	一九七九年一月
柯慶昌	感月吟風多少事 ——訪詩人張默・談創作與詩運	「心臟」詩刊第三期	一九八三年九月
編輯室	恆寂峰頂的禮讚者 ——訪現代詩人張默	「海工青年」第四期 （省立海山高職出版）	一九八三年十一月
隱　地	作家與書：張默	「新書」月刊第二十二期	一九八五年七月
鍾麗慧	臺灣新文學第一：編選詩集最多的詩人／張默	中時晚報「時代」副刊	一九八八年三月二十九日
徐開塵	張默「無塵居」嶄新生活很充實	民生報「讀書」第八十五期 美國「世界日報」副刊	一九九〇年十月二十日 一九九〇年十月二十三日
朱恩伶	詩壇癡人：張默	中國時報「開卷周報」 「爾雅人」第七十一期	一九九二年五月八日 一九九二年七月二十日
費　勇	〈臺灣詩話〉張默的赤忱奉獻	「華夏詩報」第七十二期	一九九二年十一月廿五日
楊匡漢	一花一世界 ——就小詩問題答臺灣友人	作家報	一九九二年十一月廿一日
應鳳凰	愛詩的人——側寫張默	「文訊」雜誌第九十一期	一九九三年五月
陳發玉	我與臺灣著名詩人張默	新安晚報「繽紛天地」	一九九三年六月九日

作者	篇名	刊載處	日期
沈臨彬	十二橡樹：張默側寫	「幼獅文藝」月刊第一八四期	一九六九年四月
蕭　蕭	我是千萬遍千萬遍唱不盡的陽關——張默詩作座談	「創世紀」第四十八期 「現代名詩品賞集」（聯亞出版社出版）	一九七八年八月 一九七九年五月
編輯部	詩人專頁：張默欣賞（小傳、詩作、印象記）	民聲日報副刊	一九七九年三月三十一日
蕭　蕭	人物篇：張默	「現代詩入門」（故鄉出版社出版）	一九八二年二月
楚　卿	張默專頁（小傳、詩作、生活照片）	民衆日報副刊	一九八二年七月十八日
徐望雲	生活詩人——致張默	臺灣日報副刊	一九八二年七月二十八日
張靈靈	挑燈夜讀爲那椿——側寫我家詩人老爸張默	聯合報副刊（詩人節特輯）	一九九〇年五月二十七日
姜　欣	張默／「創世紀」奉獻半生	臺灣新聞報「西子灣」副刊	一九九一年一月二十二日
陳芳明	關於張默「現代詩的投影」	鏡子和影子（志文出版社）	一九七四年三月
陳義芝	張默「飛騰的象徵」讀後	中華副刊	一九七七年一月十四日
古遠清	讀張默的詩評	「明道文藝」第二〇四期	一九九三年三月

辛　鬱	一本甜美的書——剪成碧玉葉層層	民族晚報副刊	一九八一年六月九日
張　堃	飄散著清幽的芳馨	臺灣新聞報「西子灣」副刊	一九八一年六月十九日
向　明	今昔女詩人——「剪成碧玉葉層層」讀後	民眾副刊	一九八一年七月二十七日
蕭　蕭	在清涼的綠葉底下沉思	「明道文藝」第六十七期	一九八一年十月
李瑞騰	關於「現代百家詩選」	「創世紀」第五十九期	一九八二年十月
莎　雅	剪成碧玉葉層層	「爾雅人」第四十期	一九八七年五月二十日
李瑞騰	序「小詩選讀」	「爾雅人」第四十期	一九八七年五月二十日
向　明	明珠和七首（讀「小詩選讀」）	中央副刊	一九八七年七月二十四日
白　靈	小詩時代的來臨——張默「小詩選讀」讀後	「文訊」雜誌第三十二期	一九八七年十月
文曉村	從「剪成碧玉葉層層」到「柔美的愛情」	大華晚報副刊	一九八七年十二月廿七日
書　宇	細品書中味——小詩選讀	「北市青年」第二〇〇期	一九八八年十二月
古遠清	探討小詩的創作規律——評張默的「小詩選讀」	「爾雅人」第六十、六十一期	一九九〇年十一月十五日
瘂　弦	詩人的歷史感	「臺灣現代詩編目」	一九九二年五月

——寫在「臺灣現代詩編目」卷前（爾雅出版社出版）

古遠清　開創新詩史料整理的新局面
——談張默整理的臺灣新詩史料　「世界詩葉」第二十二期　一九九二年七月四日

熊國華　臺灣現代詩成果的大展
——評「臺灣現代詩編目」　廣州日報　一九九二年九月九日
美國僑報　一九九二年十月十三日
「爾雅人」第七十六期　一九九三年五月二十日

三、散文、繪畫評論篇目

姜　穆　詩之餘
——讀張默散文集「雪泥與河燈」　臺灣日報副刊　一九八〇年六月十一日

菩　提　純鄉土的獨白
——我看張默「雪泥與河燈」　臺灣時報副刊　一九八〇年六月十七日

韻　茹　濃郁的鄉息
——讀張默「雪泥與河燈」　臺灣新聞報（新書櫥窗）　一九八〇年六月二十日

張拓蕪　觸鼻的泥香
——讀張默「雪泥與河燈」　臺灣日報副刊　一九八〇年七月三日

辛　鬱　培養「說幹就幹」的精神　民族晚報副刊　一九八〇年七月七日

洛　夫　夾敘夾抒亦詩亦文
——讀張默散文集「雪泥與河燈」　中華副刊　一九八〇年七月十日

陳　煌　雪泥中看河燈　臺北一週「生活副刊」第四十八期　一九八〇年八月二十三日

高　岱　詩人的散文　臺灣新聞報「西子灣」副刊　一九八〇年八月二十九日

大　荒　帶我臥遊故土　青年日報「新文藝」副刊　一九八〇年九月九日

宋　瑞　我看「雪泥與河燈」　「幼獅文藝」月刊　一九八〇年十月

向　陽　愛心的傳遞——讀張默散文集「雪泥與河燈」　中華副刊　一九八〇年十月十三日

向　明　續談詩人的散文　民族晚報副刊　一九八〇年十月二十三日

朱星鶴　淺析張默的「舞踊與梆聲」　「中華文藝」月刊　一九八一年四月

沙　穗　用詩寫的散文——談「雪泥與河燈」的詩境　民衆副刊　一九八一年五月五日

陳慧玲　由詩入畫·山水無盡——張默的書齋生活　商工日報「春秋副刊」　一九八五年三月二十四日

碧　果　潑灑心靈的彩墨——我看張默的彩墨畫　「中華文藝」第一六九期　一九八五年三月

沙　白　山水的變奏繪畫——欣賞張默畫展　民衆副刊　一九八五年十二月廿五日

季　紅　苔——題張默的畫　「創世紀」第六十七期　一九八五年十二月

向 明　風雲——題張默的畫　中華副刊　一九八五年十二月廿九日

管 管　磨——題張默的畫　聯合副刊　一九八五年十二月卅一日

呂錦堂　彩墨·山水·靈覺之美——讀張默的畫　臺灣時報副刊　一九八五年十二月卅一日

辛 鬱　畫界初旅訪張默　臺灣新聞報「西子灣」副刊　一九八六年一月一日

洛 夫　入山——題張默一幅水墨畫　中國時報「人間」副刊　一九八六年一月四日

彩 羽　彩墨的情趣——品張默的彩墨畫　臺灣新聞報「西子灣」副刊　一九八六年一月十六日

楊雨河　山水之外的山水——張默彩墨畫展第三自然　更生日報副刊　一九八六年一月二十三日

楊雨河　宇宙詩人——張默彩墨畫展有感　自由日報副刊　一九八六年一月二十六日

鍾順文　默的傳奇——題張默的畫　臺灣新聞報「西子灣」副刊　一九八六年一月二十七日

劉洪順　從花園到高原的播種者——張默　「文訊」雜誌第二十八期　一九八七年二月

附錄二

張默著作、編選書目

·詩集

一、紫的邊陲　左營·創世紀詩社　二十開　一九六四·十

二、上昇的風景　臺北·巨人出版社　三十二開　一九七〇·十

三、無調之歌　臺北·創世紀詩社　二十五開　一九七五·六

四、張默自選集　臺北·黎明文化公司　三十二開　一九七八·三

五、陋室賦　臺北·創世紀詩社　二十五開　一九八〇·三

六、愛詩　臺北·爾雅出版社　三十二開　一九八八·七

七、光陰·梯子　臺北·尚書出版社　二十五開　一九九〇·六

八、落葉滿階　臺北·九歌出版社　三十二開　一九九四·一

·散文集

一、雪泥與河燈　臺北·中華日報社　三十二開　一九八〇·五

二、回首故園情　臺北·黎明文化公司　三十二開　一九八四·八

·詩評集

一、現代詩的投影　臺北·商務印書館　四十開　一九六七·九
二、飛騰的象徵　臺北·水芙蓉出版社　三十二開　一九七六·九
三、無塵的鏡子　臺北·東大圖書公司　二十五開　一九八一·九

·編選

一、六十年代詩選　高雄·大業書店　二十五開　一九六一·一
二、中國現代詩選　左營·創世紀詩社　二十開　一九六七·二
三、七十年代詩選　高雄·大業書店　二十開　一九六七·九
四、中國現代詩論選　高雄·大業書店　二十五開　一九六九·三
五、現代詩人書簡集　臺中·普天出版社　二十五開　一九六九·十二
六、新銳的聲音（當代青年詩人選集）　高雄·三信出版社　三十二開　一九七五·三
七、中國當代十大詩人選集　臺北·源成圖書社　二十五開　一九七七·七
八、剪成碧玉葉層層（現代女詩人選集）　臺北·爾雅出版社　三十二開　一九八一·六
九、感月吟風多少事　臺北·爾雅出版社　三十二開　一九八二·九

(現代百家詩選)

十、七十一年詩選　臺北・爾雅出版社　三十二開　一九八三・三

十一、小詩選讀　臺北・爾雅出版社　三十二開　一九八七・五

十二、七十七年詩選　臺北・爾雅出版社　三十二開　一九八九・二

十三、中華現代文學大系　臺北・九歌出版社　二十五開　一九八九・五
(詩卷・一九七〇—一九八九・臺灣)

十四、臺灣青年詩選　北京・人民文學社　三十六開　一九九一・二

十五、臺灣現代詩編目　臺北・爾雅出版社　二十五開　一九九二・五
(一九四九—一九九一)

十六、八十一年詩選　臺北・現代詩季刊社　二十五開　一九九三・六

十七、當代臺灣作家編目　臺北・爾雅出版社　二十五開　一九九四・一
(一九四九—一九九三・爾雅篇)

十八、創世紀四十年總目　臺北・創世紀詩社　二十五開　一九九四・九
(一九五四—一九九四)

附錄三

張默寫作年表

一九三一年　十九年農曆十二月二十日，出生於安徽省無爲縣孫家灣的農村。本名張德中。

一九三六年　自三十六年起至四十八年，分別就讀私塾，縣立簡師，南京成美中學。

一九四九年　三月，自南京經上海乘中興輪來臺。

一九五〇年　九月，投筆從戎，參加海軍行列，並利用餘暇學習寫詩。

一九五四年　十月，與洛夫在左營發起籌組「創世紀」詩社，出版「創世紀」詩刊，同年底瘂弦加入。

一九五七年　一月，「海與星群」等八詩，入選「中國詩選」，彭邦楨編，大業書店出版。

一九六一年　一月，應大業書店之邀，主編「六十年代詩選」出版。

一九六二年　九月，詩作「拜波之塔」，入選「中國當代新詩選」(La Poesie Chinoise Contemporaine)法文本，胡品清譯，法國 Seghers Paris 出版。

一九六四年　十月，第一本詩集「紫的邊陲」，創世紀詩社出版。

一九六六年　三月，應「現代文學」、「劇場」、「笠」之邀，參加首次「現代詩畫展」(西門町圓環)。「幼獅文藝」第一四八期曾刊出詩畫手稿。

一九六七年　二月，主編「中國現代詩選」，創世紀詩社出版。

九月，主編「七十年代詩選」，大業書店出版。

十月，第一部詩評集「現代詩的投影」，臺灣商務印書館出版。

一九六九年　三月，主編「中國現代詩論選」，大業書店出版。

十二月，主編「現代詩人書簡集」，普天出版社出版。

一九七〇年　一月，詩作「我站立在風裡」等五首，入選「中國現代詩選」（Modern Chinese Poetry）英文本，葉維廉譯，美國愛荷華大學出版。

三月，在澎湖與陸秉川女士結婚。

九月，第二詩集「上昇的風景」，巨人出版社出版。

十一月，詩作「神秘之在」等二首，入選「華麗島詩集」，東京若樹書房出版。

一九七一年　一月，在左營，與管管合辦「水星詩刊」，共發行九期，培育不少年輕新秀。

七月，長女靈靈在左營誕生。

一九七二年　一月，「貝多芬」等八詩，入選「中國現代文學大系」詩卷，巨人出版社出版。

十二月，次女謎謎在臺北誕生。

一九七三年　四月，「無調之歌」等八詩，入選「六十年詩歌選」，正中書局出版。

十月，獲國軍新文藝長詩金像獎。

十一月，應邀參加在臺北召開的「第二屆世界詩人大會」。

十二月，應國立歷史博物館之邀，參加「中國現代詩畫聯展」。

一九七四年　三月，應聘至華欣文化中心任職，主編「中華文藝」月刊。

九月，詩作「詠鳥」等六首，入選（The Concentric）臺北版，陳慧樺英譯。

一九七五年　六月，第三詩集「無調之歌」，創世紀詩社出版。

一九七六年　二月，「我站立在風裡」等二詩，入選「中國現代詩選」韓文本，許世旭譯，漢城乙酉文化社出版。

八月，第三部詩評集「飛騰的象徵」，水芙蓉出版社出版。

十一月，應韓國筆會邀請，與羊令野等十人，組成現代詩人團飛抵漢城訪問一週。

一九七七年　七月，主編「中國當代十大詩人選集」，源成圖書供應社出版。

一九七八年　九月，「張默自選集」，列入中國新文學叢刊，黎明文化公司出版。

一九七九年　七月，應邀出席在漢城召開的「第四屆世界詩人大會」。「死亡，再會」一詩選入大會特刊（Friends Foreign Poetry）。

十一月，「哲人之海」、「蒼茫的影像」等二詩，入選「現代詩導讀」第一冊。蕭蕭、張漢良編，故鄉出版社出版。

十二月，本人主編之「中華文藝」月刊，獲國家文藝基金管理委員會頒發爲全國優良文藝雜誌獎。

一九八〇年　三月，第四詩集「陋室賦」，創世紀詩社出版。

四月，「飲那絡蒼髮」二詩，入選「中學白話詩選」，楊子潤、蕭蕭編，故鄉出版社出版。

一九八一年 四月，「陋室賦」等八詩，入選「當代中國新文學大系」詩卷，瘂弦編，天視公司出版。

四月，「長城，長城，我要用閃閃的金屬敲醒你」等十詩，入選「中國當代新詩大展」，蕭蕭、陳寧貴、向陽編，德華出版社出版。

六月，主編「剪成碧玉葉層層」（現代女詩人選集），爾雅出版社出版。

九月，第三部詩評集「無塵的鏡子」，東大圖書公司出版。

十二月，「追尋」等二詩，入選「亞洲現代詩集」第一集，白萩、陳千武等編，日本現代詩工房印行。

一九八二年 六月，「西門町」、「家信」等七詩，入選「抒情傳統」（聯副三十年文學大系）詩卷，聯合報社印行。

九月，主編「感月吟風多少事」（現代百家詩選），爾雅出版社出版。

十月，「無調之歌」、「碑」二詩，入選「中國新詩選」，林明德等編，長安出版社出版。

一九八三年 三月，應爾雅出版社發行人隱地之邀，擔任年度詩選編輯委員，主編「七十一年詩選」出版。

一九八四年 一月，「雁」、「夜與眉睫」等三詩，入選「中國現代詩」，張健編著，五南出版社出版。

六月，「隨想四帖」，入選香港「詩風」月刊第一一六期（休刊號）「中國現代詩人專號」。

十月，本人與辛鬱協助國立中央圖書館舉辦「現代詩三十年展」。

十二月，應新象藝術中心之邀，參加「中·義視覺詩聯展」。

一九八五年　全力投入水墨畫的創作。

一九八六年　一月，應高雄「御書房」藝廊之邀，舉行首次彩墨個展。

五月，「遠方」、「楓葉」二詩，入選比利時國際詩刊Point「中國現代詩特輯」，由詩人拙根布魯特（Germain Droogenbroodt）譯成荷、德文，並同時發行荷、德、英三種版本。

六月，應環亞藝術中心之邀，參加「視覺詩十人展」。

六月，「蝴蝶、木乃伊」、「依稀鬢髮，輕輕滑過時間的甬道」等四詩，入選「中國筆會季刊」（The Chinese Pen）一九八六年夏季號，由美國青年詩人陶忘機（John J.S. Balcom）英譯。

七月，「飲那綹蒼髮」一詩，入選「臺灣詩集」（日文本），日本詩人北影一譯，東京土曜社出版。

一九八七年　二月，與國內詩友九人，應「千島詩社」等四個社團之邀，訪問馬尼拉、碧瑤，並與菲華詩人廣泛接觸。

五月，編著「小詩選讀」，爾雅出版社出版。本書後被選爲高中優良讀物。

一九八八年　三月，應詩人余光中之邀，擔任「中華現代文學大系」詩卷召集人，與白靈、向陽共同主持編務。該大系全十五冊，計分詩、散文、小說、戲劇、文學批評五類，由九歌出版社於一九八九年五月隆重出版。

七月，本人編年詩選「愛詩」，錄一九五〇——一九八八詩作九十餘首，爾雅出版社出版。

九月，本人與洛夫、辛鬱、碧果、管管、張堃等六位讀友，連袂赴大陸訪問，先後經南京、杭州、紹興、上海、北京、桂林等地遊覽並訪問大陸詩人。

一九八九年 二月，主編「七十七年詩選」，爾雅出版社出版。

一九九〇年 一月底，農曆除夕，特別返回南京八卦洲，陪老母歡度佳節，這也是本人離家四十年首次回家鄉過春節，讓她老人家高興得合不攏嘴來，返臺後曾撰寫眞情流露的詩文多篇。

六月，詩集「光陰·梯子」，尙書出版社出版。同年底該書獲新聞局優良著作金鼎獎。

一九九一年 二月，主編「臺灣青年詩選」，選簡政珍到林群盛等三十二家，前有導言，對臺灣現代詩發展實況有很清晰的介紹，北京人民文學出版社出版。

四月，本人與老友管管、大荒、碧果等採自助方式，赴大陸旅遊，包括黃山、承德八大廟、西安、成都、重慶、長江三峽、武漢，沿途訪問名山大川古蹟，收穫良多。

七月，九十高齡老母病危，與胞兄德仁匆匆趕回南京，爲她老人家送終。

一九九二年 四月，隨團赴普陀山、寧波、西湖、千島湖、黃山、九華山等地遊覽，並於五月一日上午趕到八卦洲在老母墳上跪祭，略盡人子之孝思。

五月，本人歷時年餘編的第一本史料書「臺灣現代詩編目」（一九四九——一九九一），爾雅出版社精印出版。

六月五日（詩人節），九歌文教基金會假「文苑」舉辦多項詩的活動，其中「臺灣現代詩集大展」一項，由本人提供近千種詩集參展，造成不小的風潮。

一九九三年 三月，臺灣六位現代詩人洛夫、張默、管管、向明、梅新、葉維廉應邀訪問美國，先後在聖地牙哥加州大學，新墨西哥州聖達費學院、紐約市張張畫廊、羅德島布朗大學、連續舉辦五場巡迴詩朗誦，採中英雙語方式進行，效果甚佳。

四月，應邀到惠州，參加「南國西湖之春」首屆國際詩會。

六月，本人與向明主編之「八十一年詩選」，現代詩社出版。

七月，「張默作品評論索引」，約一百廿多篇篇目，於「創世紀」第九十四期刊出。

一九九四年 一月，詩集「落葉滿階」，收近四年內詩作，九歌出版社出版。

一月，本人與隱地合編之「當代臺灣作家編目」（爾雅篇）出版。

三月，詩作「蝴蝶、木乃伊」等四首，入選南斯拉夫文「中國現代詩選」由覩山·兕引主編，張香華策畫。

四月，詩作「三十三間堂」，葉維廉英譯，刊於紐約現代詩半年刊（TALISMAN）的「當代中國新詩特輯」。

六月，本人主編之「臺灣現代詩編目」一書，獲「文訊」雜誌社舉辦票選爲「九〇年代前期臺灣十大詩事」之一。

九月，本人與張漢良合編之「創世紀四十年總目」（一九五四——一九九四），創世紀詩社出版。

九月，「詩痴的刻痕」（張默詩作評論集），蕭蕭主編，文史哲出版社出版。

本書作者簡介

〈劉登翰〉福建福州人，一九三六年生，北京大學中文系畢業，現任福建社科院文學研究所副所長，福建作家協會副主席。著有「中國當代新詩史」，「臺灣文學史」上下卷；編有「臺灣現代詩選」等多種。

〈洛　夫〉湖南衡陽人，一九二八年生，淡江大學外文系畢業，現任「創世紀」詩雜誌總編輯。著有詩集「因爲風的緣故」等十餘種；詩評集「詩的探險」，「孤寂中的迴響」；編有「中國現代文學大系」詩卷，「創世紀四十年詩選」等多種。

〈劉　菲〉湖南藍山人，一九三三年生，曾任「新詩學報」總編輯，現任「世界詩葉」主編。著有詩集「花之無果」，詩評集「長耳朵的窗」，「詩心詩鏡」等。

〈瘂　弦〉

河南南陽人，一九三二年生，美國威斯康辛大學東亞研究所碩士，現任「創世紀」詩雜誌發行人，聯合報副總編輯兼副刊組主任。著有詩集「深淵」，「瘂弦詩集」；詩論集「中國新詩研究」；編有「六十年代詩選」，「聯副三十年文學大系」，「創世紀四十年評論選」等多種。

〈姜　穆〉

貴州人，一九二九年生，曾任黎明文化公司主編，源成圖書供應社總編輯，現已退休專事寫作。著有小說、散文、三十年代作家研究等數十種，被譽為文壇快筆之一。

〈蕭　蕭〉

臺灣彰化人，一九四七年生，國立師範大學國文研究所碩士，現任景美女中教師，「臺灣詩學」季刊同仁。著有詩集「悲涼」；詩評集「燈下燈」，「現代詩學」，「現代詩廊廡」；編有「現代詩導讀」，「中學白話詩選」，「七十八年詩選」等多種。

〈古繼堂〉

河南修武人，一九三六年生，武漢大學中文系畢業，現任中國社科院文學研究所副研究員，臺灣文學研究室副主任。編著有「臺灣新詩發展史」，「臺灣新文學理論批評史」，「臺港澳暨海外華文新詩大辭典」等多種。

〈李元洛〉

湖南長沙人，一九三七年生，北京師範大學中文系畢業，現任湖南作家協會副主席。著有「李元洛文學評論選」，「詩美學」，「寫給繆斯的情書」（臺港海外新詩賞析）等多種。

〈費　勇〉

一九六五年生於浙江湖州市，一九八七年獲文學碩士學位，現任廣州暨南大學中文系講師。著有「洛夫與中國現代詩」（臺北三民書局），詩評、詩作散見大陸及臺港各報刊。

〈熊國華〉

湖北黃陂人，一九五五年生，湖南湘潭大學中文系畢業，現任廣東教育學院中文系講師，古代文學教研室主任。著有「劉荒田抒情詩賞析」，「從奔放到澄明」（張默詩作研究鑑賞）等多種。

〈辛　鬱〉

浙江慈谿人，一九三三年生，曾參加「現代派」，現任「科學月刊」社務委員，「創世紀」詩社同仁，國軍詩歌研究會召集人。著有詩集「豹」，「因海之死」；編有「創世紀詩選」（一九八四—一九九四）等。

〈鍾　玲〉

廣州市人，一九四五年生，東海大學外文系畢業，美國威斯康辛大學麥地生校區比較文學博士，現任中山大學外文系教授。著有詩集「芬芳的海」；評論集「現代中國繆司」（臺灣女詩人作品析論）等多種。

〈張漢良〉

山東臨清人，一九四五年生，臺灣大學外文系畢業，中華民國比較文學博士，現任臺大外文系教授。著有評論集「現代詩論衡」，「比較文學理論與實踐」。編有「現代詩導讀」，「七十六年詩選」，「創世紀四十年總目」等。

〈淡瑩〉

廣東梅縣人，一九四三年生，臺灣大學外文系畢業，美國威斯康辛大學碩士，現任新加坡國立大學華語研究中心講師。著有詩集「單人道」，「太極詩譜」，「髮上歲月」等多種。

〈李瑞騰〉

臺灣南投人，一九五二年生，中國文化大學文學博士，現任中央大學中文系副教授，「文訊」雜誌編輯總監，「臺灣詩學」季刊社社長。著有詩集「牧子詩鈔」；評論集「詩的詮釋」，「臺灣文學風貌」；編有「八十年詩選」，「中華現代文學大系」評論卷等多種。

〈李英豪〉

廣東中山人，一九四一年生，香港羅富國師範學院畢業，早年曾創辦「好望角」文學雜誌，推動現代文學運動，不遺餘力，著有詩評集「批評的視覺」等多種。

〈于還素〉

東北人，一九二〇年生，一九九三年辭世。曾任國大代表多年，熱愛藝術，曾與莊嚴、葉泥、羊令野等組成忘年書會，醉心書法藝術。

〈陳義芝〉

四川忠縣人，一九五三年生，國立師範大學國文系畢業，曾任「詩人季刊」主編，現任聯合報副刊組副主任。著有詩集「青衫」，「不能遺忘的遠方」；詩評集「不盡長江滾滾來」（中國新詩選注）等多種。

〈碧　果〉

河北永清人，一九三二年生，「創世紀」詩社同仁。著有詩集「秋，看這個人」，「碧果人生」，「一個心跳的午後」；編有大歌劇「雙城復國記」，「萬里長城」等。

〈李仙生〉

山東人，一九四八年生，國立藝專影劇科畢業，「詩人季刊」社同仁。著有詩集「名片與卡名」。

〈彩　羽〉

湖南長沙人，一九二八年生，曾參加「現代派」，「詩宗」社，現爲「創世紀」詩社同仁。著有詩集「濁流溪畔」，「上升的時間」等多種。

〈菩　提〉

河北青縣人，一九三一年生，曾爲「詩宗」社，「創世紀」詩社同仁。著有詩文集「菩提自選集」。

〈大　荒〉

安徽無爲人，一九三〇年生，師範大學國文專修科畢業，曾任國中教師，現已退休專事寫作。著有詩集「存愁」，「雷峰塔」，「臺北之楓」等多種。

〈周伯乃〉

廣東五華人，一九三三年生，空軍通信電子學校畢業，現任「實踐」月刊總編輯，世界論壇報副刊主編，「中國詩刊」社同仁。著有「中國新詩之回顧」，「現代詩的欣賞」等多種。

〈陳啓佑〉

筆名渡也，臺灣嘉義人，一九五三年生，中國文化大學文學博士，現任彰化師範大學國文系副教授，「臺灣詩學」季刊同仁。著有詩集「手套與愛」，「落地生根」，「面具」；詩論集「渡也論新詩」，「新詩形式設計的美學基礎」等多種。

〈林亨泰〉

臺灣彰化人，一九二四年生，師範大學教育學系畢業，曾任教職多年，現已退休專事寫作。曾加入「銀鈴會」，「現代派」，現爲「笠」詩社同仁。著有詩集「長的咽喉」，「林亨泰詩集」，「爪痕集」，「見者之言」等；詩論集「現代詩的基本精神」等。

〈古遠清〉

廣東梅縣人，一九四一年生，武漢大學中文系畢業，現任中南財經大學副教授，臺港文學研究所所長。著有「中國當代詩論五十家」，「臺港現代詩賞析」，「中國當代文學理論批評史」等多種。

〈向 明〉

湖南長沙人，一九二八年生，曾任「藍星」詩刊主編，現爲「臺灣詩學」季刊同仁。著有詩集「雨天書」，「水的回想」，「隨身的糾纏」等。編有「七十三年詩選」，「八十一年詩選」等。

〈汪 智〉

大陸詩評家，現在河南安陽大學中文系任教。

〈王宗法〉

大陸詩評家，現在安徽大學中文系任教。

〈沈 奇〉

一九五一年生，現任西安陝西工商學院中文系講師。著有詩集「生命之旅」；編有「西方詩論精華」，「臺灣現代詩論選萃」，「鮮紅的歌唱」（大陸當代女詩人小集）等。